"十三五"普通高等教育本科部委级规划教材

国际贸易实务

GUOJI MAOYI SHIWU

许晓冬 刘金◎主编　　孙晓程◎副主编

国家一级出版社　　中国纺织出版社　　全国百佳图书出版单位

内 容 提 要

随着我国参与国际分工层次的不断提高,参与国际经济合作的日益广泛,对外经济贸易在国民经济中的地位和作用进一步凸显出来,国际经济贸易及相关知识的学习受到人们的普遍重视。本书全面阐述了国际贸易合同交易的业务过程。全书共分十二章,主要包括国际贸易合同及其商订,合同的履行,贸易术语,商品的名称、品质、数量、包装、价格,国际货物运输,国际货物运输保险,货款的支付,商品检验、索赔、不可抗力和仲裁,贸易方式。本书力求反映当代国际贸易的新特点和新趋势,在写作过程中适当增加了相应的单据,出口退税新内容。

图书在版编目(CIP)数据

国际贸易实务 / 许晓冬,刘金主编 .—北京:中国纺织出版社,2017.9(2020.3重印)

"十三五"普通高等教育本科部委级规划教材

ISBN 978-7-5180-3800-8

Ⅰ.①国… Ⅱ.①许… ②刘… Ⅲ.①国际贸易—贸易实务—高等学校—教材 Ⅳ.① F740.4

中国版本图书馆 CIP 数据核字(2017)第 168445 号

策划编辑:曹炳镝　责任印制:储志伟

中国纺织出版社出版发行

地址:北京市朝阳区百子湾东里 A407 号楼　邮政编码:100124

销售电话:010—67004422　传真:010—87155801

http://www.c-textilep.com

E-mail: faxing@c-textilep.com

中国纺织出版社天猫旗舰店

官方微博 http://weibo.com/2119887771

三河市宏盛印务有限公司印刷　各地新华书店经销

2017 年 9 月第 1 版　2020 年 3 月第 5 次印刷

开本:710×1000　1/16　印张:20

字数:310 千字　定价:46.00 元

高等院校"十三五"部委级规划教材经济管理类编委会

主　任：

倪阳生：中国纺织服装教育学会会长

赵　宏：天津工业大学副校长、教授、博导

郑伟良：中国纺织出版社社长

赵晓康：东华大学旭日工商管理学院院长、教授、博导

编　委：（按姓氏音序排列）

蔡为民：天津工业大学管理学院院长、教授、硕导

郭　伟：西安工程大学党委常委、教授、博导

胡剑峰：浙江理工大学经济管理学院院长、教授、博导

黎继子：武汉纺织大学国际教育学院院长、教授、博导

琚春华：浙江工商大学计算机与信息工程学院院长、教授、博导

李晓慧：北京服装学院教务处处长兼商学院院长、教授、硕导

李志军：中央财经大学文化与传媒学院党总支书记、副教授、硕导

林一鸣：北京吉利学院执行校长、教授

刘晓喆：西安工程大学高教研究室主任、教务处副处长、副研究员

刘箴言：中国纺织出版社工商管理分社社长、编审

苏文平：北京航空航天大学经济管理学院副教授、硕导

单红忠：北京服装学院商学院副院长、副教授、硕导

石　涛：山西大学经济与工商管理学院副院长、教授、博导

王核成：杭州电子科技大学管理学院院长、教授、博导

王进富：西安工程大学管理学院院长、教授、硕导

王若军：北京经济管理职业学院院长、教授

乌丹星：国家开放大学社会工作学院执行院长、教授

吴中元：天津工业大学科研处处长、教授

夏火松：武汉纺织大学管理学院院长、教授、博导

张健东：大连工业大学管理学院院长、教授、硕导

张科静：东华大学旭日工商管理学院副院长、教授、硕导

张芝萍：浙江纺织服装职业技术学院商学院院长、教授

赵开华：北京吉利学院副校长、教授

赵志泉：中原工学院经济管理学院院长、教授、硕导

朱春红：天津工业大学经济学院院长、教授、硕导

前　言

中国贸易的迅速发展，改变了美、日、欧的世界贸易"金三角"格局。工作在国际贸易相关部门的国贸人才，经过辛勤的努力，将我国推上世界第二大贸易国的宝座。努力将国际贸易实务教材和课程建设得更加完善，是国际贸易教育工作者的责任和使命。

《国际贸易实务》是涉外经贸专业的核心课程，主要研究国际货物买卖过程中的有关理论和实际业务技能，是一门具有涉外活动特点的实践性很强的综合性课程，是国际贸易理论与政策、国际贸易法律与惯例，国际金融、国际货物运输与保险等学科基本原理与基本知识的综合运用。课程从实践和法律的角度，分析研究国际贸易适用的有关法律与惯例以及国际货物买卖的各种实际运作。

本教材为适应培养应用型人才的需要，适应大量现代高科技手段在国际贸易活动中的运用以及新的贸易方式的不断涌现，在编写过程中，注重结合各种国际贸易惯例和最新规则，结合国际经济与贸易等专业办学经验、学科建设与专业建设的实际以及培养经济应用型人才的目标，突出案例教学内容，提供了大量的练习题、案例分析题，学生通过对这些模拟试题的练习和案例分析，如同在外贸企业参与了实践活动一样，可以足不出校门就熟悉外贸业务，在走向外贸工作岗位时即具有实践操作的基本能力。

与传统的《国际贸易实务》教材相比，本教材具有如下特色：

第一，根据教学内容设计了三个配套项目：一是本章学习目标，二是课堂上的引导案例，三是课后学习练习题，按照学生实施任务的需要来编写，便于学生在执行任务的过程中不断学习、理解和应用所学的专业理论知识。

第二，教材内容密切跟踪国际贸易实践的发展，反映学科的最新进展。2010 年 9 月，国际商会发布《2010 年国际贸易术语解释通则》（Incoterms2010），该通则于 2011 年 1 月生效。本教材"国际贸易术语"一章介绍了该通则包括的 11 种贸易术语，帮助学生掌握最新的国际商会贸易术语惯例。

第三，本教材开门见山，结构进程适应业务程序和读者思维。以国际货物买卖合同为主线，开篇即进入国际货物买卖合同的讲解，并以此为起点展开后续内容，使读者立刻受到课程内容的吸引，怀着极强的兴趣进行后续课程内容的学习。

第四，本教材相关章节充实了国际贸易业务主线之外的相关内容，使其具有教学所必需的全面性。通过实务操作重要环节流程图，配以简要的文字说明，使教材的内容更加具体明了，方便学生理解和把握各个重要的操作环节。

第五，知识阐述方式灵活，强调教学互动效果，以启发式教学为主导来编排知识点。相关知识的介绍中穿插了"即问即答"和"案例分析"等互动环节，有利于教师在授课时增强教学互动效果，充分调动学习者的兴趣和积极性。另外，本教材介绍知识点时充分考虑了学生学习和国际贸易职业需求的特点，删除冗长的大段落，突出"通俗易懂"的实用性，便于愿意深入学习的学生进一步提高专业水平。

本教材由大连工业大学管理学院许晓冬老师、艺术与信息工程学院刘金老师编写。具体分工如下：许晓冬负责第一章、第三章、第四章、第六章、第八章，刘金负责第二章、第五章、第七章、第九章、第十章、第十一章、第十二章。

本书是国际贸易、国际商务、世界经济等专业的教材，也可作为财经类专业学生、广大经济工作者了解和学习国际贸易实务知识的参考用书。

真诚地期待广大师生和其他读者提出宝贵的意见和建议。

目 录

第一章　国际货物买卖合同的订立

第二章　进出口合同的履行

第三章　国际贸易术语

第四章 商品的品质与数量

第七章　国际货物运输

第八章 国际货物运输保险

第九章　国际货款的收付

第十章　进出口商品检验

第十一章　争议、索赔、不可抗力、仲裁

第十二章　国际贸易方式

第一章　国际货物买卖合同的订立

【本章学习目标】
- 了解交易磋商的重要性，掌握询盘、发盘技巧
- 熟悉合同的内容与形式，掌握合同签署的条件
- 掌握合同生效的要件

【引导案例】

3月15日，A公司向新加坡客户G公司发盘：报童装兔毛衫200打，货号CM034，每打CIF新加坡100美元，8月份装运，即期信用证付款，25日复到有效。3月22日收G公司答复如下：你15日发盘收到。你方报价过高，若降至每打90美元可接受。A公司次日复电：我方报价已是最低价，降价之事歉难考虑。3月26日G公司又要求航邮一份样品以供参考。29日，A公司寄出样品，并函告对方：4月8日前复到有效。4月3日，G公司回函表示接受发盘的全部内容，4月10日送达A公司。经办人员视其为逾期接受，故未作任何表示。

7月6日，A公司收到G公司开来的信用证，并请求用尽可能早的航班出运。此时因原料价格上涨，公司已将价格调整至每打110美元，故于7月8日回复称：我公司与你方此前未达成任何协议，你方虽曾对我方发盘表示接受，但我方4月10日才收到，此乃逾期接受，无效。请恕我方不能发货。信用证已请银行退回。如你方有意成交，我方重新报价每打CIF新加坡110美元，9月份交货，其他条件不变。

7月12日G公司来电：我方曾于4月3日接受你发盘，虽然如你方所言，4月10日才送达你方，但因你我两地之邮程需3天时间，尽管我方接受在传递过程中出现了失误，你我两国均为《联合国国际货物销售合同公约》的缔约国，按《公约》第21条第2款规定，你方在收到我方逾期接受后未作任何表示，这就意味着合同已经成立，请确认你方将履行合同，否则，一切后果将由你方承担。

请分析 G 公司的上述观点是否正确。

第一节　订立合同的程序和步骤

合同的订立又称贸易磋商，它是指交易双方就买卖商品有关条件进行协商的过程。磋商的目的是要订立合同，为此，磋商的结果直接影响着双方的经济利益，须慎重对待。

一、交易前的准备

在洽谈交易前，为了正确贯彻外贸政策，完成进出口任务，提高交易的成功率，必须认真做好交易前的各项准备工作。这些工作主要包括：选配经贸洽谈人员，选择适当的目标市场，选择交易对象，建立和发展客户关系，制定进出口商品经营方案，在出口交易前，还应做好新产品的研制和广告宣传等工作。

（一）选配经贸洽谈人员

为了保证洽商交易的顺利进行，事先应选配精明能干的洽谈人员，尤其是对一些大型的和内容复杂的交易，更要组织一个坚强有力的谈判班子，这个谈判班子中须包括熟悉商务、技术、法律和财务方面的人员，应具有较高整体素质，要善于应战，善于应变，并善于谋求一致，这是确保交易成功的关键。参加商务谈判的人员需要具备多方面的基础知识，并善于综合运用各种知识。一般来说，他们应具备下列条件：

（1）必须熟悉我国对外经济贸易方面的方针政策，并了解国家关于对外经济贸易方面的具体政策措施。

（2）必须掌握洽商交易过程中可能涉及的各种商务知识，如商品知识、市场知识、金融知识和运输、保险等方面的知识。

（3）必须熟悉我国颁布的有关涉外法律、法令与规则，并了解有关国际贸易、国际技术转让和国际运输等方面的法律、惯例以及有关国家的政策措施、法规和管理制度等方面的知识。

（4）应当熟练地掌握外语，并能用外语直接洽谈交易。

（5）具有较高的政治、心理素质和策略水平，并善于机动灵活地处理洽商过程中出现的各种问题。

（二）国际市场调研

国际市场调研是指运用科学的调研方法与手段，系统地搜集、记录、整理、分析有关国际市场的各种基本状况及其影响因素，以帮助企业制定有效的市场营销决策，实现企业经营目标。在现代营销观念指导下，以满足消费者需求为中心，研究产品从生产领域拓展到包括消费领域的全过程。首先，应了解进口国的一般情况，如人口、面积、气候、语言文化等；其次是政治情况，如政治制度、对外政策、社会稳定等；再次是经济情况，包括主要资源能源、工农业生产状况、财政金融、经济发展状况等；最后是对外贸易情况，包括进出口贸易额、主要贸易国别、国际支付能力、主要贸易港口、对外贸易和外汇管制状况、海关税率、检验检疫措施等。在了解这些基本情况的基础上再进一步就商品适应性和竞争性以及市场价格作更深入的产品技术经济分析，落实货源，为制订经营方案打好基础。

国际市场调研范围和内容包括：经济调研、市场调研、客户调研。

1. 经济调研

经济调研的目的在于了解一个国家或地区的总体经济状况、生产力发展水平、产业结构特点、国家的宏观经济政策、货币制度、经济法律和条约、消费水平和基本特点等。总之，是对经济大环境有一个总体的了解，预估可能的风险和效益情况。对外贸易总是要尽量在总体环境好的国家和地区间开展。

2. 市场调研

市场调研主要是针对某一具体选定的商品，调查其市场供需状况、国内生产能力、生产的技术水平和成本、产品性能、特点、消费阶层和高潮消费期、产品在生命周期中所处的阶段、该产品市场的竞争和垄断程度等内容。目的在于确定该商品贸易是否具有可行性、获益性。

3. 客户调研

客户调研在于了解欲与之建立贸易关系的国外厂商的基本情况。包括它的历史、资金规模、经营范围、组织情况、信誉等级等其自身总体状况，还包括它与世界各地其他客户和与我国客户开展对外经济贸易关系的历史和现状。只有对国外厂商有一定的了解，才可以与之建立外贸联系。我国对外贸易实际工作中，常有因对对方情况不清，匆忙与之进行外贸交易活动而造成重大损失的事件发生。因此，在交易磋商之前，一定要对国外客户的资金和信誉状况有十足的把握，不可急于求成。

调研信息的主要来源有：

（1）一般性资料，如一国官方公布的国民经济总括性数据和资料，内容包括国民生产总值、国际收支状况、对外贸易总量、通货膨胀率和失业率等。

（2）国内外综合刊物。

（3）委托国外咨询公司进行行情调查。

（4）通过我国外贸公司驻外分支公司和商务参赞处，在国外进行资料收集。

（5）利用交易会、各种洽谈会和客户来华做生意的机会了解有关信息。

（6）派遣专门的出口代表团、推销小组等进行直接的国际市场调研，获得第一手资料。

（三）选择目标市场

在商务谈判之前，必须从调查研究入手，通过各种途径广泛收集市场资料，加强对国外市场供销状况、价格动态、政策法令措施和贸易习惯等方面情况的调查研究，以便择优选择适当的目标市场和合理地确定市场布局。在选择国外目标市场时，应当注意以下两个问题：

（1）在考虑贯彻国家对外贸易方针政策和国别（地区）政策的同时，应尽量考虑经济效益问题，力争做到在政治上和经济上都体现平等互利。

（2）应根据购销意图，合理选择国外销售市场和采购市场。在安排销售市场时，应当分清主次，并要有发展的观点，即在安排主销市场的同时，也要考虑辅销市场；在考虑市场现状的同时，也要考虑市场将来的发展趋势；在巩固原有传统市场的同时，还应不断开拓新市场，以利扩大销路。在安排采购市场时，既要考虑择优进口，也要防止过分集中在某个或少数几个市场。在同等条件下，应尽量从友好国家订购商品；应考虑多从我国有贸易顺差的国家订购商品，以利贸易上的平衡。

（四）选择交易对象

在商务谈判之前，必须通过各种途径对客户的政治、文化背景、资信情况、经营范围、经营能力和经营作风等方面的情况进行了解和分析。为了正确地选择和利用客户，需要建立和健全客户档案，以便对各种不同类型的客户进行分类排队，做到心中有数，并实行区别对待的政策。要正确对待和妥善处理大、小客户和新、老客户的关系，充分利用和调动专营进出口商、中间代理商和实销户推销我方出口商品的积极性。向国外订货时，要做到"货比三家"，并区别不同情况从优选择，以维护我方的利益。

（五）制定商务谈判方案

商务谈判方案，是指为了完成某种或某类商品的进出口任务而确定的经营意图、需要达到的最高或最低目标以及为实现该目标所应采取的策略、步骤和做法，它是对外洽谈人员遵循的依据。方案的内容繁简不一。对大宗进出口商品交易所拟定的经营方案，一般比较详细具体，尤其是制定某些大宗交易或重点商品的谈判方案时，更要考虑周全，因为谈判方案的完善与否是成败的关键。在谈判方案中，对需要谈判的问题，应分清主次，合理安排谈判的先后顺序，明确对每一主要问题应当掌握的分寸和尺度，准备好在谈判中出现某些变化时所应采取的对策和应变措施，力争谈判成功，以取得最佳的效果。对一般中、小商品的进出口，则只拟定简单的价格方案即可。

（六）广告宣传和无形资产保护

商标是商品的标记。商标对于一个企业的经营业绩有着举足轻重的作用。一个企业要想开拓商品市场、增加商品销售额度、扩大企业的声誉，必须做好商标的注册和广告宣传工作。商标专用权是一种无形资产，也是一种竞争手段，出口商对自己的商标只有在国外办理注册，才能确保专用权，也才能受到当地法律的保护，以防假冒和不法商人的侵权。因此，必须注意当地有关商标的规定和公报，办好注册手续。

二、交易磋商程序

交易磋商主要是通过口头和书面方式进行的，口头磋商是交易双方当面直接协商或通过电话协商；书面协商是交易双方通过信函、电报、电传、电子邮件等通信方式磋商。其内容主要包括：商品名称、品质、规格或花色品种，数量，包装，价格，交货方式、运输方式，付款方式，保险的办理，发生意外的处理以及发生纠纷的处理方式等。其一般程序可概括为询盘、发盘、还盘和接受四个环节。其中，发盘和接受是达成交易的基本环节，是合同成立的必要条件。

（一）询盘

询盘（enquiry），又称询价，是指买方为了购买或卖方为了销售货物而向对方提出有关交易条件的询问。其内容可以是只询问价格，也可以是询问其他一项或几项交易条件，以至要求对方向自己作出发盘。

询盘对于询盘人和被询盘人均无法律上的约束力，而且不是交易磋商的必经步骤。但是它往往是一笔交易的起点。所以，作为被询盘的一方，应对接到的询盘给予重视并进行及时和适当的处理。询盘时，一般不直接用"询盘"字样，而是用"请告"（please advise...）"请报价"（please quote）等。

下面就询盘举两则实例。

买方询盘，也称邀请发价（invitation to make an offer）：拟订购东北大豆 100 公吨，请电告最低价格和最快交货期。（Bookable northeast soybean 100mt please cable lowest price earliest delivery.）

卖方询盘，也称邀请递价（invitation to make a bid）：可供东北大豆，3 月份装运，如有兴趣请电告。（Can supply northeast soybean, March shipment, cable if interested.）

（二）发盘

发盘（offer），又称发价，在法律上称为"要约"，是买方或卖方向对方提出各项交易条件，并愿意按照这些条件达成交易、订立合同的一种肯定的表示。在实际业务中，发盘通常是一方在收到对方的询盘之后提出的，但也可不经对方询盘而直接向对方发盘。发盘的方式有书面和口头两种，书面发盘包括使用信件、电报、电传和传真。发盘人可以是卖方，也可以是买方。前者称为售货发盘（selling offer），后者称为购货发盘（buying offer），习惯称之为"递盘"（bid）。发盘一般采用的语句如下：发盘（offer）、报价（quote）、递实盘（bid firm；firm bid）等。

下面是一个有效发盘的实例。

兹发盘 1000 罗上海牙膏，货号 101，纸箱装，每箱 6 打，每罗 52 英镑 CIF 新加坡，5~6 月装运，以即期不可撤销信用证支付，限 20 日复到有效。（Offer 1000 gross Shanghai toothpaste art NO.101 packed in cartons of six doz each sterling fifty two per gross CIFSingapore MAR/JUNE shipment irrevocable sight credit subject reply here 20th.）

1. 构成一项有效发盘的条件

根据《联合国国际货物销售合同公约》（以下简称《公约》）和我国《合同法》的规定，构成一项有效的发盘必须具备以下条件：

（1）向一个或一个以上特定的人提出。特定的人是指发盘中必须有指定的受盘人，受盘人可以是法人，如某公司，也可以是自然人。受盘人可以指定一个，也可指定多个。这一规定的目的在于将发盘同在各种媒体上所作的普通商业广告以及向广大公众散发的商品价目单等行为区别开来。《公约》规定，"非向一个或一个以上特定的人提出的建议，仅应视为邀请作出发盘，除非提出建议的人明确地表示相反的意向。"因为，商业广告是面向社会公众的，不能构成一项发盘，通常只能视为邀请对方作出发盘。但是，如商业广告的内容符合发盘条件，则此广告也可作为一项发盘。

（2）内容十分确定。根据《公约》规定，十分确定，即指在提出的订约建议中至少应包括三个基本要素：①标明货物的名称；②明示或默示地规定货物的数量或规定数量的方法；③明示或默示地规定货物的价格或规定确定价格的方法。凡包含这三项基本条件的订约建议，即可构成一项发盘。

（3）表明发盘人在发盘得到接受时承受约束的意旨。一项发盘必须清楚地表明发盘人愿意同对方达成交易、订立合同的意旨，即订约意旨。承受约束的意旨是指发盘人在发盘中明示或默示地表明，发盘一旦得到受盘人接受，发盘人即按发盘条件订立合同。发盘人的订约意旨通常用"发盘"（offer）、"递盘"（bid）等术语表示，也可按当时的谈判情形、当事人之间的以往业务交往情况或双方已经确立的习惯做法来确定。但是，发盘人如果在订约建议中加注了一些保留或限制性条件，如"以发盘人最后确认为准"、"以领到进口许可证为准"、"以货物未出售为准"或"交易条件仅供参考"等，这就表明，即便对方表示接受，提出建议的一方也不承受约束。这样的订约建议就不是发盘，而只能视为邀请对方发盘。

（4）送达受盘人。发盘必须在有效期内送达受盘人方可生效。送达标志是将发盘送至特定受盘人的营业场所或通信地址，如无营业场所或通信地址，则送至受盘人惯常居住地。

2. 发盘的有效期

发盘有效期是发盘人受其发盘约束的期限。国际贸易中，发盘有效期有两种表现形式：明确规定有效期限和采用合理期限。前者不但很少发生争议，而且还可促进成交，使用较多，但不能撤销；后者容易产生争议，但在对方没有接受前可以撤销。采用何者，应视情况，不能一概而论。

明确规定有效期时，有效期的长短是一重要问题，有效期太短，对方无暇考虑；有效期长，发盘人承受风险也就大。适度把握有效期长短对交易双方都很重要。当事人必须根据货物、市场情况、双方距离以及通信方式不同合理确定。一般来说，发盘有效期以 3~5 天与明确有效期的起止日期和到期地点最为适宜。

（1）明确截止日期。通常有三种规定方法，实例如下：

①发盘限 5 月 10 日复。（Offer Subiect reply May tenth.）

②发盘限 5 月 10 日复到。（Offer Subiect reply here May tenth.）

③发盘有效至 5 月 10 日我方时间。（Offer valid reply here May tenth our time.）

上述第一种规定方法，按照某些国家的法律，受盘人只要在 5 月 10 日 24 点之前将表示接受的信件投邮或电报交发即可。由于在国际贸易中，买卖双方远隔重洋，并且彼此所在地的时间大多存在时差，发盘人为明确失效的时间标准，通常限定接受答复到达发盘人的时间，如上述第二种规定方法；或者进一步规定以发盘人所在地时间为准，如第三种规定方法。

（2）规定一段时间。如：

①发盘 10 日内复。（Offer reply in ten days.）

②发盘有效 3 天。（Offer valid three days.）

（3）不作明确规定，笼统规定。如：

①发盘……尽快复。（Offer... reply as soon as possible.）

②发盘……速复。（Offer... reply immediately.）

这种方法规定得比较笼统，一般情况下，应按照国际贸易惯例，在合理的时间内答复，或立即作出答复，否则将被认为接受逾期。

3. 发盘的撤销和撤回

《公约》规定，发盘在"到达受盘人时生效"。《公约》的这一规定对发盘人来讲具有非常重要的意义。这种意义主要表现在发盘的撤回和撤销上。

发盘的撤回。发盘的撤回是指发盘人在发出发盘之后，在其尚未到达受盘人之前，即在发盘尚未生效之前，将发盘收回，使其不发生效力。由于发盘没有生效，因此发盘原则上可以撤回。对此《公约》规定："一项发盘，即使一项不可撤销的发盘都可以撤回，只要撤回的通知在发盘到达受盘人之前或与其同时到达受盘人。"业务中如果我们发现发出的发盘有误，即可按《公约》的精神采取措施以更快的通信联络方式将发盘撤回（发盘尚未到达受盘人）。例如，以信函方式所做发盘，在信函到达之前，即可用电报或传真方式将其撤回。

发盘的撤销。发盘的撤销指发盘人在其发盘已经到达受盘人之后，即在发盘已经生效的情况下，将发盘取消，废除发盘的效力。在发盘撤销这个问题上，英美法国家和大陆法国家存在着原则上的分歧。《公约》为协调解决两大法系在这一问题上的矛盾，一方面规定发盘可以撤销，另一方面对撤销发盘进行了限制。《公约》第十六条第一款规定："在合同成立之前，发盘可以撤销，但撤销通知必须于受盘人做出接受之前送达受盘人"；而《公约》第十六条第二款则规定：下列两种情况下，发价一旦生效，即不得撤销：

第一，发盘中已经载明了接受的期限，或以其他方式表示它是不可撤销的。

第二，受盘人有理由信赖该发盘是不可撤销的，并已经本着对该项发盘的信赖行事。

《公约》的这些规定主要是为了维护受盘人的利益、保障交易的安全。我国是《公约》的缔约国，我国企业在同营业地处于其他缔约国企业进行交易，一般均适用《公约》。因此，我们必须对《公约》的上述规定予以特别重视和了解。按照上述规定，一项发盘在传达到受盘人时才发生效力，因此，在受盘人接到该项发盘之前，发盘人可以用更为迅速的传递方式，声明撤回发盘。只要该项声明早于或于发盘同时送达受盘人，撤回即可生效。如果发盘人没有做到这一点，发盘即可生效，就对发盘人产生了约束力。这时，发盘人再想改变主意，就不再是撤回的问题，而是撤销的问题了。

【案例一】

1991年11月25日，德国A公司向香港B公司发出如下要约：复印机2000台，每台FOB4000美元，即期装运，要约的有效期截止到12月30日。A公司发出要约后，又收到了巴黎某公司购买复印机的要约，报价高于A公司发给香港B有限公司的要约价格。由于当时香港B有限公司尚未对该要约作出承诺，故而A公司于12月15日向香港B公司发出撤销11月25日要约的通知，而后与巴黎方面的公司签约。但是，12月22日，A公司收到了香港B有限公司的承诺，同意德国A公司的要约条件，并随之向A公司开出了不可撤销的信用证，要求A公司履行合同。后因A公司未履约，要求A公司赔偿损失。A公司的律师辩称，该公司于1991年11月25日发出的要约已于12月15日被该公司撤销，该要约已失去效力，因而B公司12月22日的承诺没有效力，购销合同不成立。A公司的辩称是否成立，A公司11月25日发出的要约能否被撤销？

【案例讨论】

发盘中已经载明了接受的期限，"要约的有效期截止到12月30日"，表示它是不可撤销的。

4. 发盘终止

发盘终止指发盘失去效力。发盘终止有以下情况：

（1）因受盘人拒绝而失效；若受盘人在拒绝后又在有效期内表示接受，发盘人也不再受其约束。

（2）因发盘人有效撤回或撤销自己的发盘而失效。

（3）因规定的接受期限已满而失效。

（4）因"合理期限"已过而失效。

（5）因政府禁令。有关部门国家政府突然颁布禁止进出口该发盘中的商品的法令。

（6）因在发盘接受前，双方当事人丧失了行为能力，或死亡，或法人破产。

交易中，不论哪种原因导致发盘终止，此后发盘人均不再受其发盘的约束。

5. 使用发盘应注意的问题

（1）在发盘中有无"发盘"字样，并不是构成发盘的必要条件。

（2）在实际业务中，判断发盘内容是否完整不能看一函一电。

（三）还盘

还盘（counter—offer），又称还价，是受盘人对发盘内容不完全同意而提出修改或变更的表示。还盘既是受盘人对发盘的拒绝，也是受盘人以发盘人的地位所提出的新发盘。一方的发盘经对方还盘以后即失去效力，除非得到原发盘人同意，受盘人不得在还盘后反悔，再接受原发盘。还盘一经作出，原来的发盘即行失效。原来的发盘人可不再受发盘的约束，受盘人也不得在日后再要求接受原来的发盘。

对还盘再作还盘，实际上是对新发盘的还盘。一方发盘，另一方如对其内容不同意，可以进行还盘。同样地，一方还盘，另一方如对其内容不同意，也可以再还盘。一笔交易有时不经过还盘即可达成，有时要经过还盘，甚至往返多次还盘才能达成。还盘不仅可以对商品价格，也可以对交易的其他条件提出意见。在还盘时，对双方已经同意的条件一般无须重复列出。

下述是两则有关还盘的实例：

你 10 日电收悉，价太高，还盘 50 英镑，限 15 日复。（Yours tenth price too high counter offer sterling fifty reply fifteenth. ）

你 10 日电收悉，如 7 月装可接受，限 15 日复到。（Yours tenth acceptable provided shipment July reply fifteenth here. ）

上述第二种情况，尽管没有"还盘"字样，但由于对发盘中规定的装运期进行了修改。所以，它与第一种答复的情况一样，也可以构成还盘。由此可见，有无"还盘"字样并不是构成还盘的必要条件。

（四）接受

接受（acceptance），在法律上称"承诺"，是买方或卖方无条件地同意对方在发盘中提出的各项交易条件，并愿按这些条件与对方达成交易、订立合同的一种肯定的表示。一方的发盘经另一方接受，交易即告达成，合同即告订立，双方就应分别履行其所承担的合同义务。表示接受，一般用"接受"（accept）、"同意"（agree）和"确认"（confirm）等术语。

下述是两则接受的实例。

你 15 电收悉，我接受。（Yours fifteenth we accepted. ）

你 15 日电确认，请告合同号码（Yours fifteenth confirmed please advise contract number. ）

1. 一项有效的接受必须具备以下条件：

（1）接受必须是由受盘人作出，其他人对发盘表示同意，不能构成接受。这一条件与发盘的第一个条件是相呼应的。发盘必须向特定的人发出，即表示发盘人愿意按发盘的条件与受盘人订立合同，但并不表示他愿意按这些条件与任何人订立合同。因此，接受也只能由受盘人作出，才具有效力。

（2）受盘人表示接受，要采取声明的方式即以口头或书面的声明向发盘人明确表示出来。另外，还可以用行为表示接受。例如，一个进口商向出口商发盘，由于发盘内容明确，所列条件又符合出口商的要求，出口商接到发盘后，马上就可把货物装运出去。这就属于行为表示接受。又如，买方接到出口商的发盘时，完全同意发盘的各项交易条件，随即支付货款或向银行申请开立信用证，这也是一种以行为表示接受的情况。

（3）接受的内容要与发盘的内容相符，也就是说，接受应是无条件的。但在业务中常有这种情况，受盘人在答复中使用了接受的字眼，但却对发盘的内容作了增加、限制或修改，这在法律上称为有条件的接受，不能成为有效的接受，而属于还盘。

《公约》对发盘的交易条件的变更或添改，分为实质性变更和非实质性变更。受盘人对货物的价格、品质、数量、支付方式、交货时间和地点、一方当事人对另一方当事人的赔偿责任范围或解决争端的办法等条件提出的添加或变更，均为实质性的变更。此种接受只能视作还盘。如果所作的添加或变更的条件属于非实质性的交易条件，则除非当事人及时对这些变更或添加提出异议，否则该接受有效。合同按添加或变更后的条件于该接受到达时生效。

据此，我们应当把有条件的接受和在肯定接受的前提下提出的某种希望或建议区别开来，前者是对发盘的拒绝，构成还盘，后者只是在表示接受的前提下提出的某种希望，不构成对发盘实质性的修改，应看作是一项有效接受，而不是还盘。例如，我方接受，但希望能尽量提前交货。

【案例二】

我公司9月4日向美A公司发盘"中国小米1000吨，每吨220美元，CIF纽约，11月装运，即期L/C，即9月10日复到有效"。A公司于9月8日回电，"接受你的发盘，立即装运"，并于9月10日开来信用证电开本。这时小米价格上涨，我方立即退回信用证。我方这样做有无道理？为什么？做法是否合理？能否有效？

【案例讨论】

有条件的接受，改变装运日期，"立即装运"，属于还盘。

（4）接受的通知要在发盘的有效期内送达发盘人才能生效。发盘中通常都规定有效期，这一期限有双重意义：一方面它约束发盘人，使发盘人承担义务，在有效期内不能任意撤销或修改发盘的内容，过期则不再受其约束；另一方面，发盘人规定有效期，也是约束受盘人，只有在有效期内作出接受，才有法律效力。

2. 逾期接受

受盘人的接受晚于发盘的有效期送达发盘人，称为"逾期接受"或"迟到的接受"，逾期接受不能算有效的接受，不具有法律效力。但也有例外：

（1）发盘人毫不迟疑地用口头或书面方式将逾期接受可接受的意思通知受盘人。如果发盘人不及时通知，该项接受就失去效力。

（2）如发盘有效期的最后一天是正式假日或非营业日，应顺延至下一个营业日。需要指出的是，在计算接受期限时，接受期间的正式假日或非营业日应计算在内。

（3）传递方面失误，逾期接受仍有效。除非发盘人通知受盘人，他认为发盘失效。

总之，在逾期接受的情况下，不管受盘人有无责任，决定该接受是否有效的主动权始终掌握在发盘人手里。

【案例三】

3月15日，A公司向新加坡客户G公司发盘：报童装兔毛衫200打，货号CM034，每打CIF新加坡100美元，8月份装运，即期信用证付款，25日复到有效。3月22日收G公司答复如下：你15日发盘收到。你方报价过高，若降至每打90美元可接受。A公司次日复电：我方报价已是最低价，降价之事歉难考虑。3月26日G公司又要求航邮一份样品以供参考。29日，A公司寄出样品，并函告对方：4月8日前复到有效。4月3日，G公司回函表示接受发盘的全部内容，4月10日送达A公司。经办人员视其为逾期接受，故未作任何表示。

7月6日，A公司收到G公司开来的信用证，并请求用尽可能早的航班出运。此时因原料价格上涨，公司已将价格调整至每打110美元，故于7月8日回复称：我公司与你方此前未达成任何协议，你方虽曾对我方发盘表示接受，但我方4月10日才收到，此乃逾期接受，无效。请恕我方不能发货。信用证已请银行退回。如你方有意成交，我方重新报价每打CIF新加坡110美元，9月份交货，其他条件不变。

7月12日G公司来电：我方曾于4月3日接受你发盘，虽然如你方所言，4月10日才送达你方，但因你我两地之邮程需3天时间，尽管我方接受在传递过程中出现了失误，你我两国均为《联合国国际货物销售合同公约》的缔约国，按《公约》第21条第2款规定，你方在收到我方逾期接受后未作任何表示，这就意味着合同已经成立，请确认你方将履行合同，否则，一切后果将由你方承担。

请分析 G 公司的上述观点是否正确。

【案例讨论】

本案争议双方所在国均为《公约》的缔约国，因此，应按《公约》的有关规定处理。关于逾期接受，《公约》认为一般无效，但也有例外情况。《公约》第 21 条规定：①逾期接受仍有接受的效力，如果发盘人毫不延迟地用口头或书面形式将此种意见通知受盘人。②如果载有逾期接受的信件或其他书面的文件表明，它在传递正常的情况下是能够及时送达发盘人的，那么这项逾期接受仍具有接受的效力，除非发盘人毫不延迟地用口头或书面方式通知受盘人，他认为发盘已失效。根据这条规定，不管什么原因造成的逾期接受，发盘人都有权决定它有效还是无效，只要采取相应的行动即可。A 公司 4 月 10 日收到逾期接受后，如及时复函表示发盘已失效，则该接受就无效，合同不成立。

此案的教训是，在收到逾期接受时，首先要判断造成逾期的原因。如难以判断，则根据具体情况采取不同做法，或去电确认有效或表示发盘已失效。置之不理会产生纠纷，陷入被动，造成不必要的损失。

以上是交易磋商的一般程序。值得注意的是，在实际业务中，询盘并不是每笔交易磋商所不可缺少的环节，买方或卖方都可不经对方提出询盘，而直接向对方发盘。还盘也不是交易磋商的必经环节，如受盘人接到发盘后，立即接受，那么也不存在还盘；即使受盘人还盘，它实际上是对原发盘人作出的一项新的发盘。对还盘作再还盘同样是一项新的发盘。因此，在法律上，发盘和接受是交易磋商不可缺少的两个基本环节。

第二节　合同成立的时间与生效要件

合同即法律，依法成立的合同，具有法律约束力，合同自成立时生效。但在这里需要说明的是，合同成立与合同生效是两个不同的概念。合同成立的判断依据是接受是否生效；而合同生效是指合同是否具有法律上的效力。通常情况下，合同成立之时，就是合同生效之日，二者在时间上是同步的。但有时，合同虽然成立，却不立即产生法律效力，而是需要其他条件成立时，合同才开始生效。

一、合同成立的时间

在国际贸易中，合同成立的时间是一个十分重要的问题。根据《公约》的规定，合同成立的时间为接受生效的时间，而接受生效的时间，又以接受通知到达发盘人或按交易习惯及发盘要求作出接受的行为为准。由此可见，合同成立的时间有两个判断标准：一是有效接受的通知到达发盘人时，合同成立；二是受盘人作出接受行为时，合同成立。此外，在实际业务中，有时双方当事人在洽商交易时约定，合同成立的时间以订约时合同上所写明的日期为准，或以收到对方确认合同的日期为准。

在现实经济生活中，有些合同成立的时间有特殊规定。如我国《合同法》第32条规定："当事人采用合同书形式订立合同的，自双方当事人签字或者盖章时合同成立。"签字或盖章不在同一时间的，最后签字或者盖章时合同成立。

二、合同生效的要件

买卖双方就各项交易条件达成协议后，并不意味着此项合同一定有效。根据各国合同法规定，一项合同，除买卖双方就交易条件通过发盘和接受达成协议后，还需具备以下要件，才是一项有效的合同，才能得到法律上的保护。

（一）合同当事人必须具有签约能力

签订买卖合同的当事人主要为自然人或法人，按各国法律的一般规定，自然人签订合同的行为能力，是指精神正常的成年人才能订立合同；未成年人、精神病人、禁治产人订立合同必须受到限制，关于法人签订合同的行为能力，各国法律一般认为，法人必须通过其代理人，在法人的经营范围内签订合同，即越权的合同不能发生法律效力。

我国《合同法》第九条规定："当事人订立合同，应当具有相应的民事权利能力和民事行为能力。"由此可见，在订立合同时，注意当事人的缔约能力和主体资格问题是十分重要的。

（二）合同必须有对价或约因

对价（consideration）是英美法中有关合同成立所必须具备的一个要素。

按英美法解释，合同当事人之间存在着我给你是为了你给我的关系。这种通过相互给付，从对方那里获得利益的关系称作对价。例如，在货物买卖合同中，买方付款是为了获得卖方的货物，而卖方交货是为了获得买方的货款。

约因（cause）是大陆法中提出的合同成立要素之一。它是指当事人签订合同所追求的直接目的。例如，在货物买卖合同中，买卖双方签订合同都要有约因。买方的约因是获得货物，卖方的约因是获得货款。

在国际贸易合同中，要有对价或约因，法律才承认合同的有效性；否则，合同得不到法律的保障。

（三）合同的内容必须合法

各国法律都规定合同不得违反法律，不得违反公共政策和公共秩序。我国《合同法》规定：订立合同，必须遵守法律，并不得损害社会公共利益。这里的公共利益是广义的，包括公众安全、优良习惯和道德规范。在国际贸易中对违禁品，如毒品、走私物品、严重败坏社会道德风尚的物品等签订贸易合同是不合法的；与敌国或国家明令禁止的贸易对象国签订贸易合同也是不合法的。

对于不合法的合同，在当事人之间，没有权利和义务关系。一旦双方当事人发生争议或纠纷，任何一方都不能上诉。法律对这种合同不予承认和保护。同时，如果法律认为必要时，还要追究当事人的刑事责任，没收买卖的货物。

（四）合同必须符合法律规定的形式

《公约》对于国际货物买卖合同的形式，原则上不加以任何限制。《公约》第11条明确规定，买卖合同无须以书面订立或证明，在形式方面不受任何其他条件的限制。《公约》的这一规定既兼顾西方国家的习惯做法，也是为了适应国际贸易发展的特点。因为许多国家贸易合同是以现代通信方法订立的，不一定存在书面合同。但《公约》允许缔约国对该条的规定提出声明予以保留。我国对此作了保留。

（五）合同当事人的意思表示必须真实

各国法律都认为，合同当事人的意思表示必须是真实的才能成为一项有约束力的合同，否则这种合同无效。

为了使签订的合同能得到法律上的保护，我们必须了解上述合同生效的各项要件，并依法行事。此外，我们还应了解造成合同无效的下列几种情况。根据我国《合同法》第52条规定：有下列情形之一的，合同无效：①一方以欺诈、胁迫的手段订立合同，损害国家利益；②恶意串通，损害国家、集体或者第三人利益；③以合法形式掩盖非法目的；④损害社会公共利益；⑤违反法律、行政法规的强制性规定。

第三节　订立合同的形式与合同内容

国际贸易是以合同为中心进行的。不同国家的买卖双方之间订立的有关货物的进口或出口合同统称国际贸易合同，或称国际货物买卖合同，又称国际货物销售合同（contract for the international sales of goods）。具体来讲，国际贸易合同是指位于不同国家的买卖双方之间，通过友好协商，按照一定的交易条件，买卖某种商品所签订的协议。它是根据买卖双方都接受的国际贸易惯例或者国际法律的规定而成立的。合同不仅规定了买卖的商品，也规定了双方的权利和义务，对双方均有约束力。按照国际贸易有关法律的解释，一项发盘被受盘人有效地接受后，买卖双方都受合同的约束，并按规定履行合同。

一、合同的形式

国际贸易合同按照不同的标准和角度可以分为不同形式。

（一）按照合同形式分类

按照合同的形式不同，可分为书面合同（written contract）和口头合同（cargo-received contract）。书面合同是指通过信件、电子邮件、电报、电传等通信方式磋商交易达成的协议；口头合同则是指在谈判桌上面对面的谈判，如参加交易会、洽谈会、出访、邀请来访、长途电话等进行的磋商，达成一致意见，则无须书面证明。

（二）按照合同制作人分类

按照合同的制作人不同，可分为销售合同（sales contract）和购货合同（purchase contract），这两种合同又分别被称为出口合同（export contract）和进口合同（import contract），由卖方制作的合同称为销售合同或出口合同，由买方制作的合同称为购货合同或进口合同。

1. 出口合同（export contract）

出口合同是对外贸易企业和外商经过贸易磋商活动就某项商品达成交易

后所签订的书面契约。合同明确规定了交易双方的权利和义务，把双方确认的具体交易条件，用文字格式固定下来。出口合同是我国涉外经济合同之一，具有法律效力的文件，也是对外贸易重要的单证之一。出口合同一经签订，双方必须严肃履行。

对外贸易各专业公司所使用的出口合同格式不尽相同，其中有合同（contract）、售货合同、销售合同（sales contract）（见表1–1）等多种名称和式样，实际业务中，买方有时会在双方谈妥交易的所有条件后，直接给卖方发一份定单（order）。对成交数额或成交批量较大的商品出口或成套机械设备的出口，均应制作正式的出口合同或销售合同；成交数额不大或出口批量小的一般商品出口则多采用销售确认书等。

出口合同的主体即合同的基本条款主要包括商品名称、品质规格、货号、数量、价格条件和货币、单价、金额、包装条款、装运条款、保险条款、付款条件和商检条款、索赔条款、异议条款以及不可抗力和仲裁条款等。其他如合同的转让、合同的修改与变更通知条款以及有些适用于本合同规定的如货款结算前货物所有权的规定，保证和担保的规定，货币保值的规定以及合同签订后增加的费用负担的分摊规定等，均列为主体部分的一般条款作为对合同的补充和说明。

出口合同的圆满执行，除了及时组织货源以外，主要靠运输和结汇单证来实现。而运输和制单工作能否顺利进行，又与合同条款的订立有着密切的关系。在签订合同时除了应该考虑买方的要求外，更要认真考虑我方履约的可能性。因此，出口合同的正确签订是顺利组织出口运输和有利于制单结汇的基本保证。

2. 进口合同（import contract）

进口合同又称"购货合同"（purchase contract），是订购进口商品应签订的合同。进口合同的形式分条款式和表格式，一般由买方根据交易磋商的具体情况拟定条款式或填写固定格式的书面合同经卖方核对无误后签字生效，其内容与出口合同大致相似。

（三）按照合同内容繁简程序分类

按照合同的内容繁简程序不同，出口合同可分为销售合同和销售确认书（sales confirmation），进口合同则分为购货合同和购货确认书（purchase confirmation）。销售合同内容比较全面、完整，除了包括合同的主要条款：

货物名称、品质规格、数量（重量）、包装、规格、单价、装运港和目的港、交货期、支付方式、运输标志、商品检验等条件外，还包括有关异议索赔、仲裁和不可抗力等条款。使用的文字大都是第三人称的语气。它的特点是内容比较全面，对双方的权利和义务以及发生争议后如何处理，都必须有全面的规定。由于权责明确，因此，大宗商品或成交金额较大的交易，大多采用此种形式的合同。销售确认书是合同的简化形式。确认书虽与正式合同在格式、条款项目的说明上有繁简之分，一般不包括关异议索赔、仲裁和不可抗力等条款，使用的文字大多是第一人称的语气，在措辞上两者也有所不同，但作为契约的主体的交易条件都应是完整、明确、一致的，而且确认书一经交易双方签字后就具有与合同同等的法律效力。在国际贸易中常简写为：S/C（见表 1-2）。

确认书一般适用于金额不大、批数较多的出口商品交易。外贸企业单位均有自印的固定格式的确认书，经过磋商达成交易后，由业务人员将双方给妥的各项条件，逐项填入，经双方负责人签字，即成为具有约束力的法律文件，双方据以遵守执行。

表 1-1 销售合同

销售合同
SALES CONTRACT
合同号：
CONTRACT NO：
日期：
DATE：
签约地点：
SIGNED AT：
卖方（Seller）：_____
地址（Address）：_____
电话（Tel）：_____ 传真（Fax）：_____
电子邮箱（E-mail）：_____
买方（Buyer）：_____
地址（Address）：_____
电话（Tel）：_____ 传真（Fax）：_____
电子邮箱（E-mail）：_____
买卖双方同意就成交下列商品订立条款如下：

The undersigned Sellers and Buyers have agreed to close the following transactions according to the terms and conditions stipulated below：

1. 货物名称及规格（Name of Commodity and Specification）：

2. 数量（Quantity）：

3. 单价（Unit Price）：

4. 金额（Amount）：

5. 总值（Total Value）：

数量及总值均得有＿＿＿% 的增减，由卖方决定。

With＿＿＿% more or less both in amount and quantity allowed at the Seller's option.

6. 包装：

Packing：

7. 装运期限：

Time of Shipment：

收到可以转船及分批装运之信用证＿＿＿天内装出。

Within ＿＿＿days after receipt of L/C allowing transhipment and partial shipment.

8. 装运口岸：

Port of Loading：

9. 目的港：

Port of Destination：

10. 付款条件：开给我方 100% 不可撤销即期付款及可转让可分割之信用证，并须注明可在上述装运日期后 15 天内在中国议付有效。

Terms of Payment：By 100% confirmed，Irrevocable，Transferable and Divisible Letter of Credit to be available by sight draft and to remain valid for negotiation in China until the 15th day after the aforesaid Time of Shipment.

11. 保险：

Insurance：

12. 装船标记：

Shipping Mark：

13. 双方同意以装运港中国进出口商品检验局签发的品质的数量（重量）检验证书作为信用证项下议付所提出单证的一部分。买方有权对货物的品质和数量（重量）进行复验，复验费由买方负担。如发现品质或数量（重量）与合同不符，买方有权向卖方索赔。但须提供经卖方同意的公证机构出具之检验报告。

It is mutually agreed that the Inspection Certificate of Quantity（Weight）issued by the China Import and Export Commodity Inspection Bureau at the port of shipment shall be part of the documents to be presented for negotiation under the relevant L/C. The buyers shall have the right toreinspect the Quality and Quantity（Weight）of the cargo. There inspection fee shall be borne by the Buyers. Should the Quality and/or Quantity（Weight）be found not in conformity with that of the contract，the Buyers are entitled to lodge with the Sellers a claim which should be supported by survey reports issued by a recognized Surveyer approved by the Sellers.

14. 备注

REMARKS：

（1）买方须于＿＿＿年＿＿月＿＿日前开到本批交易的信用证（或通知卖方进口许可证号码），否则，售方有权不经通知取消本确认书，或接受买方对本合同未执行的全部或一部，或对因此遭受的损失提出索赔。

The buyers shall have the covering Letter of Credit reach the Sellers（or notify the Import. License Number）before＿＿＿＿＿＿，otherwise，the Sellers reserve the right to rescind without further notice or to accept whole or any part of this Sales Confirmation not fulfilled by the Buyers，or to lodge a claim for losses this sustained of any.

（2）凡以 CIF 条件成交的业务，保额为发票的 110%，投保险别以本售货确认书中所开列的为限，买方要求增加保额或保险范围，应于装船前经售方同意，因此而增加的保险费由买方负责。

For transactions concluded on C.I.F.basis it is understood that the insurance amount will be for 110% of the invoice value against the risks specified in the Sales Confirmation. If additional Insurance amount of coverage is required，the buyers must have the consent of the Sellers before Shipment and the additional premium is to be borne by the buyers.

（3）品质数量异议：如买方提出索赔，凡属品质异议须于货到目的口岸之日起 3 个月内提出，凡属数量异议须于货到目的口岸之日起 15 日内提出，对所装运物所提任何异议属于保险公司、轮船公司及其他有关运输机构或邮递机构所负责者，售方不负任何责任。

QUATLITY/QUANTITYDIS CREPANCY：In case of quality discrepancey，claim should be filed by the Buyers within 3 months after the arrival of the goods at port of destination，while of quantity discrepancy，claim should be filed by the Buyers within 15 days after the arrival of the goods at port of destination. It is understood that the Sellers shall not be liable for any discrepancy of the goods shipped due to causes for which the Insurance Company，Shipping Company，other transportation，organization/or Post Office are liable.

（4）本确认书所述全部或部分商品，如因人力不可抗拒的原因，以致不能履约或延迟交货，卖方概不负责。

The Sellers shall not be held liable for failure or delay in delivery of the entire lot or a portion of the goods under this Sales Confirmation on consequence of any Force Majeure incidents.

（5）买方开给售方的信用证上请填注本确认书号码。

The buyers are requested always to quote THE NUMBER OF THIS SALES CONFIRMATION in the Letter of Credit to be opened in favour of the Sellers.

（6）仲裁：凡因本合同引起的或与本合同有关的争议，均应提交中国国际经济贸易仲裁委员会华南分会，按照申请仲裁时该会实施的仲裁规则进行仲裁，仲裁裁决是终局的，对双方均有约束力。

ARBITRATION：Any dispute arising from or in connection with this Sales Confirmation shall be submitted to China International Economic and Trade Arbitration

Commission（CIETAC）, South China Sub-Commission for arbitration in accordance with its rules in effect at the time of applying for arbitration. The arbitral award is final and binding upon both parties.
（7）本合同用中英文两种文字写成，两种文字具有同等效力。本合同共＿＿＿＿份，自双方代表签字（盖章）之日起生效。
This Contract is executed in two counterparts each in Chinese and English, each of which shall deemed equally authentic. This Contract is in＿＿＿＿＿copies, effective since being signed/sealed by both parties.
卖方：＿＿＿＿＿＿＿＿　　　买方：＿＿＿＿＿＿＿＿＿
（签字）　　　　　　　　　　（签字）
Seller：＿＿＿＿＿＿＿＿　　Buyer：＿＿＿＿＿＿＿＿＿
（Signature）　　　　　　　 （Signatur）

表1-2　销售确认书

销售确认书 SALES CONFIRMATION				
卖方 SELLER		编号 NO.		
		日期 DATE		
		地点 SIGNED IN		
买方 BUYER				
买卖双方同意以下条款达成交易： This contract is made by and agreed between the BUYER and SELLER , in accordance with the terms and conditions stipulated below.				
1. 品名及规格 Commodity & Specification	2. 数量 Quantity	3. 单价及价格条款 Unit Price & Trade Terms	4. 金额 Amount
Total :			

续表

允许 With		溢短装，由卖方决定 More or less of shipment allowed at the sellers' option
5. 总值 Total Value		
6. 包装 Packing		
7. 唛头 Shipping Marks		
8. 装运期及运输方式 Time of Shipment & means of Transportation		
9. 装运港及目的地 Port of Loading & Destination		
10. 保险 Insurance		
11. 付款方式 Terms of Payment		
12. 备注 Remarks		
The Buyer		The Seller
（Signature）		（Signature）

（四）按照合同中使用的价格术语分类

按照合同中使用的价格术语不同，可分为装运合同（shipping contract）和到货合同（oral contract）。国际贸易中，装运合同，即只保证货物按时装运，不保证货物按时到达。它包括 E 组（EXW）、F 组（FCA、FAS、FOB）和 C 组（CFR、CIF、CPT、CIP）八种贸易术语，卖方都是在出口国的内地或港口完成交货。D 组（DAP、DAT、DDP）的价格术语在进口国完成交货义务，按这些价格术语成交的合同称为到货合同。

二、合同的基本内容

在国际贸易的实际业务中，买卖双方通常需要将双方磋商的内容签订成固定格式的书面合同。正式书面合同的内容随其使用的形式和名称的不同而异，但其基本内容大体相同，一般可分为约首、本文和约尾三个部分。

约首是合同的序言部分，包括合同的名称、编号、缔约依据、缔约日期、缔约地点、当事人名称和地址等。

本文是合同的主体，列明合同的各项交易条款，包括货物的名称、品质、数量、包装、价格、交货、支付、保险、商品检验、索赔、不可抗力、仲裁等条款。凡可适用于各笔交易的共同性条款，通常均以"一般交易条件"（general terms and conditions）的形式事先印制在合同的背面。

约尾是合同的尾部，主要是合同的份数、合同所使用的文字效力、缔约人的签字等。有的合同还在尾部订明生效条件以及合同适用的法律和惯例等。

书面合同的内容应符合我国的政策、法律、国际贸易惯例和有关国际条约的规定和要求，并做到内容完备、条款明确、严谨、前后衔接一致，与双方当事人通过发盘和接受所取得的协议相符。

三、合同条款

（1）quality clause 品质条款：品名、规格及约定品质的决定方式及其时间和地点。

（2）quantity clause 数量条款：包括约定数量单位、交付数量的决定时间和地点以及溢短装数量的解决办法等。

（3）price clause 价格条款：包括价格种类、结构、使用货币计算单位以及币值或价格变动风险的归宿等。

（4）packing clause 包装条款：包括包装的方式、方法、包装的材料以及唛头等。

（5）delivery clause 交货期：包括交货时间、地点、交货方式、交货通知等。

（6）payment clause 支付条款：包括支付方式、支付工具以及支付时间等。

（7）insurance clause 保险条款：包括由何方保险、投保险别、金额与货币约定保险人等。

（8）inspection clause 检验条款：包括项目、检验时间与地点、检验机构、检验方法、检验效力及费用的负担等。

（9）claim clause 索赔条款：包括索赔的期限及其通知方法，应提出的证明文件、索赔货物和付款的关系以及解决索赔的基本原则。

（10）arbitration clause 仲裁条款：包括范围、地点、仲裁机构及其费用的负担等。

（11）force majeure clause 不可抗力条款：包括不可抗力事故的原因，通知时间和方法，应提出的文件以及免责事项等。

（12）breach and cancellation of contract clause 违约及解除契约权条款：包括违约的处理方法、解约事由和解约后的赔偿等。

（13）miscellaneous clause 其他条款：依据契约的性质和具体情况，可以包括进出口许可证条款、税捐条款、通知条款、唯一合同条款以及合同能否转让及其条件等条款。

【练习题】

一、多项选择题（将正确选项的英文字母填在括号中）

1. 发盘效力终止的原因一般有（　　）。

A. 发盘的传递不正常造成延误　　B. 在有效期内未被接受而过时

C. 受盘人拒绝或还盘

D. 不能控制的因素，如战争、灾难或发盘人死亡、法人破产等

2. （　　）从法律意义上讲，构成一项有效发盘须具备的条件是：

A. 发盘内容完整明确、无保留　　B. 向公众作出发盘

C. 送达受盘人　　　　　　　　　D. 有明确订约意图

3. 交易磋商的形式有（　　）。

A. 口头谈判　　B. 信件　　C. 电报　　D. 只有 B 和 C 正确

4. （　　）书面合同的基本内容有：

A. 约首　　　　B. 基本条款　　C. 约尾　　　D. 附件

5. 构成一项有效接受必须具备的条件是（　　）。

A. 接受必须由合法的受盘人作　　B. 接受必须是无条件的接受

C. 接受必须在发盘有效期内作　　D. 接受的传递方式应符合发盘的要求

二、简答题

1. 简述构成发盘的必要条件。

2.简述发盘效力终止的原因。

3.简述构成接受的条件。

三、案例分析

1.我出口公司甲公司向国外乙公司发盘，报价小麦 500 公吨，每公吨 260 美元，发盘有效期为 6 天。乙公司 2 天后回复电中要求将货物价格降为每公吨 240 美元。4 天后，甲公司将这批小麦卖给了国外丙公司，并在第 6 天复电乙公司，通知其货已售给其他公司。乙公司认为甲公司违约，要求甲公司赔偿。请问，甲公司是否应该赔偿乙公司？说明理由。

2.我方某进出口公司向国外商人询购某商品，不久，我方收到对方 8 月 15 日的发盘，发盘有效期至 8 月 22 日。我方于 8 月 20 向对方复电："若价格能降至 56 美元 / 件，我方可以接受。"对方未作答复。8 月 21 日我方得知国际市场行情有变，于当日又向对方去电表示完全接受对方 8 月 15 的发盘。问：我方的接受能否使合同成立？为什么？

第二章　进出口合同的履行

【本章学习目标】

●熟悉出口、进口合同履行的主要环节

●掌握国际贸易流程

【引导案例】

2001 年 4 月份广交会上某公司 A 与科威特某一老客户 B 签订合同，客人欲购买 A 公司的玻璃餐具（名：GLASS WARES），我司报价 FOB WENZHOU，温州出运到科威特，海运费到付。合同金额达 USD25064.24，共 1×40'高柜，支付条件为全额信用证，客人回国后开信用证到 A 公司，要求 6 月份出运货物。A 公司按照合同与信用证的规定在 6 月份按期出了货，并向银行交单议付，但在审核过程发现两个不符点：

（1）发票上 GLASS WARES 错写成 GLASSWARES，即没有空格；

（2）提单上：提货人一栏，TO THE ORDER OF BURGAN BANK, KUWAIT 错写成了 TO THE ORDER OF BURGAN BANK，即漏写 KUWAIT。

A 公司认为这两个是极小的不符点，根本不影响提货。我公司本着这一点，又认为客户是老客户，就不符点担保出单了。但 A 公司很快就接到由议付行转来的拒付通知，银行就以上述两个不符点作为拒付理由拒绝付款。A 公司立即与客户取得联系，原因是客户认为到付的运费（USD2275.00）太贵（原来 A 公司报给客户的是 5 月份的海运费，到付价大约是 USD1950.00，后 6 月份海运费价格上涨，但客户并不知晓。）拒绝到付运费，因此货物滞留在码头，A 公司也无法收到货款。

后来 A 公司人员进行各方面的协调后，与船公司联系要求降低海运费，船公司将运费降到 USD2100.00，客户才勉强接受，到银行付款赎单，A 公司被扣了不符点费用。整个解决纠纷过程使得 A 公司推迟收汇大约 20 天。此例给你什么启示？

第一节　出口合同的履行

目前，我国出口合同大多数为 CIF 合同或 CFR 合同，并且一般都采用信用证付款方式，故在履行这类合同时，必须切实做好货（备货、报验）、证（催证、审证、改证）、运（托运、报关、保险）、款（制单结汇）四个基本环节的工作，同时还应密切注意买方的履约情况，以保证合同最终得以圆满履行（见图 2-1）。

一、签订合同

出口贸易合同通常由卖方根据与买方洽谈的条件，缮制售货确认书（sales confirmation），正本一式二份，经买卖双方签章后各执一份，作为合同成立的证据。在函电成交的情况下，则由卖方将缮制的售货确认书寄给买方，要求买方签退一份。

二、备货

卖方根据合同或售货确认书规定，按时、按质、按量准备好应交的货物，如属现货，可以直接通知仓库或供货厂商办理打包、改装、发货等工作；如属期货，应该与供货单位签订购货协议或以要货单形式向生产部门落实生产，按规定交货。在备货过程中应注意以下几点：

（1）货物的品质：货物的品质、规格，应按合同的要求核实，必要时应进行加工整理，以保证货物的品质、规格与合同规定一致。

（2）货物的数量：应保证满足合同或信用证对数量的要求，备货的数量应适当留有余地，以备装运时可能发生的调换和适应舱容之用。

（3）货物的包装和唛头（运输标志）：应进行认真检查和核实，使之符合信用证的规定，并要做到对保护商品和适应运输的要求，如发现包装不良或破坏，应及时进行修整或换装。标志应按合同规定的式样刷制。

（4）备货时间：应根据信用证规定，结合船期安排，以利于船货衔接。

三、信用证与出口货源的衔接

我对外贸易多数以信用证为支付方式。信用证开到后，必须经过审核，如内容与合同条款不符，卖方应尽早提请买方更改信用证条款，待信用证改妥后再安排运输工作，并在出运前办理商检报验手续。在履行以信用证付款的合同时，对信用证的掌握、管理和使用直接关系到我国对外政策的贯彻和收汇的安全。落实信用证包括催证、审证和改证三项内容。

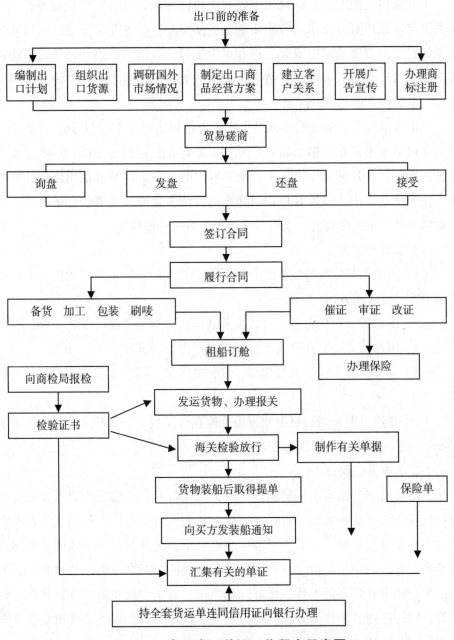

图 2-1　海运出口单证工作程序示意图

（一）催开信用证

催证是指当进口人未按合同规定时间开来信用证或出口人根据货源和运输情况可能提前装运时，通过信函、电报、电传或其他方式催促进口人迅速开出信用证。

买方按约定的时间开证是卖方履行信用证方式付款合同的前提条件，对于大宗交易或按买方要求而特别定制的商品交易，买方及时开立信用证尤其重要，否则卖方无法准时安排生产和组织货源，以防买方违约，造成货物轻者不能及时出货，或者市场行情发生变化造成损失；重者使得货物销售不出去，严重影响企业的持续经营。

在正常情况下，买方信用证最少应在货物装运期前 15 天开到卖方手中。对于资信情况不是很了解的新客户原则上坚持在装运期前 30 天或 45 天甚至更长的期限，并且配合生产加工期限和客户的要求灵活掌握信用证的开证日期。在实际业务中，国外客户在遇到市场行情变化或缺乏资金的情况下，往往拖延开证，因此出口商应及时经常检查买方的开证情况。

需要催证的情况：

（1）合同内规定的装运期距合同签订的日期较长，或合同规定买方应在装运期前一定时间开出信用证。

（2）卖方提早将货备妥，可以提前装运，可与买方商议提前交货。

（3）国外买方没有在合同规定期限内开出信用证。

（4）买方信誉不佳，故意拖延开证，或因资金等问题无力向开证行交纳押金。

（5）签约日期和履约日期相隔较远应在合同规定开证日之前，去信表示对该笔交易的重视，并提醒对方及时开证。

（二）审核信用证

信用证是一种银行信用的保证文件，但银行的信用保证是以受益人提交的单据符合信用证条款为条件的，所以，开证银行的资信、信用证的各项内容，都关系着收汇的安全。为了确保收汇安全，我外贸企业于收到国外客户通过银行开立的信用证后，立即对其进行认真的核对和审查。核对和审查信用证是一项十分重要的工作，做好这项工作，对于贯彻我国对外贸易的方针政策，履行货物装运任务，按约交付货运单据，及时、安全地收取货款等方面都具有重要意义。

一般来说，在审查国外来证时，应考虑下列几个方面：

1. 总的方面的审核要点

（1）从政策上审核。

（2）对开证银行资信情况的审核。

（3）对信用证是否已经生效、有无保留或限制性条款的审核。

（4）对信用证不可撤销性的审核。我国能够接受的国外来证必须是不可撤销的。

2. 专项审核要点

专项审核名目繁多，不同交易，情况各异，以下为一般交易中的审核要点：

（1）对信用证金额与货币的审核。即审核信用证金额是否与合同金额一致，大、小写金额是否一致。如合同订有溢短装条款，信用证金额是否包括溢装部分金额，信用证使用的货币是否与合同规定的计价和支付货币一致。

（2）对有关货物条款的审核。主要是对商品的品质、规格、数量包装等依次进行审核，如发现信用证内容与合同规定不一致不应轻易接受，原则上要求改证。

（3）对信用证的装运期、有效期和到期地点的审核。信用证的装运期必须与合同的规定相同；信用证的有效期一般规定在装运期限后 7~15 天，以方便卖方制单。关于信用证的到期地点，通常要求规定在中国境内，对于在国外到期的信用证，我们一般不接受，应要求修改。

（4）对开证申请人、受益人的审核。开证申请人的名称和地址应仔细审核，以防错发错运。受益人的名称和地址也须正确无误，以免影响收汇。

（5）对单据的审核。主要要对来证中要求提供的单据种类、份数及填制方法等进行审核，如发现有不正常规定或我方难以办到的应要求对方修改。

（6）对其他运输条款、保险、商检等条款的审核。即仔细审核信用证对分批装运、转船、保险险别、投保加成以及商检条款的规定是否与合同一致，如有不符，应要求对方修改。

（7）对特殊条款的审核。审证时，如发现超越合同规定的附加或特殊条款，一般不应轻易接受，如对我方无太大影响，也可酌情接受一部分。

把合同条款与信用证条款一一对应起来审核，逐条检查信用证条款是否符合合同条款的规定，发现信用证规定有不符合合同的规定，一定要与进口方联系。如果信用证条款与合同条款不一致，但不会给出口方带来不利，可要求进口方书面确认修改合同条款即可；如果信用证条款与合同条款不一致，会对出口方产生不利影响，出口方应该要求进口方按照合同条款对信用证条款进行修改。在实际业务中，银行和进出口公司共同承担审证任务。其中，银行着重审核开证行的政治背景、资信能力、付款责任和索汇路线等方面的内容，进出口公司则着重审核信用证的内容。

（三）修改信用证

在实际业务中，出口企业在对信用证进行了全面细致的审核以后，当发现问题时，通常还应区别问题的性质进行处理，有的还须同银行、运输、保险、检验等有关部门取得联系共同研究后，方能作出适当妥善的决策。一般来说，凡是属于不符合我国对外贸易方针政策，影响合同履行和收汇安全的问题，必须要求国外客户通过开证行修改，并坚持在收到银行修改信用证通知书认可后才可装运货物；对于可改可不改的，或经过适当努力可以做到的，则可酌情处理，或不作修改，按信用证规定办理。

在一份信用证中，有多处条款需要修改的情形是常见的。对此，首先应做到一次向开证人提出，否则，不仅增加双方的手续和费用，而且对外影响也不好。其次，对于收到的任何信用证修改通知书，都要认真进行审核，如发现修改内容有误或我方不能同意的，我方有权拒绝接受，但应及时作出拒绝修改的通知送交通知行，以免影响合同的顺利履行。

为防止作伪，便于受益人全面履行信用证条款所规定的义务，信用证的修改通知书应通过原证的通知行转递或通知。如由开证人或开证行径自寄来的，应提请原证通知行证实。

对于可接受或已表示接受的信用证修改书，应立即将其与原证附在一起，并注明修改次数，这样可防止使用时与原证脱节，造成信用证条款不全，影响及时和安全收汇。

（四）修改信用证的注意事项

（1）对于需要修改的内容应一次向国外客户提出，尽量避免在发货装船或缮制单据时又发现新问题，再次要求客户改证。因为不仅国外改证费用很高，而且一改再改会引起客户不满，同时也足以暴露我方的工作素质和业务水平。

（2）收到银行信用证修改通知书后，仍应再进行审核，如所修改内容还难以接受，则仍应及时拒绝，否则将被认为已同意接受修改。

（3）对于已接受的信用证修改书，应立即将其与原证附在一起，并注明修改次数，以免与原证脱节，造成信用证条款不齐，影响及时办理议付。

（4）必须在收到通知银行的"修改通知书"后，才能办理装运事宜，绝不可仅凭买方通知"证已照改"或其他类似的词句的通知就发货装船。

四、商品检验

凡商品的质量列入国家法定检验范围的和合同或信用证订明须由我出口单位提供商品检验局品质检验证明的出口商品，在货物出运前必须向商品检验局申报品质检验，报验的货物应处于打好包、刷好运输标志的状态。商检报验单的格式则由商品检验总局统一制定，申报单位按要求填制。如合同、信用证对检验内容具体要求的，可附合同或信用证副本。检验合格后商品检验局按合同或信用证中的具体要求在检验让书上作相应的表述，以符合单、证一致的要求。出口商品在报验时，一般应提供外贸合同、信用证原本的复印件或副本，必要时提供原本。凡属危险或法定检验范围内的商品，在申请品质、规格、数量、重量、安全、卫生检验的报验时，必须提交商检机构签发的出口商品包装性能检验合格单证，商检机构凭此受理上述各种报验手续。

凡属国家规定，或合同规定必经中国进出口商品检验局报验出证的商品，在货物备齐后，应向商品检验局申请报验，只有取得商检局发给合格的报验检验证书，海关才准放行。凡报验不合格的货物，一律不得出口。

五、缮制发票和装箱单证

商业发票简称发票，载有货物的品名、规格、数量、重量、价格、条款，单价和总价等项目，是出口方的销售凭证，也是买卖双方的结算凭证。它在出口单证中居于中心地位，其他单证中的有关项目多以它为依据，例如，运输单证有关商品描述的内容就是根据商业发票和装箱单填写的，保险单证中的投保金额也是根据商业发票金额计算出来的。

在托收方式下，发票内容应按合同规定并结合实际装货情况填制，在信用证付款方式下，发票内容应与信用证的各项规定和要求相符，如信用证规定由买方负担的选港费或港口拥挤费等费用，可加在发票总额内，并允许凭本证一并向开证行收款，卖方可照此办理，但应注意，发票总金额不得超过信用证规定的最高金额，因按银行惯例，开证行可以拒绝接受超过信用证所许可金额的商业发票。

海关发票在国际贸易中，有些进口国家要求国外出口商按进口国海关规定的格式填写海关发票，以作为估价完税，或征收差别待遇关税，或征收反倾销税的依据。此外，也可供编制统计资料之用。填写海关发票时，必须格外注意下列事项：各国使用的海关发票，都有其特定的格式，不得混用。凡海关发票与商业发票上共有的项目和内容，必须一致不得互相矛盾。对"出口国国内市场价格"一栏，应按有关规定审慎处理，因为，其价格的高低是进口国海关作为是否征收反倾销税的重要依据。如售价中包括运费或包括运费和保险费，应分别列明 FOB 价运费，保险费各多少，FOB 价加运费应与 CFR 货值相等，FOB 价加运费和保险费应与 CIF 货值相等。海关发票的签字人和证明人不能为同一个人，他们均以个人身份签字，而且必须手签才有效。

领事发票有些进口国家要求国外出口商必须向该国海关提供该国领事签证的发票，其作用与海关发票基本相似，各国领事签发领事发票时，均需收取一定的领事签证费。有些国家规定了领事发票的特定格式，而有些国家规定可在出口商的发票上由该国领事签证。厂商发票是出口厂商所出具的以本国货币计算价格，用来证明出口国国内市场的出厂价格的发票，其作用是供进口国海关估价，核税以及征收反倾销税之用，如国外来证要求提供厂商发票，应参照海关发票有关国内价格的填写办法处理。

装箱单又称花色码单，它列明每批货物的逐件花色搭配；重量单则列明每件货物的净重和毛重，这两种单据可用来补充商业发票内容的不足，便于进口国海关检验和核对货物，在这里，需要特别强调指出的是，提高单证质量，对保证安全迅速收汇有着十分重要的意义，特别是在信用证付款条件下，实行的是单据和货款对流的原则，单证不相符，单单不一致，银行和进口商就可能拒收单据和拒付货款，因此，缮制结汇单据时，要求做到以下几点：

（1）正确：单据内容必须正确，既要符合信用证的要求，又要能真实反映货物的实际情况，且各单据的内容不能相互矛盾。

（2）完整：单据份数应符合信用证的规定，不能短少，单据本身的内容，应当完备，不能出现项目短缺情况。

（3）及时：制单应及时，以免错过交单日期或信用证有效期。

（4）简明：单据内容应按信用证要求和国际惯例填写，力求简明，切勿加列不必要的内容。

（5）整洁：单据的布局要美观大方，缮写或打印的字迹要清楚醒目，不宜轻易列改，尤其对金额、件数和重量等，更不宜改动。

为了做好上述五个环节的工作，并使各环节的工作互相衔接，做到环环紧扣，防止出现脱节现象，我们必须根据多年来行之有效的经验，做好"四排""三平衡"的工作。所谓"四排"，就是指以买卖合同为对象，根据履行合同的进程所反映的情况，其中包括信用证是否开到，货源是否落实，进行分类排队，排出四种类型：一是有证有货，二是有证无货，三是无证有货，四是无证无货。通过四排，发现问题，及时解决。所谓"三平衡"，就是旨以信用证为对象，根据信用证规定的装运期和信用证有效期的远近，结合货源，船源情况，分别轻重缓急力争做到货、证、船三方面的衔接和平衡，防止出现有货无船有船无货拖延装运或制单结汇赶不上在信用证有效期内进行等脱节现象，做好上述"四排""三平衡"的工作，使货证船互相衔接，做到环环紧扣，有利于提高履约率和经济效益。在履行凭信用证付款的 CIF 出口合同时，上述四个基本环节是不可缺少的，但是，在履行按其他付款方式或其他贸易术语成交的出口合同时，其工作环节则有所不同，例如，在采用汇付或托收的情况下，就没有我方催证，审证和改证的工作环节，在履行 CFR 出口合同时，就没有我方负责投保的工作，在履行 FOB 出口合同时，我方既无负担租船订舱的任务，也无投保货物运输险的责任，由此可见，履行出口合同的环节和工作内容，主要取决于合同的类别及其所采用的支付方式。此外，在履行出口合同过程中，如因国外买方未按时开证或未按合同规定履行义务，致使我方遭受损失，我们应根据不同对象，不同情况及损失程度，有理有据地及时向对方提出索赔，以维护我方的正当权益，当外商对我方交货的品质、数量、包装不符合约定的条件，或我方未按时装运，致使对方蒙受损失而向我方提出索赔时，我方应在调查研究的基础上，查明事实，分清责任，酌情作出适当的处理，如确属我方责任，我们应实事求是地予以赔偿，如属外商不合理的要求，我们必须以理拒赔在履行出口合同过程中索赔和理赔的工作，不一定发生，例如，在合同正常顺利履行的情况下，它就不会发生。

装箱单是商品发票的补充单证，商业发票中的计价数量或重量，即是装箱单中数量或重量的汇总数。因此从工作程序上来说，应该是先缮制装箱单证，后缮制商业发票。

六、缮制出口货物报关单和出口收汇核销单

（一）出口货物报关单

出口货物报关单是向海关申报出口供海关查验放行的单证，货物出口后有一联（退税联），退回给出口单，作为出口退税的凭证。留在海关的报关单又是海关总署编制出口统计数字的基础资料。

1. 出口货物报关单（见表 2-1）的填写要求

（1）报关单填写的项目要准确、齐全、清楚，填报项目若有更改，应在更改项目处加盖核对章。

（2）不同合同的货物，不能填在一份报关单上。

（3）如果同一合同中包括多种商品，应注意，在一份报关单上填写的海关统计商品编号的货物一般不要超过 5 项。

（4）报关单与随附合同、发票、箱单等应相符，报关单所申报的内容与实际出口的货物要相符。

2. 出口货物报关单的填写内容

（1）出口口岸，填写货物出境的口岸名称。

（2）经营单位，填写经营出口货物业务的公司或单位名称（对于外商投资企业委托外贸公司出口的货物，其经营单位应为外商投资企业，并在报关单备注栏注明"委托 XX 公司出口"）。

（3）指运港，填写出口货物的目的港。

（4）合同协议号，填写本批货物合同或协议的编号。

（5）贸易方式，主要有一般贸易、补偿贸易、来料加工、租赁贸易、寄售贸易等。

（6）运输工具名称及号码，填写船名、航次。

（7）装货单号，海运方式下填写提单号。

（8）海关统计商品编码，按《中华人民共和国海关统计商品目录》的规定填写。

（9）货品规格，填写货物中文品名。

（10）收结汇方式，按实际收结汇方式填写，如 L/C、D/P 等；成交价格，填写合同或协议规定的价格，出口货物的成交价格填写 FOB 价，进口货物的成交价格填写 CIF 价。

表2-1　中华人民共和国海关出口货物报关单

预录入编号：　　　　　　　海关编号：

出口口岸	备案号	出口日期	申报日期
经营单位	运输方式	输工具名称	提运单号
发货单位	贸易方式	征免性质	结汇方式
许可证号	运抵国（地区）	指运港	境内货源地
批准文号	成交方式	运费　保费	杂费
合同协议号	件数	包装种类　毛重(公斤)	净重（公斤）
集装箱号	随附单证		生产厂家

标记唛码及备注

项号　商品编号　商品名称、规格型号　数量及单位　最终目的国（地区）单价　总价
币制　征免

（表格空白行）

税费征收情况

录入员　录入单	兹声明以上申报无讹并承担法律责任	海关审单批注及放行日期（签章） 审单　　审价
报关员		
单位地址	申报单位（签章）	证税　　统计
邮编　电话	填制日期	查验　　放行

（二）出口收汇核销单

出口收汇核销单是海关凭以受理报关、外汇管理部门凭以核销收汇的凭证，它的目的是加强出口收汇管理以防止国家出口外汇的流失。核销单的格式由国家外汇管理局统一制发，每份有一存根联。核销单及其存根联上都编有顺序号码、盖有外汇管理局监督收汇章。自1991年1月1日起，出口单位在出口报关时必须将此项单证填交海关，否则海关不受理报关。货物报关后，海关在核销单上加盖"放行"章退给出口单位，出口单位在报关后规定

的时间内将核销单存根、出口报关单的副联以及其他需要的单证送外汇管理局存案。待银行收妥该笔外汇后，出口单位凭银行签章的核销单向外汇管理局销案。

七、托运、订舱、报关

出口单位委托有权受理对外货运业务的单位办理海、陆、空等出口运输业务叫作托运。目前，在我国，凡由我方安排运输的出口合同，对外装运货物，租订运输工具和办理具体有关运输的事项，外贸企业通常都委托中国对外贸易运输公司或其他经营外贸运输代理业务的企业办理，所以，在货、证备齐以后，出口企业应即向外运机构办理托运手续。托运时除须缮制托运单据外，尚须附交与本批货物有关的各项证、单，如提货单、商业发票、出口货物明细单（装箱单）、出口货物报关单、出口收汇核销单等，有的商品还需提供出口许可证、配额许可证的海关联、商品检验合格证件等有关证书，以供海关核查放行之用。

出口单位直接或通过货运代理公司向承运单位洽订运输工具叫作订舱。托运或订舱需要提供必要的资料，如货物的名称、标志、件数、毛重、净重、体积、装运期和目的地、可否转运和分批等。

运输工具订妥后在货物装运前须向海关申报出口，这就是报关。报关时须提供出口货物报关单、出口收汇核销单以及装货单等运输单证，有些商品还须提供出口许可证或商检合格单，来料加工、来件装配业务则须提供海关的"登记手册"。

八、保险

出口贸易如使用 CIF 价格条款，则应由出口单位办理投保并承担保险费。投保时出口单位须向保险公司填送投保单，保险公司据以缮制和签发保险单。投保手续应在货物离仓向装运场所移动前办理，以避免运输途中货物处于"漏保"的状态。

九、缮制运输单证

运输单证包括海运提单、陆运和空运运单、邮政运输的包裹收据和汽车运输的承运收据以及多式联运的"联合运输单证"等，这些单证应由承运人缮制，待货物装上运输工具或置于承运人的接管之下，由承运人签发给发货人。提单是各种单据中最重要的单据，它是确定承运人和托运人双方权利与义务，责任与豁免的依据，各船公司所负责制的提单格式各不相同，但其内容大同小异，其中包括承运人、托运人、收货人、通知人的名称、船名、装卸港名称，有关货物和运费的记载以及签发提单的日期、地点及份数等（见表2-2）。

表2-2　海运提单

托运人 Shipper		B/L　No.
		中 国 对 外 贸 易 运 输 总 公 司 港到港提单 PORT TO PORT BILL OF LADING
收货人或指示 Consignee		RECEIVED the foods in apparent good order and condition as specified below unless otherwise stated herein.THE Carrier，in accordance with the provisions contained in this document，
通知地址 Notify Address		1）undertakes to perform or to procure the performance of the entire transport form the place at which the goods are taken in charge to the place designated for delivery in this document，and 2）assumes liability as prescribed in this document for such transport One of the bills of Lading must be surrendered duty indorsed in exchange for the goods or delivery order
海运船只 Ocean Vessel Voy.No.	装货港 Port of Loading	
卸货港 Port of Discharge	交货地点 Place of Delivery	运费支付地 Freight Payable at	正本提单份数 Number of Original B（s）/L

标志和号码　件数和包装种类　　　货名　　　　毛重（公斤）　尺码（立方米）
Marks and Nos. Number and Kind of Packages Description of Goods Gross Weight（kgs.）Measurement（m³）

以上细目由托运人提供
ABOVE PARTICULARS FURNISHED BY SHIPPER

	IN WITNESS where of the number of original bills of Lading stated above have been signed, one of which being accomplished, the other（s） to be void.
运费和费用 Freight and charges	签单地点和日期 Place and Date of Issue
	代表承运人签字 Signed for or on behalf of the Carrier
	代　理 as Agents

十、装船通知

按照国际惯例，货物装运后卖方须将装运情况及时通知买方。国际商会《国际贸易术语解释通则》在 FOB、CFR、CIF、FCA、CPT、CIP 等价格条件的卖方责任中都明确规定卖方在货物装运后应无延迟地通知买方。装船通知是卖方的基本义务，使买方及时掌握货运动态，以便对货物的转售、分配、调拨、加工在事先作出适当的安排，对货款的支付及早作好准备。

装船通知一般应采取电讯方式，发出的时间应在货物全部装上运输工具以后，在实际工作中，宁早毋迟，过迟则不仅影响买方接货、付款的准备工作，还有可能贻误买方的及时保险（CFR、FOB、CPT、FCA 等条件下）。如买方因卖方未能及时发出装运通知而蒙受损失，必然会谴责卖方并提出索赔。

十一、审单

尽管各种单证在缮制、签发过程中都经过复核，但在提交银行前仍须把信用证或合同规定的各种出口单证集中起来作一次全面性的审核。审核全套单证是否完备。单单之间、单证之间是否相符，单证份数是否满足信用证要求，单证上的签字盖章是否齐全等，以确保单证质量的绝对可靠。

【案例一】

1991 年 11 月 25 日，2001 年 4 月份广交会上某公司 A 与科威特某一老客户 B 签订合同，客人欲购买 A 公司的玻璃餐具（名：GLASS WARES），我司报价 FOB WENZHOU，温州出运到科威特，海运费到付。合同金额达 USD25064.24，共 1×40′高柜，支付条件为全额信用证，客人回国后开信用证到 A 公司，要求 6 月份出运货物。A 公司按照合同与信用证的规定在 6 月份按期出了货，并向银行交单议付，但在审核过程发现两个不符点：

（1）发票上 GLASS WARES 错写成 GLASSWARES，即没有空格；

（2）提单上：提货人一栏，TO THE ORDER OF BURGAN BANK, KUWAIT 错写成了 TO THE ORDER OF BURGAN BANK，即漏写 KUWAIT。

A 公司认为这两个是极小的不符点，根本不影响提货。我公司本着这一点，又认为客户是老客户，就不符点担保出单了。但 A 公司很快就接到由议付行转来的拒付通知，银行就以上述两个不符点作为拒付理由拒绝付款。A 公司立即与客户取得联系，原因是客户认为到付的运费（USD2275.00）太贵（原来 A 公司报给客户的是 5 月份的海运费，到付价大约是 USD1950.00，后 6 月份海运费价格上涨，但客户并不知晓）拒绝到付运费，因此货物滞留在码头，A 公司也无法收到货款。后来 A 公司人员进行各方面的协调后，与船公司联系要求降低海运费，船公司将运费降到 USD2100.00，客户才勉强接受，到银行付款赎单，A 公司被扣了不符点费用。整个解决纠纷过程使得 A 公司推迟收汇大约 20 天。

【案例讨论】

1."不符点"没有大小之分。在本案中，A 公司事先知道单据存在"不符点"的情况下还是出单，存在潜在的风险。A 公司认为十分微小的"不符点"却恰恰成了银行拒付的正当理由。因此在已知"不符点"的情况下，最好将其修改。

2.FOB 的运费的上涨，与 A 公司并无关系，因此客户主要是借"不符点"进行讨价还价。

十二、交单、议付、结汇、核销

出口单位将信用证规定的单证及需要的份数在规定的期限内提交议付银行叫作交单。议付银行在保留追索权的条件下购买信用证受益人出具的汇票及其单证叫作议付。出口单位将所得的外汇按照外汇牌价卖给银行叫作结汇。交单、议付、结汇是出口单位通过银行办理国际结算的必要程序，远期汇票须在付款承兑到期后方可收汇，但如银行同意扣息贴现，也可在交单后由银行议付结汇。

第二节　进口合同的履行

目前我国进口合同大多以 FOB 条件成交，以信用证方式结算货款。履行这类进口合同的一般程序是：签订贸易合同、开立信用证、租船订舱、装运、办理保险、审单付款、接货报关、检验、索赔等事项，进口商应与各有关部门密切配合，逐项完成（见图 2-2）。

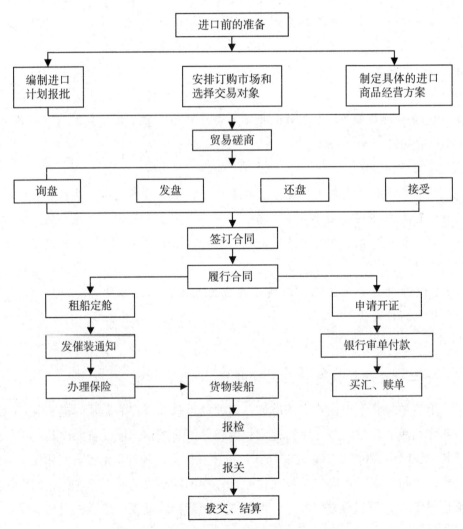

图 2-2　海运进口单证工作程序示意图

一、签订贸易合同

进口贸易多数须先向有关机关申请进口许可证，取得许可证后才能对外正式签约。进料加工、来料加工及补偿贸易等的进口货物也须向有关管理机构提出申请，批准后向海关备案，然后对外签订合同。

二、开证

以信用证为付款方式的进口贸易，在合同规定的期限内进口单位须按合同条款向开证银行申请开立信用证，并将外汇或外汇额度移存开证银行，经银行审核后将信用证开给卖方。买方开立信用证是履行合同的前提条件，因此，签订进口合同后，应按全员规定办理开证手续，如合同规定在收到卖方货物备妥通知或在卖方确定装运期后开证，我们应在接到上述通知后及时开证；如合同规定在卖方领到出口许可证或支付履约保证金后开证，我偏差应在收到对方已领到许可证的通知，或银行传知履约保证金已书讫后开证，买方向银行办理开证手续时，必须按合同内容填写开证申请书，银行则按开证申请书内容开立信用证，因此，信用证内容是以合同为依据开立的，它与合同内容应当一致。卖方收到信用证后，如要求展延装运期和信用证有效期或变更装运港等，若我方同意对方的请求，即可向银行办理改证手续。

三、安排运输工具

大宗商品的进口多采用 FOB 价格条件，应由我进口单位负责安排运输工具。例如，租用船只或飞机到对方港口或机场接运。租船、租机及订舱工作可委托货运代理公司办理，也可自行联系承运单位办理。运输工具落实后应及时发出到船通知，卖方据此做好发货前的准备工作，并与承运人的当地代理人安排装运事宜。

四、投保

FOB、CFR、FCA、CPT 价格条件者需要我进口单位办理运输保险，卖方有义务在货物发运后将装船通知（shipping advice）以电信方式发给我进口单位，进口单位据以缮制投保单向我方保险公司办理保险（见表 2-3）。

表 2-3 保险单

中 国 人 民 保 险 公 司
THE PEOPLE'S INSURANCE COMPANY OF CHINA
总公司设于北京   一九四九年创立
Head Office : BEIJING   Established in 1949

保 险 单   号次
INSURANCEPOLICY   No.SH02/304246

中国人民保险公司（以下简称本公司）
The People's Insurance Company of China（hereinafter called "the company"）
根据
at the request of _____
（以下简称被保险人）的要求，由被保险人向本公司缴付约定的保险费，
（hereinafter called "the Insured"）and in consideration of the agreed premium paid to the
Company by the Insured
按照本保险单承保险别和背面所载条款与下列
undertakes to insure the undermentioned goods in transportation subject to the conditions of
this Policy
条款承保下述货物运输保险，特立本保险单。
as per the Clause printed overleaf and other special clauses attached hereon.

标 记 Marks & Nos.	包装及数量 Quantity	保险货物项目 Description of Goods	保险金额 Amount Insured
As per Invoice No.			

总保险金额：
Total Amount Insured : _____
保 费   费率   装载运输工具
Premium : as arranged   Rate as arranged   Per conveyance S.S.---
开行日期   自   至
Slg.on or abt. As Per B/L From   to
承保险别
Conditions
所保货物，如遇出险，本公司凭本保险单及其他有关证件给付赔款。
Claims, if any, payable on surrender of this Policy together with other relevant documents.
所保货物，如发生本保险单项下负责赔偿的损失或事故，
In the event of accident whereby loss or damage may result in a claim under this Policy
immediate notice applying,
应立即通知本公司下述代理人查勘。

for survey must be given to the Company's Agent as mentioned hereunder : 赔款偿付地点 Claim payable at 日期　　　　　　　上海　　　中国人民保险公司上海分公司 Date　　　Shanghai　　　THE PEOPLE'S INSURANCE CO. OF CHINA 地址：中国上海中山东一路 23 号。 SHANGHAI BRANCH Address：23 Zhongshan Dong Yi Lu Shanghai，China. Cables：42001 Shanghai Telex：33128 PICCS CN　　　　　　　General Manager

五、付款赎单

信用证项下的货运单证经我方银行审核后送交进口单位，再经进口单位审核认可后，银行即对外付款或承兑。托收（如 D/P）项下的货运单证也由银行转寄给我进口单位，但不管是对方的托收银行或是我方的代收银行均不负单证审核之责，进口单位更有必要加强审核。无论信用证或托收，就我国的情况来看，进口单位的审核往往是终局性的。经过审核，如发现单证不符或有异状，应通过银行及时提出拒付或拒绝承兑的理由。

六、进口报关

货物运达我指定目的地后，进口单位应迅即缮制"进口货物报关单"、贸易合同、进口发票、装箱单和运输单证等副本向进口地海关申报进口，经海关查验单证和货物相符，核定进口关税，进口单位付清关税及相关税费后即可凭正本运输单位据或有关证明向承运单位或其代理提货。

七、验收和拨交货物

凡属进口的货物，都应认真验收，如发现品质、数量、包装有问题应及时取得有效的检验证明，以便向有关责任方提出索赔或采取其他救济措施。对于法定检验的进口货物，必须向卸货地或到达地的商检机构报验，未经检验的货物，不准销售和使用，为了在规定时效内对外提出索赔，凡属下列情况的货物，均应在卸货港口就地报验：①合同订明须在卸货港检验的货物；②货到检验合格后付款的；③合同规定的索赔期限很短的货物；④卸货时已发现残损，短少或有异状的货物。如无上述情况，而用货单位不在港口的，可将货物转运至用货单位所在地，由其自选验收，验收中如发现问题，应及时请当地商检机构出具检验证明，以便在索赔有效期内对外提出索赔，货物进口后，应及时向用货单位办理拨交手续，如用货单位在卸货港所在地，则就近拨交货物；如用货单位不在卸货地区，则委托货运代理将货物转运内地，并拨交给用货单位，在货物拨交后，外贸公司再与用货单位进行结算。

在履行凭信用证付款的 FOB 进口合同时，上述各项基本环节是不可缺少的，但是在履行凭其他付款方式和其他贸易术语成交的进口合同时，则其工作环节有别。例如，在采用汇付或托收的情况下，就不存在买方开证的工作环节；在履行 CFR 进口合同时，买方则不负责租船订舱，此项工作由卖方办理，在履行 CIF 进口合同时，买方不仅不承担货物从培育运港到目的港的运输任务，而且不负责办理货运投保手续，此项工作由卖方按约定条件代为办理，这就表明，履行进口合同的环节和工作内容，主要取决于合同的类别及其所采取的支付条件。

八、索赔

在履行进口合同过程中，往往因卖方未按期交货或货到后发现品质、数量和包装等方面有问题，致使买方遭受损失，而需向有关方面提出索赔，进口索赔事件虽不是每笔交易一定发生，但为了维护我方的利益，我们对此项工作应当常备不懈，随时注意一旦出现卖方违约或发生货运事故，应切实做好进口索赔工作。为此，我们必须注意下列事项：

（1）在查明原因，分清责任的基础上确定索赔对象。

（2）根据事故性质和致损原因的不同，向责任方提出索赔。例如，凡属原装短少和品质，规格与合同不符，应向卖方提出索赔，货物数量少于提单所载数量，或在签发清洁提单情况下货物出现残损短缺，则应向承运人索赔，由于自然灾害，意外事故而使货物遭受承保险别范围内的损失，则应向保险公司索赔。

（3）提供索赔证据。为了保证索赔工作的顺利进行，必须提供切实有效的证据如事故记录，短卸或残损证明和联检报告等，必要时，还可提供物证或实物照片等。

（4）掌握索赔期限。向责任方提出索赔，应在规定的期限内提出，过期提出索赔无效，在合同内一般都规定了索赔期限：向卖方索赔，应在约定期限内提出，如合同未规定索赔期限，按《联合国际货物销售合同公约》规定，买方向卖方声称货物不符合合同时限，是买方实际收到货物之日起两年；向船公司索赔的时限，按《海牙规则》规定，是货物到达目的港交货后一年；向保险公司索赔的时限，按中国人民保险公司制定《海洋运输货物保险条款》规定，为货物在卸货全部卸离海轮后两年。

（5）索赔金额应适当确定，除包括受损商品价值外，还应加上有关费用（如检验费等）。索赔金额究竟多少，其中究竟包括哪些费用，应视具体情况而定。

【案例二】

某 A 公司在 1998 年 11 月与阿联酋迪拜某 B 公司签订了一份出口合同，货物为 1×20 集装箱一次性打火机。不久 B 公司即开来一份不可撤销即期信用证，来证规定装船期限为 1999 年 1 月 31 日，要求提供 "Full set original clean on board ocean Bill of Lading..."（全套正本清洁已装船海运提单）。由于装船期太紧，A 公司便要求 B 公司展期，装船期限改为 1999 年 3 月 31 日。B 公司接受了 A 公司的要求修改了信用证。收到信用证并经全面审查后未发现问题，A 公司在 3 月 30 日办理了货物装船，4 月 13 日向议付行交单议付。

4 月 27 日接到收到议付行转来的开证行的拒付通知："你第 ××× 号信用证项下的单据经我行审查，发现如下不符点：提单上缺少"已装船"批注。以上不符点已经与申请人联系，亦不同意接受。单据暂代保管，听候你方的处理意见。"

A 公司的有关人员立即复查了提单，同时与议付行一起翻阅与研究了《跟单信用证统一惯例》500 号出版物（以下简称《UCP500》）的有关规定，证实了开证行的拒付是合理的。A 公司立即电洽申请人，提单缺少"已装船"批注是我方业务人员的疏忽所致，货物确实是被如期装船的，而且货物将在 5 月 3 日左右如期到达目的港，我方同意他在收到目的港船代的提货通知书后再向开证行付款赎单。B 公司回复由于当地市场上一次性打火机的售价大幅下降，只有在我方降价 30% 后方可向开证行赎单。我方考虑到自己理亏在先，同时通过国内同行与其他客户又了解到，进口国当地市场价格确实已大幅下降，我方处于十分被动地位，只好同意降价 30%，了结此案。

【案例讨论】

此案的案情并不复杂，却给我方带来巨大的损失，不得不引起人们的深思。我们应该从中吸取以下教训：

1. 应尽早办理装运。A 公司虽然在信用证规定的装船期限内办理了装运，满足了信用证的要求，但距 B 公司开证时已 4 个多月了。在这段时间内，由于货物本身的消费特征以及国际市场供求情况的变化，货物的当地市场价格有可能大幅下降，为避免价格下降给我方带来的损失（其实也为避免我方的损失），我方应尽快办理装运。在此案中，B 公司曾多次来电要求我方尽早装运，但我方认为装运期仍未到，没有很合理地安排生产进度，以致在装船期临近时才办理装运，货物到港时已距 B 公司开证时 5 个多月，又恰逢当地市场价格下降，其实已为客户拒付货款埋下了伏笔。

2. 应严格按照信用证与《UCP500》的要求制作与审核单据。信用证要求提供"已装船"提单，我方应提供相应的提单，以便做到"单证相符"。根据《UCP500》第二十三条 A 款第 2 项规定，除非信用证另有规定，提单应注明货物已装船或已装具名船只，可由提单上印就的"货物已装上具名船只"或"货物已装运具名船只"的词语来表示，在此情况下，提单的出具日期即视为装船日期与装运日期。在所有其他情况下，装上具名船只，必须以提单上注明货物装船日期的批注来证实，在此情况下，装船批注日期即视为装运日期。案中的提单（提单上没有印就上述词语）则属于后一种情况，只要在提单上注明货物装船日期的批注就行了。如果我方业务人员能按照信用证的要求制作托运单（在托运单上注明要求提供"已装船"提单），承运人或其代理能根据托运单内容与《UCP500》的规定制作并签发提单，银行能根据信用证与《UCP500》来审核 A 公司交来的议付单据，那么上述案例也许就不会发生了。因此，本案例的拒付带给我们的启示是，应在信用证的装船期内尽快办理装运，严格按照信用证与《UCP500》的要求制作与审核单据。

【练习题】

单项选择题（将正确选项的英文字母填在括号中）

1. 我国甲公司在广交会上结识了国外潜在客户乙公司并互相交换了业务介绍资料。广交会结束后一个月，甲公司接到乙公司的询盘电话。以下叙述正确的是（   ）。

A. 通过双方交谈，乙公司接受了甲公司的发盘，要求订购某产品。甲公司遵从乙公司提出的意见，在货物出运前双方不再签订书面销售合同，理由是：根据《联合国国际货物销售合同公约》，销售合同无须依书面订立或书面说明。

B. 通过双方交谈，甲公司接受了乙公司的询盘，同意出售产品。甲公司同意乙公司提出的通过电子邮件签订书面销售合同的意见，理由是：根据《中华人民共和国合同法》，合同书面形式含电子邮件。

C. 甲公司根据乙公司的询盘电话开始备货，当甲公司后来获知乙公司不准备购买产品时，甲公司认为乙公司应对甲公司的损失负责，因为乙公司的询盘对双方均有法律效力。

D. 经过协商，甲公司与乙公司签订了书面销售合同，同时乙公司根据协议将15%的货款金额汇给甲公司作为保证金。但是，在甲公司备货期间，该商品价格的国际行情呈现快速下跌趋势，甲公司坚决不接受乙公司降价的要求，乙公司于是决定不再购买产品，同时认为合同因而失效，有权要求甲公司退还15%的货款金额。

2. （　　）以下陈述错误的是：

①合同有两种形式：口头的及书面的。

②只有书面的合同在法律上是有效的。

③书面合同中，只有正式合同具有法律效力，确认书无法律效力。

④合同既可由买方制作，也可由卖方制作。

A. ①　　　　　　B. ②　　　　　　C. ①和④　　　　　　D. ②和③

3. （　　）甲公司在乙公司7月28日发盘中所规定的时间内于8月10日向乙公司发电，表示接受乙公司的发盘。以下陈述正确的是：

①根据《联合国国际货物销售合同公约》，接受生效的时间8月10日就是合同成立的时间。

②买卖双方可在洽商交易时约定合同成立的时间，所以甲公司与乙公司可约定合同在8月10日后的某一特定时间成立。

③根据我国的《合同法》，通过EDI等电子商务磋商成交的电子商务合同不具有与书面合同同等的法律效力，所以甲公司与乙公司不应采用EDI方式签订合。

④甲公司和乙公司签订的国际货物买卖合同一般应包括合同的首部、主体部分及尾部。

A. ①和④　　B. ①和③　　C. ①、②和④　　D. ②、③和④

4.（　　）国外客户乙公司 10 日向我国外贸企业甲公司发出发盘电报："供应 456 吨异佛尔酮净 190 千克桶装，每公吨 CIF 上海价 1380 美元，我方时间 5 日内复到有效。"甲公司于 12 日收到邮局递送的乙公司来电。以下陈述正确的是：

①甲公司经过内部协商于 17 日回电接受乙公司的发盘。甲公司的接受是有效的，对乙公司具有约束力。

②甲公司将乙公司的发盘通知给最终用户丙公司，丙公司在规定期限内直接以丙公司的名义向乙公司发出电报表示接受。丙公司的接受是有效的。

③甲公司回电称："接受你方 10 日来电，每公吨 CIF。上海价 1375 美元"。根据《国际联合国际货物销售合同公约》，由于甲公司对乙公司的发盘作出了实质性的改动，属于有条件的部分接受，甲公司的电报是还盘，不是接受。

④甲公司回电称："接受你方 10 日来电，净 190 千克蓝色铁桶装"。根据《联合国国际销售合同公约》，由于甲公司对乙公司的发盘作出了非实质性的改动，不属于有条件的部分接受，因而甲公司的接受是有效的。

A. ①　　　B. ①和②　　C. ③和④　　　D. 全都是正确的

5.（　　）我国外贸公司甲公司 3 月 12 日根据德国客户乙公司 3 月 10 日的询盘，作出发盘"YOURSTENTH OFFER SUBJECT REPLY REACHING US SIXTEENTH CIF HAMBURG USD4.00..."以下陈述正确的是：

A. 乙公司于 14 日发电表示接受，但是由于电报局投递延误，该接受电报于 17 日际货物销售合同公约》，接受是有效成立的

B. 甲公司于 15 日收到乙公司于 14 日发出电报称："YOURS TWELVETH ACCEPT PROVIDED USD3.50..."则合同即告成立

C. 乙公司接受的有效地点与时间是在德国当地时间 16 日

D. 乙公司接受的有效地点与时间是在中国当地时间 16 日

第三章　国际贸易术语

【本章学习目标】

● 了解贸易术语的含义、作用和规范贸易术语的国际惯例

● 掌握贸易术语的种类和每种贸易术语买卖双方责任、费用和风险划分的界限

● 掌握《2010 通则》对《2000 通则》的修订

【引导案例】

我某出口公司与外商按 CIF 某港口即期 L/C 方式付款的条件达成交易，出口合同和收到的 L/C 均规定不准转运。我方在 L/C 有效期内将货物装上直驶目的港的班轮，并以直运提单办理了议付，国外开证行也凭议付行提交的直运提单付了款。承运船只驶离我国途经某港时，船公司为接载其他货物，擅自将我方托运的货物卸下，换装其他船舶继续运往目的港，由于中途耽搁，加上换装的船舶设备陈旧，使抵达目的港的时间比正常直达船的时间晚了两个多月，影响了买方对货物的使用。为此，买方向我出口公司索赔，理由是我方提交的是直运提单，而实际是转船运输，是弄虚作假行为。我方有关业务员认为，合同用的是"到岸价"，船舶的舱位是我方租订的，船方私自转船的风险理应由我方承担。因此，按对方要求进行了理赔。你认为我方这样做是否正确？为什么？

第一节　贸易术语的含义及相关国际惯例

一、贸易术语的含义

在国际货物买卖中，交易双方相去甚远，其所交易的商品通常需要经过长途运输。在货物运输、交接过程中，需要办理进出口清关手续，安排运输

与保险，支付各项税捐和运杂费用。货物在装卸、运输过程中，还可能遭受自然灾害、意外事故和其他各种外来风险。有关上述事项由谁承办，费用由谁负担，风险如何划分，买卖双方在磋商交易签订合同时，必须予以明确。

为了简化手续，缩短交易过程，并便于双方当事人成交。买卖双方便采用某种专门的用语来概括地表明各自的权利与义务。这种用来表示交易双方责任、费用与风险（responsibilities，cost，risks）划分的专门用语，称为贸易术语（trade terms），它来源于国际贸易惯例，是在国际贸易长期实践的基础上逐渐产生的。

贸易术语具有两重性，即一方面表示交货条件，另一方面表示价格构成因素，特别是货价中所包含的从属费用。每种贸易术语有其特定的含义。各种不同的贸易术语表示其具有不同的交货条件和不同的价格构成因素，因而买卖双方各自承担的责任、费用与风险也互不相同。一般来说，卖方承担的责任、费用与风险小，其售价就低；反之，其售价就高。正因为贸易术语有表示价格构成因素的一面，所以人们有时只从价格的角度片面地称之"价格术语"（price terms）。

二、贸易术语的国际惯例

在国际贸易业务实践中，因各国法律制度、贸易惯例和习惯做法不同，因此，国际上对各种贸易术语的理解与运作互有差异，从而容易引起贸易纠纷。为了避免各国在对贸易术语解释上出现分歧和引起争议，有些国际组织和商业团体便分别就某些贸易术语作出统一的解释与规定，其中影响较大的主要有：国际商会制定的《国际贸易术语解释通则》（international rules for the interpretation of trade terms，简称 incoterms）、国际法协会制定的《华沙—牛津规则》（warsaw-oxford rules）、美国一些商业团体制定的《1941 年美国对外贸易定义修订本》（revised american foreign trade defintion 1941）。

由于上述各项解释贸易术语的规则在国际贸易中运用范围较广，从而形成一般的国际贸易惯例。这些解释贸易术语的国际惯例，在国际贸易发展的各个历史阶段都起了积极的重要作用。由于国际贸易惯例是国际贸易法的渊源之一，在当前各国都在积极谋求国际贸易法律统一化的过程中，国际贸易惯例的作用更为显著，尤其是通过国际商会对《国际贸易术语解释通则》的不断修订，有效地促进了国际贸易惯例的发展。

国际贸易惯例日益受到各国政府、法律界和贸易界的重视、在国际立法和许多国家的立法中，都明文规定了国际贸易惯例的效力。例如，在 1988 年 1 月 1 日生效的《联合国国际货物销售合同公约》中充分肯定了惯例的作用。该公约规定：当事人在合同中没有排除适用的惯例，或双方当事人已经知道或理应知道的惯例，以及在国际贸易中被人们广泛采用和经常遵守的惯例，即使当事人未明确同意采用，也可作为当事人默示同意惯例，因而该惯例对双方当事人具有约束力。又如，《中华人民共和国涉外经济合同法》规定："中华人民共和国法律未作规定的，可适用国际惯例"。由此可见，为了合理地商订和履行合同以及正确运用国际贸易惯例，国际贸易从业人员必须了解国际上各种通行的有关贸易术语的国际惯例，以便在实际业务中对其作出适当的抉择和正确的解释。现将解释贸易术语的各种国际贸易惯例，分别简介如下：

（一）《1932 年华沙—牛津规则》

为了对 CIF 合同双方的权利与义务作出统一的规定与解释，国际法协会特制定了《华沙—牛津规则》，为那些按 CIF 贸易术语成交的买卖双方提供了一套可在 CIF 合同中易于使用的统一规则，供买卖双方自愿采用。在买卖双方缺乏标准合同格式或共同交易条件的情况下，买卖双方可以约定采用此项规划。《华沙—牛津规则》自 1932 年公布后，一直沿用至今，并成为国际贸易中颇有影响的国际贸易惯例。这是因为，规则在一定程度上反映了各国对 CIF 合同的一般解释。不仅如此，其中某些规定的原则，还可适用于其他合同。例如，《华沙—牛津规则》规定，在 CIF 合同中，货物所有权移转于买方的时间，应当是卖方把装运单据（提单）交给买方的时刻，即以交单时间作为所有权移转的时间。此项原则，虽是针对 CIF 合同的特点制定的，但一般认为也可适用于卖方有提供提单义务的其他合同。

（二）《1941 年美国对外贸易定义修订本》

《1941 年美国对外贸易定义修订本》也是国际贸易中具有一定影响的国际贸易惯例，这不仅在美国使用，而且也为加拿大和一些拉丁美洲国家所采用。该定义对 Ex Point of Origin、FAS、FOB、C&F、CIF 和 Ex Dock 六种贸易术语作了解释。值得注意的是，该定义把 FOB 分为六种类型，其中只有第五种，即装运港船上交货（FOB Vessel），才同国际贸易中一般通用的 FOB 的含义大体相同，而其余五种 FOB 的含义则完全不同。为了具体说明买卖双方在各种贸易术语下各自承担的义务，在此修订本所列各种贸易术语之后，一般附有注释。这些注释实际上是贸易术语定义不可分割的组成部分。

上述有关贸易术语的现行国际贸易惯例是建立在当事人"意思自治"的基础上的，具有任意法的性质。因此，买卖双方商订合同时，可以规定适用某些惯例，也可以变更、修改规则中的任何条款或增添其他条款，即是否采用上述惯例，悉凭自愿。在中国进出口贸易业务中，采用国际商会的规定和解释的居多，如按 CIF 条件成交还可同时采用《1932 年华沙—牛津规则》的规定和解释。如从美国和加拿大按 FOB 条件进口时，在规定合同条款和履行合同时，还应考虑《1941 年美国对外贸易定义修订本》对 FOB 术语的特殊解释与运用。

（三）国际商会修订的《2000 年国际贸易术语解释通则》(International Rules for the Interpretation of Trade Terms 2000，IN-COTERMS 2000)

需要注意的是，2011 年国际商会（ICC）重新编写的《2010 年国际贸易术语解释通则》(INCOTERMS 2010，2010 通则)，是国际商会根据国际货物贸易的发展，对《2000 通则》的修订，2010 年 9 月 27 日公布，于 2011 年 1 月 1 日开始全球实施，《2010 通则》较《2000 通则》更准确标明各方承担货物运输风险和费用的责任条款，令船舶管理公司更易理解货物买卖双方支付各种收费时的角色，有助于避免现时经常出现的码头处理费（THC）纠纷。此外，新通则亦增加大量指导性贸易解释和图示，以及电子交易程序的适用方式。

2011 年国际商会对《2000 通则》作出了以下几点主要修改：

1. 贸易术语的数量由原来的 13 种变为 11 种

删除 INCOTERMS2000 中四个 D 组贸易术语，即 DDU（delivered duty unpaid）、DAF（delivered at frontier）、DES（delivered ex ship）、DEQ（delivered ex quay），只保留了 INCOTERMS2000D 组中的 DDP（delivered duty paid）。

2. 新增加两种 D 组贸易术语，即 DAT（delivered at terminal）与 DAP（delivered at place）

用 DAT 和 DAP（指定目的地和指定地点交货）取代了 DAF、DES、DEQ 和 DDU 而实现的。所谓 DAT 和 DAP 术语，是"实质性交货"术语，在将货物运至目的地过程中涉及的所有费用和风险由卖方承担。此术语适用于任何运输方式，因此也适用于各种 DAF、DES、DEQ 以及 DDU 以前被使用过的情形。

DAT——终点站交货（delivered at terminal）（……指定目的港或目的地），类似于取代了的 DEQ 术语，指卖方在指定的目的地或目的港的集散站卸货后将货物交给买方处置即完成交货，术语所指目的地包括港口。"终点站"包括任何地方，无论约定或者不约定，包括码头、仓库、集装箱堆场或公路，铁路或空运货站。卖方应承担将货物运至指定的目的地或目的港的集散站的一切风险和费用（除进口费用外）。本术语适用于任何运输方式或多式联运。当事人应尽量明确地指定终点站，如果可能，（指定）在约定的目的港或目的地的终点站内的一个特定地点，因为（货物）到达这一地点的风险是由卖方承担建议卖方签订一份与这样一种选择准确契合的运输合同。此外，若当事人希望卖方承担从终点站到另一地点的运输及管理货物所产生的风险和费用，那么此时 DAP（目的地交货）或 DDP（完税后交货）规则应该被适用。

DAP——目的地交货（delivered at place）（……目的地交货），类似于取代了的 DAF、DES 和 DDU 三个术语，目的地交货的意思是：卖方在指定的交货地点，将仍处于交货的运输工具上尚未卸下的货物交给买方处置即完成交货。卖方须承担货物运至指定目的地的一切风险（除进口费用外）。本术语适用于任何运输方式、多式联运方式及海运。尽管卖方承担货物到达目的地前的风险，该规则仍建议双方将合意交货目的地指定尽量明确。建议卖方签订恰好匹配该种选择的运输合同。如果卖方按照运输合同承受了货物在目的地的卸货费用，那么除非双方达成一致，否则卖方无权向买方追讨该笔费用。

在需要办理海关手续时（在必要时 / 适当时），DAP 规则要求应有卖方办理货物的出口清关手续，但卖方没有义务办理货物的进口清关手续，支付任何进口税或者办理任何进口海关手续，如果当事人希望卖方办理货物的进口清关手续，支付任何进口税和办理任何进口海关手续，则应适用 DDP 规则

3. 贸易术语由四级变为两类

第一类包括那些适用于任何运输方式，包括多式运输的七种术语，EXW、FCA、CPT、CIP、DAT、DAP 和 DDP 术语这类。这些术语可以用于没有海上运输的情形。但要谨记，这些术语能够用于船只作为运输的一部分的情形，只要在卖方交货点，或者货物运至买方的地点，或者两者兼备，风险转移。

EXW（ex works）：工厂交货

FCA（free carrier）：货交承运人

CPT（carriage paid to）：运费付至目的地

CIP（carriage and insurance paid to）：运费 / 保险费付至目的地

DAT（delivered at terminal）：目的地或目的港的集散站交货

DAP（delivered at place）：目的地交货

DDP（delivered duty paid）：完税后交货

第二类，实际上包含了比较传统的只适用于海运或内河运输的 4 种术语。这类术语条件下，卖方交货点和货物运至买方的地点均是港口，所以"唯海运不可"就是这类术语的标签。FAS、FOB、CFR、CIF 属于本类术语。

FAS（free alonside ship）：装运港船边交货

FOB（free on board）：装运港船上交货

CFR（cost and freight）：成本加运费

CIF（cost insurance and freight）：成本、保险费加运费

4. 使用范围的扩大至国内贸易合同

贸易术语在传统上被运用于表明货物跨越国界传递的国际销售合同。两个方面的原因表明改动是有必要的，一是现在很多国家已经把通则适用到内贸合同中；二是有些国家虽然有商法典，但更倾向于使用通则。

5.《2010 通则》取消了船舷的概念

修订后的《2010 年国际贸易术语解释通则》取消了"船舷"的概念，卖方承担货物装上船为止的一切风险，买方承担货物自装运港装上船后的一切风险。在 FAS、FOB、CFR 和 CIF 等术语中加入了货物在运输期间被多次买卖（连环贸易）的责任义务的划分。因此，《2010 通则》中的船上交货的贸易术语，卖方风险转移的地点是在船上而不是《2000 通则》中的船舷。使用新通则的出口企业需格外注意。

第二节　国际贸易中的主要贸易术语

FOB、CFR 和 CIF 均为装运港交货的贸易术语，也是国际贸易中最经常采用的 3 种贸易术语，它们都适用于水上运输方式。FCA、CPT 和 CIP 可以

适合多种运输方式。

一、船上交货（FOB）

Free on Board（... named port of shipment），即船上交货（……指定装运港）。

（一）FOB 术语的含义

是指当货物在指定的装运港把货物装到买方指定的船上，卖方即完成交货义务，买方必须从该点起承担货物灭失或损坏的一切风险。根据《2010 通则》的解释，FOB 术语只适用于海运和内河航运，对于 FOB 风险划分的规定，卖方承担在装运港货物交到船上以前的风险，则应采用 FOB 贸易术语。FOB 从价格构成上主要以商品成本与出口企业预期利润为主（见图 3-1）。

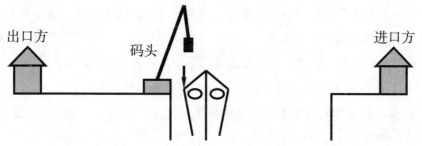

图 3-1　FOB+ 指定装运港（装运港船上交货）

（二）买卖双方各自承担的基本义务

按国际商会对 FOB 的解释，买卖双方各自承担的基本义务。概括起来，可作如下划分：

1. 卖方主要责任

（1）在合同规定的时间或期限内，在装运港，按照习惯方式将货物交到买方指派的船上，并及时通知买方。

（2）自负风险和费用，取得出口许可证或其他官方批准证件。在需要办理海关手续时，办理货物出口所需的一切海关手续。

（3）负担货物在装运港交到船上为止的一切费用和风险。

（4）自付费用提供证明货物已交至船上的通常单据。如果买卖双方约定采用电子通信，则所有单据均可被具有同等效力的电子数据交换（EDI）信息所代替。

（5）按照买方的要求，并由其承担风险和费用，卖方及时提供投保信息。

2. 买方主要责任

（1）自负风险和费用取得进口许可证或其他官方批准的证件。在需要办理海关手续时，办理货物进口以及经由他国过境的一切海关手续，并支付有关费用及过境费。

（2）负责租船或订舱，支付运费，并给予卖方关于船名、装船地点和要求交货时间的充分的通知。

（3）负担货物在装运港交到船上以后的一切费用和风险。

（4）接受卖方提供的有关单据，受领货物，并按合同规定支付货款。

【案例一】

某公司向外商出售一级大米 300 吨，成交条件 FOB 上海。单价 200 美元 / 吨，装船时货物经检验符合合同要求，货物出运后，卖方及时向买方发出装船通知。但是航运途中，因海浪过大，大米被海水浸泡，品质受到影响。货物到达目的港后，只能按三级大米价格出售，于是买方要求卖方赔偿差价损失。

1. FOB 术语下，买卖双方各承担什么样的责任和义务？

2. 买卖双方对货物所承担的风险界限是什么？

【案例讨论】

按照本例的情况，卖方已按照合同规定的条件，把货物在约定的装运港装上买方指派的船只上，货物在装运港交到船上，货物的风险已由卖方转移给买方。因此在运输途中因舱汗，大米受潮而影响品质，这是属运输风险损失范围。事实上，货物在装船时，已验明品质符合合同规定的条件。因此，根据 FOB 条件的惯例解释，对货物在运输途中因风险而发生的损失，卖方无须负责。

（三）使用 FOB 贸易术语应该注意的问题

1. 风险划分

按照《2010 年通则》对 FOB 风险划分的规定，卖方承担在装运港货物交到船上以前的风险；买方承担在装运港货物交到船上以后的风险。《1941 年美国对外贸易定义修订本》也规定：卖方负责货物的灭失和损失，直至货物装到船上。而美国《统一商法典》则规定：卖方必须取得一份声明货物已经载于船上的可流通的提单（a negotiable bill of lading）。

2. 船货衔接

使用 FOB 术语时，卖方在装运港将货物装上船时完成交货，而载货船舶由买方负责租船订舱，所以买卖双方必须注意船货衔接问题。为了避免发生买方船到而卖方未备妥货物或卖方备妥货物而不见买方载货船舶的情况，买卖双方必须相互给予充分的通知。如卖方及时将备货进度告知买方，以便买方适时租船订舱。买方租船订舱后也应及时将船名、航次、预计到达装运港的时间通知卖方，以便卖方做好交货准备。

3. 装船费用划分

在按 FOB 条件成交时，卖方要负责支付货物装上船之前的一切费用。但各国对于"装船"的概念没有统一的解释，有关装船的各项费用由谁负担，各国的惯例或习惯做法也不完全一致。如果采用班轮运输，船方管装管卸，装卸费计入班轮运费之中，自然由负责租船的买方承担；而采用程租船运输，船方一般不负担装卸费用。这就必须明确装船的各项费用应由谁负担。为了说明装船费用的负担问题，双方往往在 FOB 术语后加列附加条件，这就形成了 FOB 的变形。主要包括以下几种：

（1）FOB Liner Terms（FOB 班轮条件）。这一变形是指装船费用按照班轮的做法处理，即由船方或买方承担。所以，采用这一变形，卖方不负担装船的有关费用。

（2）FOB Under Tackle（FOB 吊钩下交货）。指卖方负担费用将货物交到买方指定船只的吊钩所及之处，而吊装入舱以及其他各项费用，概由买方负担。

（3）FOB Stowed（FOB 理舱费在内）。指卖方负责将货物装入船舱并承担包括理舱费在内的装船费用。理舱费是指货物入舱后进行安置和整理的费用。

（4）FOB Trimmed（FOB 平舱费在内）。指卖方负责将货物装入船舱并承担包括平舱费在内的装船费用。平舱费是指对装入船舱的散装货物进行平整所需的费用。

在许多标准合同中，为表明由卖方承担包括理舱费和平舱费在内的各项装船费用，常采用 FOBST（FOB Stowed and Trimmed）方式。

FOB 的上述变形，只是为了表明装船费用由谁负担而产生的，并不改变 FOB 的交货地点以及风险划分的界限。《2010 年通则》指出，本通则对这些术语后的添加词句不提供任何指导规定,建议买卖双方应在合同中加以明确。

4. 美国对 FOB 贸易术语的解释

《1941 年美国对外贸易定义修订本》对 FOB 的解释分为六种,其中只有:指定装运港船上交货"(FOB Vessel,"named port of shipment")与《2000年通则》对 FOB 术语的解释相近。所以,《1941 年美国对外贸易定义修订本》对 FOB 的解释与运用,同国际上的一般解释与运用有明显的差异,这主要表现在下列几方面:

(1)美国惯例把 FOB 笼统地解释为在某处某种运输工具上交货,其适用范围很广,因此,在同美国、加拿大等国的商人按 FOB 订立合同时,除必须标明装运港名称外,还必须在 FOB 后加上"船舶"(Vessel)字样。如果只订为"FOB SanFrancisco"而漏写"Vessel"字样,则卖方只负责把货物运到旧金山城内的任何处所,不负责把货物运到旧金山港口并交到船上。

(2)在风险划分上,不是以装运港船舷为界,而是以船舱为界,即卖方负担货物装到船舱为止所发生的一切丢失与损坏。

(3)在费用负担上,规定买方要支付卖方协助其进口单证的单证费用以及进口税和产生的其他费用。

二、成本加运费(CFR)

Cost and Freight(... named port of destination),即成本加运费(……指定目的港)。

(一)CFR 术语的含义

是指卖方于货物在装运港越过船舷即完成交货,但其必须支付将货物运至指定目的港的运费;交货后货物灭失或损坏的风险以及由于各种事件造成的任何额外费用,均转移给买方。该术语也只适用于海运和内河航运,如要求卖方在船舶到达前将货物交到货站,或在滚装和集装箱运输情况下,船舷已无实际意义,故使用 CPT 术语更为适宜。CFR 从价格构成上包括商品成本与国际海运费(见图 3-2)。

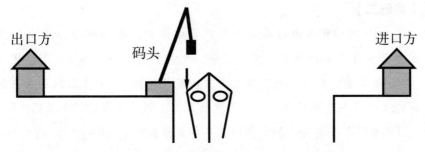

图 3-2　CFR+ 指定目的港：成本加运费

（二）买卖双方各自承担的基本义务

1. 卖方主要责任

（1）负责在合同规定的日期或期限内，在装运港将符合合同的货物交至船上，运往指定目的港，并给予买方充分的通知。

（2）负责办理货物出口手续，取得出口许可证或其他核准证书。

（3）负责办理租船或订舱，并支付至目的港的正常运费。

（4）负担货物在装运港交到船上为止的一切费用和风险。

（5）负责提供商业发票和货物运往约定目的港的通常运输单据，或商业发票等具有同等效力的电子信息。

（6）按照买方的要求提供投保信息。

2. 买方主要责任

（1）负责按合同规定支付价款。

（2）负责办理货物进口手续，取得进口许可证或其他核准证书。

（3）负责货物在装运港交到船上以后的一切费用和风险。

（4）按合同规定接收货物，接受运输单据。

（三）CFR 注意事项

1. 装船通知的重要性

按 CFR 条件成交时，卖方负责运输，买方负责办理保险，货物装船后卖方必须及时向买方发出装船通知，以便买方办理投保手续。如果货物在运输途中遭受损失或灭失，由于卖方未发出通知而使买方漏保，那么卖方就不能以风险在装运港船上转移为由免除责任。若未及时通知，会导致风险推迟转移。尽管在 FOB 和 CIF 条件下，卖方装船后也应向买方发出通知，但 CFR条件下的装船通知具有更为重要的意义。

【案例二】

我某公司按 CFR 术语与英国 A 客户签约成交，合同规定保险由买方自理。我方于 9 月 1 日凌晨 2 点装船完毕，受载货轮于当日下午起航。因 9 月 1 日、2 日是周末，我方未及时向买方发出装船通知。3 日上班收到买方急电称：货轮于 2 日下午 4 时遇难沉没，货物灭失，要求我方赔偿全部损失。

1. CFR 术语下买卖双方的责任和义务各是什么？

2. 该术语下风险如何划分？风险的转移有无前提条件？

【案例讨论】

卖方装船后，由于未及时发出装船通知，导致卖方风险转移时间延迟，而无法以装运港船上转移风险来规避自己的责任。因卖方未及时发装船通知，导致买方未及时办理保险，货物出现损失仍旧由卖方承担。如果卖方未及时发出装船通知，即使是货物安全到达目的港，买方也可据此提出索赔。

2. CFR 变形

凡大宗商品按 CFR 条件成交，容易在卸货问题上引起争议。故卸货费究竟由哪方负担，买卖双方应在合同中订明。即可在 CFR 后附加下列有关卸货费由谁负担的具体条件：

（1）CFR 班轮（CFR liner Terms）指卸货费按班轮办法处理，即买方不负担卸货费。

（2）CFR 卸到岸上（CFR Landed）指由卖方负担卸货费，其中包括驳运费在内。

（3）CFR 吊钩下交货（CFR Ex Tackle）指卖方负责将货物从船舱吊起卸到船舶吊钩所及之处（码头上或驳船上）的费用，在船不能靠岸的情况下，租用驳船的费用和货物从驳船卸到岸上的费用，由买方负担。

（4）CFR 舱底交货（CFR Ex Ship'S Hold）指货物运到目的港后，由买方自行卸舱，并负担货物从舱底卸到码头的费用。

上述 CFR 后面另加附加条件，并不改变交货地点和风险划分的界限。

3. 卖方的装运义务

卖方要承担将货物由装运港运往目的港的义务，卖方延迟装运或提前装运都是违反合同。

4. 在进口业务中

按 CFR 条件成交时，鉴于由外商安排装运，由我方负责保险，故应选择资信好的国外客户成交，并对船舶提出适当要求，以防外商与船方勾结，出具假提单，租用不适航船舶，或伪造品质证书与产地证明。

三、成本、保险费加运费（CIF）

Cost、Insurance and Freight（... named port of destination），即成本加保险费、运费（……指定目的港）。

（一）CIF 术语的含义

是指货物在指定装运港越过船舷时卖方即完成交货，但其必须支付将货物运至指定目的港的运费并办理保险；交货后货物灭失或损坏的风险及由于各种事件造成的任何额外费用，均转移给买方。CIF 从价格构成上包括商品成本与国际海运费、保费（见图 3-3）。

按《2010 年通则》规定，CIF 术语只适用于海运和内河航运。如卖方先将货物交到货站，或使用滚装与集装箱运输时由于船舷已无实际意义，故使用 CIP 术语更为适宜。

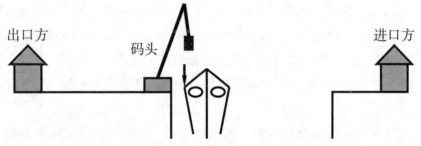

图 3-3 CIF+ 指定目的港：成本加运费、保费

（二）买卖双方各自承担的责任义务

1. 卖方的主要责任与义务

（1）负责在合同规定的日期或期限内，在装运港将符合合同的货物交至运往指定目的港的船上，并给予充分的通知。

（2）负责办理货物的出口手续，取得出口许可证或其他核准书。

（3）负责租船或订舱，并支付至目的港的运费。

（4）负责办理货物运输保险，支付保险费。

（5）负担货物在装运港交到船上为止的一切费用和风险。

（6）负责提供商业发票、保险单和货物运往约定目的港的运输单据。如果买卖双方约定采用电子通信，则所有的单据可被具有同等效力的电子数据交换信息所替代。

2. 买方的主要责任与义务

（1）负责按合同规定支付价款；

（2）负责办理货物进口手续，取得进口许可证或其他核准书；

（3）负责货物在装运港交到船上以后的一切费用和风险；

（4）收取卖方按合同规定支付的货物，接受与合同相符的单据。

（三）CIF 注意事项

1. 保险相关问题

（1）保险性质。按 CIF 条件成交，虽然货物在运输途中的灭失和损坏的风险由买方负担，但由于货价构成因素中包括保险费，故卖方必须负责签订保险合同，按约定的险别投保货物运输险，并支付保险费和提交保险单。卖方负责保险，具有替保性质，如果事后发生承保范围内的损失，由买方凭保险单直接向保险公司索赔，能否索赔成功，卖方不负责任。

（2）保险险别。按照《2010 通则》对 CIF 的解释，卖方只需投保最低的险别，但在买方要求时，并由买方承担费用的情况下，可加保战争、罢工、暴乱和民变险。最低保险金额通常为合同规定的价款的 110%，并以合同货币投保。买方有权拒绝未经保险的货物，即使该货物已安全抵达目的港也不例外。

（3）CIF 术语风险与费用分界点相分离。风险划分是以装运港船上为界，在货物装到装运港船上出现的风险由卖方承担，在装上船后出现的风险归买方负担。在费用划分方面，卖方支付承运人从装运港至目的港的正常运费，如由于运输途中风险而产生的额外费用，则应由买方负担。即风险的分界点在装运港，费用的分界点在目的港。

2. 象征性交货问题

从交货方式来看，CIF 是一种典型的象征性交货。所谓象征性交货，是针对实际交货而言。指卖方只要按期在约定地点完成装运，并向买方提交合同规定的包括物权凭证在内的有关单证，就算完成了交货义务，而无须保证到货。可见，在象征性交货方式下，卖方是凭单交货，买方是凭单付款。只要卖方如期向买方提交了合同规定的全套合格单证（名称、内容和份数相符的单证），即使货物在运输途中损坏或灭失，买方也必须履行付款义务。反之，如果卖方提交的单证不符合要求，即使货物完好无损地运达目的地，仍有权拒绝付款。但是，必须指出，按 CIF 术语成交，卖方履行其交单任务，只是得到买方付款的前提条件下，除此之外，他还必须履行交货义务。如果卖方提交的货物不符合要求，买方即使已经付款，仍然可以根据合同的规定向卖方提出索赔。

【案例三】

我某出口公司与外商按 CIF 某港口即期 L/C 方式付款的条件达成交易，出口合同和收到的 L/C 均规定不准转运。我方在 L/C 有效期内将货物装上直驶目的港的班轮，并以直运提单办理了议付，国外开证行也凭议付行提交的直运提单付了款。承运船只驶离我国途经某港时，船公司为接载其他货物，擅自将我方托运的货物卸下，换装其他船舶继续运往目的港，由于中途耽搁，加上换装的船舶设备陈旧，使抵达目的港的时间比正常直达船的时间晚了两个多月，影响了买方对货物的使用。为此，买方向我出口公司索赔，理由是我方提交的是直运提单，而实际是转船运输，是弄虚作假行为。我方有关业务员认为，合同用的是"到岸价"，船舶的舱位是我方租订的，船方私自转船的风险理应由我方承担。因此，按对方要求进行了理赔。你认为我方这样做是否正确？为什么？

【案例讨论】

我方的做法是错误的，根本不应理赔。因为：①我方已按合同和信用证的规定将货物如期装上直达班轮并提供了直达班轮提单，卖方的义务已经履行。②按 CIF 条件成交，货物在装运港装上驶往目的港的船舶时风险即转移。货物何时到达目的港，是否到达目的港，包括船公司中途擅自转船的风险概由买方承担，而与卖方无关。

在分析本案时应注意以下三点：①按 CIF 价成交的贸易合同属于"装运合同"，而不是"到货合同"。卖方只要在装运港将货物装上船，就完成了交货任务，也就是 shipment=delivery，在此之后如货物灭失、损坏、迟交以及费用增加等风险，均由买方承担。②我方提供的是直达提单。至于货物在运输途中承运人援引提单上的"自由转船条款"而将货物换装他船时，无须征得托运人的同意，所以买方指责卖方弄虚作假的理由根本不成立。③承运人援用"自由转船条款",不应该是无条件的,而应该是有条件的,也就是说,其条件必须合理,否则不能援用。例如,船在中途某港发生故障,不能继续航行时,船方可将货物转船。如仅仅为了承运人自身的利益而将货物转船,以致造成货损、货差、迟交等损失,则承运人就要承担不可推卸的责任。

3. 装运合同不是到达合同

CIF 是一种典型的象征性交货价格术语。卖方只要按期在约定地点完成装运,并向卖方提交合同约定的提单等就算完成了交货义务。卖方不对货物的抵港时间承担任何责任。虽然由卖方安排装运和办理货运保险,但卖方并不承担保证把货送到目的港的义务。即 CIF 属于装运港交货的术语,而不是目的港交货的术语,也就是说,CIF 不是"到岸价"。而真正意义上的到岸价格是 DES,其基本含义是卖方要在规定的时间和地点将符合合同规定的货物提交买方,不能以交单代替交货。

四、货交承运人(FCA)

Free Carrier(... named place),即货交承运人(……指定地点)。

(一)FCA 术语的含义

指卖方在规定的时间、地点将货物交给买方指定的承运人并办理出口清关手续,即完成交货义务。其价格构成主要是商品成本。根据商业惯例,当卖方被要求与承运人通过签订合同进行协作时,在买方承担风险和费用的情况下,卖方可以照此办理。本术语适用于任何运输方式。采用这一交货条件时,买方要自费订立从指定地点启运的运输契约,并及时通知卖方。《2010通则》规定,若双方约定的交货地点是卖方所在地,卖方负责把货物装上买方制定的承运人的运输工具即可,若交货地是其他地点,卖方在自己的运输工具上完成交货,无须卸货。这里的承运人指运输合同中承担或履行铁路、航空、海洋、内河运输或多式联运义务的当事人(见图 3-4)。

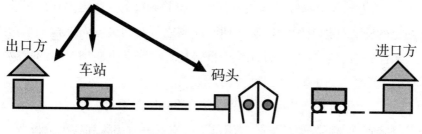

图 3-4 FCA+ 指定地点：货交承运人

（二）买卖双方的责任义务

1. 卖方主要责任

（1）提供符合合同的货物和商业发票，或与商业发票具同等效力的电子数据，以及合同可能要求的证明货物符合合同规定的其他证件。

（2）卖方必须自负风险和费用，取得出口许可证或其他官方核准文件，并且办理货物出口清关一切手续。

（3）卖方必须在约定交货日期或期限内，在指定和交货地点将货物交给买方指定的承运人或其他人接管。

（4）卖方承担货物交给承运人或其他人接管时止的货物灭失或损坏的一切风险。

（5）卖方必须支付货物交付给承运人或其他人接管为止与货物有关的一切费用以及货物出口时需要支付的海关手续费、一切关税、税捐和其他费用。

（6）卖方必须将货物交给承运人或其他人接管后向买方发出详尽通知，如果承运人未在约定时间接受货物，卖方也必须通知买方。

（7）卖方必须自负风险和费用，向买方提供证明已交货的运输单据或具有同等效力的电子数据交换信息。

（8）卖方自负费用提供出口包装和标记。

（9）卖方应买方的要求，向买方提供投保信息。

2. 卖方主要责任

（1）买方应按合同规定支付货款。

（2）买方必须自负风险和费用，取得进口许可证或由官方签发的其他证件，并办理货物进口及经由其他国家过境的一切海关手续。

（3）买方必须自负风险和费用，订立自交货指定地点的运输合同。

（4）买方负责收取货。

（5）买方承担货物被承运人或其他人接管时起的灭失或损坏的风险；如果自约定的交货日期或约定的交货期间届满之日起，买方尚未指定承运人或其他人未能按时接管货物，买方承担自交货日期或期限届满时起的货物灭失或损坏的风险。

（6）买方支付自交货时起与货物有关的一切费用和买方或承运人或其他人未按时接管货物而发生的额外费用。买方支付进口关税和各种捐税费。

（7）买方应将承运人或其他人的名称、运输方式、交货日期或交货期间、交货地点等内容及时通知卖方。

（8）买方必须接收运输单据或具有同等效力的电子数据交换信息和因此而产生的费用。

（三）FCA注意事项

1.关于交货

交货地点的选择会影响装卸货物的责任划分，主要区分是交货地点是否在卖方所在地

（1）在卖方所在地交货。卖方负责装货。

（2）在其他地点交货。卖方不负责卸货。

2.关于运输及相关费用问题

按国际贸易惯例，卖方有必要（如采用铁路和航空运输时）协助买方与承运人订立运输合同，卖方可以给予这种必要的协助，但其风险和费用，应由买方承担。这种术语的适用范围很广，它可以用于各种形式的运输。其中包括多式联运。此外，FCA术语还可适用先行将货交到货站的海运和年河航运以及货物未按传统方式越过船舷交到船上的滚装集装箱运输。

3.关于风险划分界限问题

《2010通则》解释，自规定的交付货物之日起，由买方承担货物灭失及损坏风险。但要注意的问题是风险有可能提前转移。

【案例四】

美国T公司与巴西的L公司签订了购买900公吨咖啡豆的货物买卖合同，FCA布宜诺斯艾利斯每公吨950美元。合同规定，T公司在签约后的20天内预付货款金额的40%作为定金，而剩余款项由T公司在收货后汇付给L公司，合同签订后20天内，T公司如约支付了40%的定金；L公司也于5月2日将货物交付给布宜诺斯艾利斯的一家运输代理公司，即T公司指定的承运

人。L公司交货后电告T公司要求其付款。然而5月3日晚，布宜诺斯艾利斯突遇罕见大雨，由于货运代理公司疏忽大意，堆放货物的仓库进水，咖啡豆受水浸泡损坏。由于货物损坏，T公司以未收到货物为由，拒绝汇付剩余的60%的货款。T公司有理由拒付货款吗？

1.《2010通则》中是如何界定FCA术语下买卖双方的义务的？

2.本案中T公司是否应支付余下的60%的货款？为什么？

【案例讨论】

分析：按FCA贸易术语成交，卖方货交承运人即完成了交货任务，卖方承担货交承运人之前的风险、责任与费用。承运人为买方指定，货交承运人后的风险与责任由买方承担。买方不能因为货物在运输过程中损坏而向卖方提出拒付要求。

五、运费付至（CPT）

Carriage Paid to（...named place of destination），即运费付至（……指定目的地）。

（一）CPT术语的含义

是指卖方除按约定向指定的承运人交货外，还必须支付将货物运至指定目的地的运费、办理出口清关手续。买方承担货交承运人之后的一切风险和其他费用。这种术语也适用于各种运输方式，其中包括多式联运。价格构成主要是商品成本与主运费（见图3-5）。

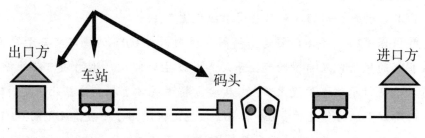

图3-5　CPT+指定目的地：运费付至……

（二）买卖双方责任义务

1.卖方主要责任

（1）自付费用订立运输合同，在规定的日期或期限内将货物交付承运人或第一承运人接管，并及时给予买方充分的通知。

（2）提供符合合同规定的货物，提供出口许可证和其他官方证件，负责办理出口清关手续，支付各种出口关税和费用。

（3）承担货物在指定地点交给承运人或第一承运人接管时为止的一切费用和风险。

（4）负责提供商业发票或相等的电子单证及证明货物已交给承运人或第一承运人接管的通常运输单据。

（5）根据买方要求提供必要的投保信息。

2. 买方主要责任

（1）领受符合合同规定的货物与单证，并支付货款。

（2）承担货交承运人或第一承运人之后的一切费用和风险。

（3）办理进口清关手续，支付各种进口关税和费用。

【案例五】

我国 A 公司按 CPT 条件出口 2000 吨小麦给国外 B 公司。公司按规定的时间和地点将 5000A 吨散装小麦装到火车上，其中的 2000 吨属于卖给 B 公司的小麦。待货物抵达目的地后，由货运公司负责分拨。A 公司装船后及时给 B 公司发出了装运通知。承载火车在途中遇险，使该批货物损失了 3000 吨，剩余 2000 吨安全抵达目的地。而卖方不予交货，并声称卖给 B 公司的 2000 吨小麦已经全部灭失，而且按照 CPT 合同，货物风险已经在装运地交至火车上时即转移给 B 公司，卖方对此项损失不负任何责任。

【案例讨论】

1. 本案中 A 公司仍应对 B 公司承担交货责任。

2. 根据《2010 年国际贸易术语解释通则》对 CPT 的规定：关于货物灭失或损坏的风险以及自货物交至承运人后发生时间所产生的任何额外费用，自货物已交付承运人处置之日起，从卖方转由买方负担。依据此规定，本案例中的卖方不应再负交货责任。然而，该规定仅适用于一般情况下的 CPT 合同。本例中小麦是散装的，且和另外 3000 吨混装在一起，卖方并不能因此而断定所损失的 2000 吨小麦都是卖给 B 公司的。按照《2010 年国际贸易术语解释通则》的划分风险责任所作的说明：以货物已清楚地分开，或确定为供应合同之用者为限。即货物必须是特定化的货物或指定的货物时，货物风险方可按照合同的性质正常转移。本案中的 2000 吨小麦既未在装船时清楚地分开，又没有任何标志表明是卖给 B 公司的货物，因此货物风险不能像正常情况下在装运地交至火车上时转移。卖方不能因此断定所损失的 2000 吨小麦全包括了卖给 B 公司的 2000 吨，因此卖方仍承担向买方交货的义务。

六、运费、保险费付至（CIP）

Carriage insurance Paid to（... named place of destination），即运费、保险费付至（……指定目的地）。

（一）CIP 术语的含义

卖方除按约定向指定承运人交货外，还必须支付将货物运至指定目的地的运费，交货后的一切风险和费用则由买方承担。另外，卖方还必须负责订立货运保险合同，并支付保险费。这一术语也可适用于各种运输方式，其中包括多式联运。价格构成主要是商品成本与主运费、保费。

（二）买卖双方的责任义务

1. 卖方主要责任

（1）卖方必须提供符合合同的货物和商业发票，或与商业发票具有同等效力的电子数据，以及合同可能要求的证明货物符合合同的其他证件。

（2）卖方必须自负风险和费用，取得出口许可证或其他官方核准文件，并办理出口清关手续。

（3）卖方必须自负费用，按照通常条件，订立运输合同，将合同规定的货物，按通常的方式经惯常路线，运至目的地指定地点或其他合适地点。

（4）卖方必须自负费用，按合同约定办理货物保险，并使买方或其他对货物有可保利益的人有权直接向保险人索赔，以及向买方提供保险单或其他保险凭证。

（5）卖方必须在约定的日期或期限内将货物交给承运人或其他人接管，或者若有后续承运人的，交给第一承运人，将货物运至目的地指定地点。

（6）卖方必须承担货交给承运人或其他人或第一承运人为止货物灭失或损坏的一切风险。

（7）卖方必须支付将货物交给承运人或其他人或第一承运人为止与货物有关的一切费用和因交货而产生的运费和其他费用，包括装货费和依据运输合同应当由卖方承担在目的地卸货费以及保险费、出口海关手续费、一切关税、税捐和其他费用。

（8）卖方在将货物交给承运人或其他人或第一承运人接管后，必须向买方发出交货通知以及为使买方采取通常必要的措施收取货物所需的其他通知。

（9）卖方必须承担费用，向买方提供通常的运输单据或具有同等效力的电子数据交换信息（EDI）。

（10）卖方必须支付交货所必需的检查费用，卖方自负费用提供货物运输包装和包装标记。

（11）卖方应买方请求，由买方承担风险和费用协助买方取得为货物进口以及经由其他国家过境所需要的启运国或原产地国签发的单据或具有同等效力的电子数据。

2. 买方主要责任

（1）买方必须按买卖合同的规定支付货款。

（2）买方必须自负风险和费用，取得进口许可证或其他官方核准文件，并办理货物进口以及经由其他国家过境运输的一切海关手续费。

（3）买方必须在目的地指定地点收取货物。

（4）买方必须承担自货物交给承运人或其他人或第一承运人时起的货物灭失或损坏的一切风险。

（5）买方必须支付自货物交给承运人或其他人或第一承运人时起，与货物有关的一切费用以及货物在运输途中直至到达目的地的一切费用。买方支付卸货费和自交货期届满之日起，由此而产生的一切额外费用以及货物进口和经由其他国家过境运输所支付的海关手续，一切关税、税捐和其他费用。

（6）买方必须将交货时间和目的地指定收货地点通知卖方。

（7）买方必须接收符合约定的运输单据。

（8）买方必须向卖方支付为取得货物进口或经由其他国家过境所需的由启运国或原产国签发的单据或具有同等效力的电子数据。

（三）保险问题

按 CIP 术语成交，虽然货物在运输途中灭失和损坏的风险由买方负担，但由于货价构成因素包括保险费，故卖方必须签订保险合同，支付保险费，并提交保险单。根据这一术语，卖方应按约定的险别投保。如未约定险别，则卖方只要取得最低限度的保险费即可。

值得提出的是，不论在国外还是在我国，集装箱运输和多式联运正在被广泛运用，而且必将进一步扩大。为了适应这一趋势，在我外贸运输机构能有效地承担"联合运输经营人"的前提下，我外贸企业应按具体交易的实际情况，适当选用 FCA、CPT 和 CIP 以替代传统的主要适用于海运的 FOB、CFR 和 CIF 术语。尤其是在出口业务中，如果货物是以集装箱船、滚装船或多式联运方式运输的，不采用 FCA、CPT 或 CIP 术语而仍使用 FOB、CFR 或 CIF，则除了在实践中无法以货物在装运港越过船舷，作为买卖双方的风险划分界限外，至少还存在两个缺点：一是增加了我方的风险责任从货交承运人延伸到在装运港越过船舷（或装到船上）；二是推迟了运输单证的出单时间，从而延缓了我方交单收汇的时间，影响我资金周转速度和造成利息损失。因此，在出口业务中，逐步推广使用 FCA、CPT 和 CIP 术语，对我方是有利的。

【案例六】

某年 6 月，美国 AG 公司与我方 BF 公司签订瓷具进口合同，价格条件为 CIF San Francisco，支付条件为不可撤销跟单信用证。我方需提供已装船提单等有效单据。之后，BF 公司与某运输公司（承运人）签订了运输合同。9 月初我方将货物备妥并装上承运人派来的货车。由于装运港离内陆较远，途中驾驶员因疲劳发生了意外，错过了信用证规定的装船日期。得到此消息后，BF 公司即刻与 AG 公司洽商要求将信用证的有效期和装船期延展半个月，并本着诚信原则告知 AG 公司有两箱瓷具可能受损。AG 公司回电称同意延期，但要求货价应降 6%。

我方回电据理力争，同意受震荡的两箱瓷具降价 2%，但认为其余货物并未损坏，不能降价。但 AG 公司坚持要求全部降价。最终还是我方作出让步，受震荡的两箱降价 3%，其余降价 2%，为此受到货价、利息等有关损失共计达 9 万多美元。事后，我方作为托运人又向承运人就有关损失提出索赔。对此，承运人同意承担两箱震荡货物的损失，但利息损失只赔 40%，理由是我方修改单证耽误了时间；而且对于货价损失不予理赔，认为这是由于我方单方面与 AG 公司的协定所致，与其无关。而 BF 公司则坚持认为货物降价及利息损失的根本原因都在于承运人的过失，其应该全部赔偿。4 个月后经多方协商，承运人最终赔偿各方面损失共计 4 万美元。我方实际损失 7 万美元。

1. 本案采用 CIF 合同合理吗？

2. 倘若该案例中的合同双方当事人采用 CIP 术语，结果会是怎样？

【案例讨论】

1.CIF 术语应用于内陆地区出口的局限性：

其一，风险与控制权相分离。卖方向承运人交付货物后，其仍需要向进口方承担货物在越过船舷之前的一切风险，而此时货物的保管、配载、装运等都由承运人来操作，出口方只是对此监督，倘若承运人出了差错，即便出口方可以索赔，也将非常麻烦。所以说，在这种情况下使用 CIF 术语存在一定的不合理性。其二，运输单据的限制使得内陆出口方无法在当地交单结汇。已装船提单仅适用于水上运输方式，这在沿海地区的交易中不会有任何问题，然而在内陆地区若需要走陆路，则此时承运人会签发陆运单或陆海联运提单，而不是 CIF 所要求的已装船提单。这样，只有当货物运至装运港装船后卖方才能拿到已装船提单再进行结汇，这就影响了结汇速度，增加了利息负担。在本案例中，倘若可以凭承运人内地接货后签发的单据在当地交单结汇，就可以避免利息损失。由此可见，CIF 术语并不适用于内陆，尤其不适用于那些距离港口较远的内陆地区。

2.事实上，若本案采用 CIP 条件，结果就会大有不同。这是因为：CIP 适用于任何运输方式，卖方可以在出口国境内的任意约定地点交货；交货时，出口方风险与货物的实际控制权同步转移，即风险在交货地点完成交货时即转移给买方；另外，CIP 术语下还可以在当地交单结汇，从而缩短结汇时间，提高出口方的资金周转率。

第三节　国际贸易中的其他贸易术语

一、工厂交货（EXW）

EX WORKS（... named place），即工厂交货（……指定地）。

（一）EXW 术语的含义

它指卖方负有在其所在地即车间、工厂、仓库等把备妥的货物交付给买方的责任，但通常不负责将货物装上买方准备的车辆上或办理货物结关，由买方办理出口清关手续。但是，卖方应买方要求由其承担风险和费用，卖方必须协助买方取得出口许可或出口相关货物所需的其他官方授权；在适用时，经买方要求，并承担风险和费用，卖方必须提供其所掌握的该项货物安检通关的任何信息。

在适用工厂交货术语时，应在术语后面注明交货处所的具体地址，卖方在交货前应给予买方合理的通知，说明货物何时可以置于买方的控制之下。由于在该术语下卖方不负责出口清关，如果买方不能直接或间接办理出口手续，则不应适用 EXW 术语，而应使用 FCA 术语。该术语适用各种运输方式。采用 EXW 条件成交时，卖方的风险、责任、费用都是最小的。

（二）EXW 注意事项

1. 关于货物交接问题

如果买方未安时取货，只要货物已经被特定化为合同项下的货物，买方就要承担由此产生的费用与风险。

2. 关于货物装运问题

为保留 EXW 下卖方义务最小的原则，一般卖方不承担将货物装上运输工具的责任和费用，也不负责办理出口清关的手续。

3. 关于办理出口手续问题

该术语是卖方承担责任、费用、风险最小，同时也是买方承担责任最大的贸易术语。属于实际交货，适用于各种运输方式。如买方无法办出口手续，则需选择 FCA。

【案例七】

A 公司与 B 公司签订一份出口衬衫 3000 打合同。合同规定 $15/ 打 EXW 杭州，8 月 15 日之前交货，支付方式为 B 公司验货合格后电汇。在得知货物备妥后，B 公司代表于 8 月 10 日到 C 厂验货。11 日该批货物验收合格，该代表向 B 公司发出传真，称货已验收，A 公司收到货物汇款后即可提供商业发票和其他出口单证。12 日 A 公司收到 B 公司支付货款 $45000，将全部有关票据和单证交给 B 方代表。这时，该代表向 A 公司提出货物暂放在 C 厂，等其与上海货运公司联系集装箱和出口报关事宜妥当后便来工厂提货。A 公司当即与 C 厂联系。C 厂同意将货物予以单独存放，随时可供提取。13 日 B 公司代表通知，将于 14 日上午安排集装箱到 C 工厂仓库装货。

不料在 14 日凌晨 C 厂因隔壁一家化工厂爆炸突遭火灾，全部厂房和物资化为乌有。B 公司得知后要求 A 公司退还货款，理由是 C 工厂并未开具货物出厂证，货物所有权仍在 A 公司，因此货物焚毁应由 A 公司负责。

1.A公司是否应该退还货款,为什么?

2.从上述案例中得出,我们采用 EXW 术语交货应注意哪些问题?

【案例讨论】

1.A 已在合同规定日期和指定交货地点将符合 B 要求的货物交付给了 B公司,根据《通则 2010》对 EXW 术语的解释买方在工厂点收货物后承担货物灭失或损坏的一切风险。B 的要求是不合理的,A 有权拒绝。

2.买方应事先做好各项准备工作;卖方及时开具货物出厂证明交给买方;应事先规定货物寄存或暂放风险负担问题。

二、船边交货(FAS)

Free Alongside Ship(... named port of shipment),即船边交货(……指定装运港)。

(一)FAS 术语的含义

它是指卖方将货物交到指定的装运港船边,卖方即履行了他的交货义务,当卖方履行了船边交货义务后,一切费用和风险,即由卖方转给了买方。买方必须自该时起负担一切费用、货物灭失和损坏的一切风险。卖方必须自费办理货物出口清关手续。

在 FAS 术语下,如轮船靠不上码头,卖方须自负费用租用驳船,将货物驳运至船边,货物自码头至船边的风险由卖方承担。该术语只适用于海运或内河运输。如果当事人希望买方办理货物出口清关,则应该在买卖合同中以明确的词语加以规定。

(二)FAS 注意事项

《2010 通则》与《1941 年美国对外贸易修订本》对 FAS 的解释作出区别。例如,FAS NEW YORK,《2010 通则》中指卖方把货物交到纽约港的船边,而《1941 年美国对外贸易修订本》则认为卖方可把货物交置纽约任何交通工具旁。

【案例八】

我国某进出口公司与美国一家公司谈成一笔原材料进口业务,价格条件为 FAS 纽约每公吨 600 美元;合同中规定,若出现争议,提交美国仲裁机构进行仲裁。后我方按照约定的时间派船去纽约港口接货,然而等候很久却不见卖方交货，对此双方发生了争议，并提交美仲裁机构进行仲裁。试分析仲裁机构会如何裁决，裁决的依据是什么，我方公司应从中吸取什么教训。

【案例讨论】

按《1941 年美国对外贸易修订本》中对 FAS 的解释，卖方可把货物置于任何运输工具旁即完成了交货责任。如果买方在港口接收货物，在使用贸易术语时就必须谨慎，即签订合同时，使用 FAS VESSEL 表示买方可以在港口接收货物。

三、运输终端交货（DAT）

运输终端交货（……插入指定港口或目的地的运输终端）（DAT，delivered at terminal ... insert named terminal at port or place of destination）卖方在指定港口或目的地的运输终端交货，且卖方要负责将货物从到达的运输工具上卸下，交给买方处置时，即为交货。卖方承担将货物送至指定港口或目的地的运输终端并将其卸下的一切风险。

DAT 要求卖方办理出口清关手续。本术语适用于任何运输方式或多式联运。

"运输终端"意味着进口国境内任何地点，而不论该地点是否有遮盖，例如，码头、仓库、集装箱堆场或公路、铁路、空运货站。

四、目的地交货（DAP）

目的地交货（……插入指定目的地）

（DAP，delivered at place ... insert named place of destination）是指卖方在指定目的地将仍处于抵达的运输工具上，且已做好卸载准备的货物交由买方处置时，即为交货。卖方必须承担货物运到指定地点的一切风险。

买方承担在指定目的地运输工具上交货之后的一切风险和费用；自负风险和费用取得进口所需的许可或其他官方授权，办理货物进口所需的一切海关手续；按合同约定收取货物，接受交货凭证，支付价款。本术语适用于任何运输方式、多式联运方式及海运。

五、完税后交货（DDP）

Delivered Duty Paid（... named place of destination），即完税后交货（……指定目的地）。

DDP 是指卖方将货物运至进口国指定的目的地，卖方即履行了交货义务。按此术语成交，卖方承担的责任最大，即卖方要承担将货物运至进口国最终目的地所产生的一切费用和风险，其中包括关税、捐税及有关交货的其他费用，并需办理进口清关手续。如果双方同意买方办理货物进口清关手续并支付关税，则应使用 DDU 术语为宜。DDP 术语也适用于各种形式的运输。如果卖方不能直接或间接地取得进口许可证，则不要使用这一术语。

第四节　贸易术语的选择和应用

贸易术语的选用直接关系到买卖双方的经济利益。因此，在交易磋商时，贸易双方都从自身的利害得失考虑，都希望采用对自己有利的贸易术语。为了顺利执行合同和提高经济效益，根据经验教训，选用贸易术语时应注意考虑以下几个因素：

一、贯彻平等互利、多创汇、少用汇原则

一般来说，在出口业务中，外贸企业应争取选用 CIF（CIP）术语，以便于船货的衔接，更能促进我国远洋运输和货物保险事业的发展，增加运费和保险费收入。进口业务中，对于大宗买卖应争取选用 FOB（FCA）术语，可节省外汇运费和保险费支出，促进我国的运输和保险业。但一切都应从实际出发，综合考虑，灵活选用贸易术语，在适当情况下也可作一些让步。

二、货物特性及运输条件

国际贸易中的货物品种很多，不同类别的货物具有不同的特点，它们在运输方面各有不同要求，故安排运输的难易不同，运费开支大小也有差异。这是选用贸易术语应考虑的因素。此外，成交量的大小，也直接涉及安排运输是否有困难和经济上是否合算。当成交量太小，又无班轮通航的情况下，负责安排运输的一方势必会增加运输成本，故选用贸易术语时也应予以考虑。

例如，在大宗货物出口贸易中，如果我方组织船源有实际困难的，而买方为了获取较低的运价和保险费用上的优惠，要求自行租船装运货物和办理保险，为了达成该笔交易，我方也可按 FOB 术语与之成交。

三、运价动态

运费是货价构成因素之一，在选用贸易术语时，应考虑货物经由路线的运费收取情况和运价变动趋势。一般来说，当运价看涨时，为了避免承担运价上涨的风险，可以选用由对方安排运输的贸易术语成交，如按 C 组术语进口，按 F 组术语出口。在运价看涨的情况下，如因某种原因不得不采用由自身安排运输的条件成交，则应将运价上涨的风险考虑到货价中去，以免遭受运价变动的损失。

四、运输方式

不同的贸易术语都有其所适用的运输方式，如 FOB、CFR、CIF 只适用于海运和内河航运，而 FCA、CPT 和 CIP 适用各种运输方式。不顾贸易术语所适用的运输方式，而盲目地选用，则会给交货带来诸多不便，严重的可致使贸易的某一方陷入困境并遭受损失。目前，由于集装箱运输和多式运输的广泛运用，使贸易术语的选用由以前传统的 FOB、CFR、CIF 发展到现在的FCA、CPT 和 CIP。原因之一是"老三种"术语会增加我方的风险责任，把风险界点由货交承运人延伸到在装运港越过船舷。原因之二是推迟了运输单据的出单时间，因而延缓了我方交单收汇的时间，影响我方资金周转和造成利息损失。所以，在出口业务中，应积极推广"新三种"贸易术语的应用。

五、海上风险程度

在国际贸易中，交易的商品一般需要通过长途运输，货物在运输过程中可能遇到各种自然灾害、意外事故等风险，特别是当遇到战争或正常的国际贸易容易遭到人为障碍与破坏的时期和地区，则运输途中的风险更大。因此，买卖双方洽商交易时，必须根据不同时期、不同地区、不同运输线路和运输方式的风险情况，并结合购销意图来选用适当的贸易术语。

六、办理进出口货物结关手续的难易

在国际贸易中，关于进出口货物的结关手续，有些国家规定只能由结关

所在国的当事人安排或代为办理，有些国家则无此项限制。因此，当某出口国政府当局规定，买方不能直接或间接办理出口结关手续，则不宜按 EXW 条件成交；若进口国当局规定，卖方不能直接或间接办理进口结关手续，此时则不宜采用 DDP，而应选用 DDU 或 DES 条件成交。

综上所述，选用贸易术语要考虑的因素是多方面的，我们应根据不同贸易对象、不同商品、不同贸易条件，全盘考虑，最终选出能维护企业和国家最大利益的贸易术语。

【练习题】

1. 什么是国际贸易术语？国际贸易术语有什么作用？

2. 什么是《2010 通则》？与《2000 通则》相比有哪些主要变化？

3. 简述 FOB、CFR 和 CIF 三种术语的基本内容及异同？

4. 为什么要在国际贸易中推广 FCA、CPT 和 CIP 三种术语的运用？

5. 我国出口公司甲公司与澳大利亚乙公司签订合同出口大豆，贸易术语为 FCA，集装箱装运，装运日期为 4 月，甲公司与 2005 年 3 月 31 日收到乙公司的装运通知，甲公司与 4 月 1 日将货物交给承运人存与位于上海的码头，当天晚上货物应为仓库火灾全部灭失，请问甲公司是否应该承担损失？请说明理由。

6. 我国出口公司甲公司与加拿大乙公司签订合同出口面料，贸易术语为 CFR，未及时向乙公司发出装运通知，导致乙公司未能对货物进行及时的投保，装载货物的船在 5 月 8 号遇到飓风沉没，请问应该如何承担责任？请说明理由。

第四章　商品的品质与数量

【本章学习目标】

● 通过本章学习掌握国际贸易合同中订立品质条款的重要性和基本方法

● 通过本章学习掌握数量条款的订立方法

● 合理选用表示品质的方法

● 掌握溢短装条款

【引导案例】

我国某出口公司向英国出口一批大豆，合同规定："含水量最高为 14%，杂质不超过 2.5%。"在成交前，该出口公司曾向买方寄过样品，订约后该出口公司又电告买方成交货物与样品相似，当货物运至英国后买方提出货物与样品不符，并出示了当地检验机构的检验证书，证明货物的品质比样品低 7%，但未提出品质不符合合同的品质规定。买方以此要求该出口公司赔偿其 15000 英磅的损失。请问：该出口公司是否该赔？本案给我们什么启示？

第一节　商品的名称

一、商品的名称

商品的名称（name of commodity）即品名，是指能使某种商品区别于其他商品的一种称呼或概念。品名在一定程度上体现了商品的自然属性、用途以及主要的性能特征。

给商品命名的方法主要有以下几种：

（一）以其主要用途命名

这种方法目的在于突出商品用途，便于客户购买，如旅游鞋、自行车等。

（二）以其所使用的主要原料命名

这种方法能通过突出所使用的主要原料，以反映商品的质量，如皮鞋、羊毛衫、纯棉内衣等。

（三）以其主要成分命名

这种方法一般用于大众熟知的名贵原材料制造而成的商品，便于客户了解商品的有效内涵，有利于提高商品的知名度，如人参珍珠霜等。

（四）以其外观造型命名

这种方法有利于客户从字义上了解商品的特征，如包裙、喇叭裤等。

（五）以其褒义词命名

这种方法能突出商品的使用效能和特性，有利于促进消费者的购买欲望，如生命一号、智多星、青春宝等。

（六）以人物名字命名

这种方法一般以著名的历史人物或传说中的人物命名，如孔府家酒、西凤酒等。

（七）以制作工艺命名

这种方法有利于客户了解该商品的制作特征，增强其对该商品的信任，如二锅头烧酒、精炼油等。

二、规定商品名称应该注意的问题

（1）商品的名称必须具体、明确，文字的表达应能确切反映商品的特点，避免空泛、笼统的规定，以免给合同的履行造成不应有的困难。

（2）有的商品名称繁多，叫法不一。为了避免给履行合同带来麻烦，应该采用国际上通行的名称。

（3）商品名称的描述应该实事求是，一定要切实反映商品的实际情况。凡是做不到或不必要的描述性的词句都不应列入，恰当选择商品的不同名称。如果一种商品有着不同的名称，则在确定品名时一定要选择有利于降低关税或方便进口的名称。例如，对日出口卡车，驾驶室和底盘，如果商品的品名写"部件"，关税为4%，如果写成"配置"，关税则为25%；对美出口，商品的品名写"打字机"免税，写"玩具打字机"，关税则为35%。目前，班轮运输也是按照货物名称来规定收费标准的。常常因为同一种货物名称不一，收费标准也不同。从这个角度来说，选择合适的商品名称，也是降低运费，节省开支的一个重要方面。

【案例一】

中国某食品公司出口苹果酒一批，合同品名为"Cider"，标签纸由客户免费提供，但信用证货名为"Apple Wine"，于是该食品公司所有单证均用"Apple Wine"为品名。不料货物到达后，遭进口国海关扣留，因为苹果酒的内外包装上均是"Cider"。结果进口商要求该食品公司赔偿其损失。请问：我方对此有无责任？

【案例讨论】

我方应负责赔偿。作为出口公司理应知道所售货物的英文名称。如来证货名与实际不符，我方一是应要求对方改证，二是应自己更改货物的英文名称。如只考虑单证相符而置货物上的名称不顾，势必给对方在办理进口报关时造成严重后果。

第二节　商品的品质

一、商品的品质

商品的品质（quality of goods）是指商品的内在质量和外观形态的综合。前者包括商品的物理性能、机械性能、化学成分和生物的物性等自然属性；后者包括商品的外形、色泽、款式或者透明度等。在国际贸易中，往往是按照每种商品的不同特点，选择一定的质量指标来表示不同商品的品质。即使是同一种商品，由于其目的和用途不同，表示商品品质的指标也是有差别的。例如，大豆以含油量、蛋白质含量、含水量、杂质、不完整粒等表示；煤以灰分、含水、含硫、发热量、挥发分、粒度等表示。

二、商品品质的作用

提高商品的品质具有十分重要的意义，因为品质的优劣直接影响商品的使用价值和价值，它是决定商品使用效能和影响商品价格的重要因素，在当前国际竞争空前激烈的形势下许多国家都把提高商品的品质、力争以质取胜作为非价格竞争的一个主要组成部分，它是加强对外竞销的重要手段之一。

因此，在出口贸易中，不断改进和提高出口商品的品质，不仅可以增强出口竞争能力，扩大销路，提高销价，为国家和企业创造更多的外汇收入，而且还可以提高出口商品在国际市场的声誉，并反映出口国的科学技术和经济发展水平，在进口贸易中，严格把好进口商品质量关，使进口商品适应国内生产建设，科学研究和消费上的需要，是维护国家和人民利益，并确保提高企业经济效益的重要问题。为了使进出口商品的品质适应国内外市场的需要．在出口商品的生产、运输、存储、销售过程中，必须加强对品质的全面管理，在进口商品的订货、运输、接受等环节，应当切实把好质量关。

合同中的品质条件，是构成商品说明的重要组成部分，是买卖双方交接货物的依据，英国货物买卖法把品质条件作为合同的要件（condition）《联合国国际货物销售合同公约》规定卖方交货必须符合约定的质量，如卖方交货不符约定的品质条件，买方有权要求损害赔偿，也可要求修理或交付替货物，甚至拒收货物和撤销合同，这就进一步说明了品质的重要性。

【案例二】

某公司出口一批脱水菠菜到香港，质量条款规定"含水量不超过 8%"。若该公司实际交货质量高于或低于该标准，卖方要承担什么责任？

【案例讨论】

交货品质必须符合合同规定。若交货品质低于合同要求显然是违约行为。而若交货品质高于合同要求也有可能构成违约。原因有多方面，如品质过高，买方办理进口手续时可能会多交税；另外，品质过高，可能会使货物不能适应买方的使用目的，买方须重新加工使用，从而会增加买方的额外费用。

第三节　商品品质的表示方法

在国际贸易中，表示商品品质的方法大致可以分为两类：一类为实物表示法，另一类为文字说明表示法。

一、实物表示法

凭实物表示商品品质的方法是指以作为交易对象的商品的实际品质（actual quality）或以代表商品品质的样品（sample）来表示商品品质。前者为看货买卖，后者为凭样品买卖。

（一）看货买卖（sale by quality）

当买卖双方采用看货成交时，买方或代理人通常先到卖方存放货物的场所验看货物，一旦达成交易，卖方就应按对方验看过的商品品质标准交货。只要卖方交付的货物与买方验看过的货物相符，买方就不得对品质提出异议。

在国际贸易中，由于交易双方远隔两地，交易洽谈主要以函电的方式进行，所以采用看货成交的可能性非常有限。看货买卖这种做法，多用于寄售（consignment）、拍卖（auction）和展卖（fairs and sales）的业务中，尤其适用于具有独特性质的商品，如珠宝、首饰、字画及特定工艺制品。

（二）凭样品买卖（sale by sample）

样品通常是从一批商品中抽出来或由生产、使用部门设计和加工出来的，足以反映和代表整批商品品质的少量实物，凡以样品表示商品品质并以此作为交货依据的，称为"凭样品买卖"。凭样品买卖可以分为凭卖方样品买卖和凭买方样品买卖两种形式。

1. 凭卖方样品买卖（sale by sell's sample）

这时质量以卖方样品为准。卖方在外寄样品的同时留存的参照样称为复样（duplicate sample），以备将来交货或处理品质纠纷时作核对之用。在寄出的样品和留存的复样上均应编上相同的号码，以便日后函电联系。

某些交易中，为了防止履行合同过程中发生不必要的纠纷，可使用封样（sealed sample），即由公证机构（如商品检验机构等）在一批商品中抽取同样品质的样品若干份，在每份样品上烫上火漆或铅封，供双方当事人使用，以后作为解决争议的依据。

2. 凭买方样品买卖（sale by buy's sample）

这时质量以买方样品为准。凭买方样品成交是卖方根据买方提供的样品，加工复制一个类似的样品寄交买方确认，称为对等样（counter sample）或回样（return sample），经过确认就成为确认样（confirmed sample）。

所提供的样品必须是有代表性的样品，也就是外寄的原样质量不能偏高也不能偏低。对"货""样"一致无绝对把握，在合同中应作灵活规定，可在合同中事先表明"交货品质与样品大致相同"。另外，参考样（reference sample）是注明"仅供参考"（for reference only）的样品，不是最后交货的品质依据，仅供双方洽谈交易时参考。

在凭样品买卖时，在合同的品质条款中应注明样品的编号和提供寄送的日期，并规定交货品质与样品相同。例如，"The goods to be delivered shall be same as sample NO × × submitted by the seller on... (date)"［所交货物品质须与卖方于……（日期）提供的第 × × 号样品一致］。

凭样品买卖一般适用于一些不能用科学方法来表示其品质特征或在色、香、味、造型等方面有特殊要求的商品。目前在我国出口商品中，凭样品成交的主要是一些工艺品、服装、轻工产品和土特产品等。

二、文字说明表示法（sale by description）

在国际贸易中，凡是以文字、图表、相片等方式来说明商品品质的方法，都属凭文字说明表示法。在实际业务中，大部分是采用凭文字说明的方法来表示交易中商品的品质。文字说明表示法在实际应用中又具体分为如下几种情况：

（一）凭规格、等级或标准买卖（sale by specification，grade，standard）

商品规格是指一些足以反映商品品质的主要指标，如化学成分、含量、纯度、性能、容量、长短、粗细等。即使是同一商品，因用途和使用目的不同，对规格的要求也会迥然不同。例如，黑芽豆，其品质规格为"纯粮率≥99.95（%），完整粒率≥97（%），杂质≤0.05（%），水分≤13.5（%）"。

商品的等级是指同类商品，按其规格的差异分为不同的档次。通常用一、二、三，甲、乙、丙，大、小、中，A、B、C 等文字或符号来表示（见表4-1）。

表 4-1　钨砂等级划分

等级 ＼ 含量	三氧化钨（min）%	锡（max）%	砷（max）%	硫（max）%
特级	70	0.2	0.2	0.8
一级	65	0.2	0.2	0.8
二级	65	1.5	0.2	0.8

商品的标准是经政府机关或工商业组织批准，将规格或等级以正式的文件确定下来的方法。同一种产品可能不同国家有不同标准。同一个标准也可能有不同版本的改动。所以引用标准时应注明国家、版本和年份等。国

际标准，如 ISO9000 2008 版质量管理与质量保证标准；国家标准，如 GB 9846.5–1988 中国胶合板标准；行业标准，如 NB/T1001–2011 液化天然气加气站技术规范；地方标准，如 DB31/T762–2013 上海食品零售商品服务规范。

农副产品还有两种常见的"标准"表示方式：

（1）良好平均品质（fair average quality，简称 FAQ）是指在一定时期内某地出口货物的中等品质水平，比较笼统，使用时一般还订明主要规格指标，习惯称为"大路货"。例如，中国花生仁，大路货，规格：水分不超过 13%，不完整粒不超过 5%，含油量最低 44%。[Chinese groundnut，FAQ，moisture（max）13%，admixture（max）5%，oil content（min）44%]。

（2）上好可销品质（good merchantable quality，简称 GMQ）是指卖方交货品质只需保证为上好的、适合于销售的品质即可。这种标准更为笼统，一般只适用于木材或冷冻鱼类等物品。我国在对外贸易中很少使用。

（二）凭商标或牌名买卖

凭商标或牌名买卖是指在市场上行销已久，质量稳定，信誉良好的产品，其牌名或商标也往往为买方或消费者所青睐，生产商或销售商凭牌名或商标来表示商品的质量，与买方达成交易。而一些名牌产品的制造者为了维护商标的声誉，对产品都规定了严格的品质控制，以保证其产品品质达到一定的标准，因此，商标或品牌自身实际上是一种品质象征，人们在交易中就可以只凭商标或品牌进行买卖，无须对品质提出详细要求。如果一种品牌的商品同时有不同型号或规格，为明确起见，就必须在规定品牌的同时明确规定型号或规格。例如，Samsung GALAXY SIII 移动定制版 I9308，雀巢 1+2 原味即溶咖啡饮品等。

（三）凭产地名称买卖（sale by name of origin）

凭产地买卖是指买卖双方在交易中以产地名称来表示商品的品质。之所以使用这种表示方法，是因为有些地方的产品，特别是一些传统农副产品，受产地的自然条件和传统加工工艺的影响较大，其品质优异，具有特色，用产地名称就可以说明其品质，如法国香水、东北大米、涪陵榨菜等。

（四）凭说明买卖（sale by descriptions）

凭说明书买卖是指以说明书并附以图样、照片、设计图纸、分析表及各种数据来说明货物的具体性能和结构特点，按这种表示品质的方法进行交易的交易方式。例如，机器、机械、大型设备等商品，由于其功能与结构复杂，型号繁多，且安装、使用、维修都有一定的操作规程，不能以简单几项指标表示商品的品质，因此，确定此类商品的品质，需要有详细的说明书或者图样。按这种表示品质的方法成交，卖方所交货物必须符合说明书和图样的要求，但由于对这类产品的技术要求较高，有时同说明书和图样相符的产品，在使用时不一定能发挥设计所要求的性能，买方为了维护自身的利益，往往要求在买卖合同中加订卖方品质保证条款和技术服务条款。

在国际贸易业务中，有时也会在合同中既规定凭样品买卖，又规定有品质说明的情况。在这种场合下，双方约定的就既是凭样品买卖，又是凭说明书买卖，卖方应承担所交货物的品质既要符合合同有关品质说明的规定，又要承担与样品完全一致的双重义务，任何一方面的违反都会构成违约。

【案例三】

我某出口公司与德国一家公司签订出口一批农产品的合同。其中品质规格为：水分最高15%，杂质不超过3%，交货品质以中国商检局品质检验为最后依据。但在成交前我方公司曾向对方寄送过样品，合同签订后又电告对方，确认成交货物与样品相似。货物装运前由中国商检局品质检验签发品质规格合格证书。货物运抵德国后，该外国公司提出：虽然有检验证书，但货物品质比样品差，卖方有责任交付与样品一致的货物，因此要求每吨减价6英磅。

我公司以合同中并未规定凭样交货为由不同意减价。于是，德国公司请该国某检验公司检验，出具了所交货物平均品质比样品差7%的检验证明，并据此提出索赔要求。我方不服，提出该产品系农产品，虽不可能做到与样品完全相符，但不至于低7%。由于我方留存的样品遗失，无法证明，最终只好赔付一笔品质差价。

【案例讨论】

此例是一宗既凭品质规格交货，又凭样品买卖的交易。

卖方成交前的寄样行为及订约后的"电告"都是合同的组成部分。

根据商品特点正确选择表示品质的方法，能用一种表示就不要用两种，避免双重标准。

既凭规格又凭样品的交易，两个条件都要满足。

样品的管理要严格，如"复样""留样"或"封样"应妥善保管，是日后重要的物证。

第四节　合同中的品质条款

一、品质条款的基本内容

品质条款是买卖合同中的一项主要条款，是买卖双方对货物品质的具体约定，其内容包括商品的品名和表现品质的方法，在订立品质条款时，要正确运用各种表示品质的方法，注意科学性和合理性相结合，也可规定一定的品质机动幅度。品质条款的基本内容是货物品名、规格、等级，标准或商标、牌名或产地等。具体条款可因商品不同而订法不一。在凭样品买卖时，一般应列明样品的编号或寄送日期，有时还加列交货品质与样品大致相符或完全相符的说明。在凭标准买卖时，一般应列明所引用的标准和标准的版本年份。按照有些国家法律规定，如果卖方所交货物的品质与合同规定不符，买方有权拒收货物，并可向卖方索赔。

二、品质机动幅度和品质公差

（一）品质机动幅度

品质机动幅度是指允许卖方所交货物的质量指标在一定幅度内有所灵活。规定品质机动幅度的方法有三：

（1）规定范围。对某项货物的品质指标规定允许有一定差异范围。例如，漂布，幅阔 35/36 英寸，即布的幅阔只要在 35 英寸到 36 英寸的范围内，均视为合格。

（2）规定极限。对有些货物的品质规格，规定上下极限。规定极限的表示方法，常用的有：最大，最高，最多（Maximum，缩写 max.），最小，最低，最少（Minimum，缩写为 min.）。例如，大米碎粒 35%（最高）Rice, long shaped Broken grains 35%（max.），水分 15%（最高）Moisture 15%（max.），杂质 1%（最高）Admixtures 1%（max.）。

（3）规定上下差异。规定上下差异也是使货物的品质规格具有必要的灵活性的有效方法，如灰鸭毛，含绒量 18%，上下 1%（Grey Duck Feather, Down content 18%, 1% more or less）。

（二）品质公差

品质公差也叫质量公差，是指在贸易中允许交付货物的特定质量指标有在公认的一定范围内的差异。

有些工业制成品，由于在生产过程中不能做到很精确，可根据国际惯例或经买卖双方协商同意，对合同中的品质指标订有允许的"公差"，这就是品质公差（quality tolerance）。如手表走时的误差，棉纱支数的确定等。在品质机动幅度或品质公差以内，交货品质如仍有差别，一般均按合同价计算，而不另作调整。也可以按比例计算增减价格，并在合同中订立"增减价条款"。

三、订立品质条款应注意的问题

（1）要从实际出发，防止品质条件过高或过低。

（2）要合理地使用表示商品品质的方法。一般来说，凡能用科学的指标说明其品质的商品，则适用凭规格、等级或标准买卖；有些难以规格化和标准化的商品，则适用凭样品买卖；某些质量好，并具有一定特色的名优产品，则适用凭商标或牌号买卖；某些性能复杂的机器设备、仪表等，则适用凭说明书买卖；具有地方传统特色的产品，则可凭产地名称来表示商品的品质，可以提高国际知名度。

（3）要注意各项指标之间的内在联系和相互关系。能用一种方法表示品质的，一般不用两种或两种以上的方法来表示。如既凭样品买卖，又凭规格、等级或标准买卖，则所交货物的品质既与样品一致，又须符合规格、等级、标准的要求，否则买方有权拒收货物，有时候很难做到两全其美。一般情况下，能用规格表示的不用样品表示。

（4）品质条件应明确、具体，不宜使用诸如"约""左右""合理误差"之类的笼统、含糊的词，以免在交货品质问题上引起争议。

【案例四】

我国某出口公司向英国出口一批大豆，合同规定："水分最高为14%，杂质不超过2.5%。"在成交前，该出口公司曾向买方寄过样品，订约后该出口公司又电告买方成交货物与样品相似，当货物运至英国后买方提出货物与样品不符，并出示了当地检验机构的检验证书，证明货物的品质比样品低7%，但未提出品质不符合合同的品质规定。买方以此要求该出口公司赔偿其15000

英磅的损失。请问：该出口公司是否该赔？本案给我们什么启示？

【案例讨论】

该出口公司没有充分的理由拒绝赔偿。因为卖方行为已经构成双重保证。在国际贸易中，凡是既凭样品买卖，又凭说明买卖时，卖方所交货物必须既符合样品要求，又符合说明要求，否则，买方有权拒收货物。本案中，合同规定水分为 14%，杂质不超过 2.5%。由此来看，双方是凭说明进行买卖，我方所交货物只要符合合同规定就算履行义务。但是，我方在成交前向对方寄送过样品，并且没有注明"参考样品"字样，签约后又电告对方所出运货物与样品相似，买方有理由认为这次业务是既凭样品又凭说明进行交易。因而买方检验货物与样品不符，有权索赔。

本案例启示我们：

（1）在国际贸易中，若向对方邮寄参考样品，一定注明"参考"字样。

（2）对于卖方在签订合同时，如能用一种方法来表示品质的，尽可能不要再提供其他的可能与前一种品质表述方法不太一致的表示品质的方法，以免买卖双方就此产生争议与纠纷。

（3）对于买方来说，如果要用几种方法来共同约束的话，要尽可能在合同中订明，以维护自己的利益。

第五节　数量的计量单位

数量条款是合同中一项重要的交易条件，是买卖双方交接货物的主要依据，关系着双方权利、义务的大小。《联合国国际货物销售合同公约》第十四条把商品数量作为发价（发盘）的三要素之一，要求在发价时应明示或暗示地规定商品的数量。商品不仅表现为一定的质，同时也表现为一定的量。

一、数量的计量单位

在国际贸易中，商品计量单位的采用，应根据商品的性质不同而加以确定，各国采用的度量衡制度也有差别。目前，国际上通常采用的计量单位有以下几种：

（一）重量（weight）

常用计量单位：千克（kilogram or kg.），吨（ton or t），公吨（metric ton or mt），公担（quintal or q.），克（gram or gm.），磅（pound or lb.），盎司（ounce or oz），长吨（long ton or 1/t），短吨（short ton or s/t）。适用货物农副产品、矿产品和一些工业制成品。例如，羊毛、棉花、谷物、矿产品、油类、沙盐、药品等。

（二）个数（number）

常用计量单位：只（piece, or pc.），件（package, or pkg.），双（pair），台、套、架（set），打（dozen, or doz.），罗（gross, or gr.），大罗（great gross, or gr.），令（ream, or rm.），卷（roll, or coil），辆（unit），头（head）。有些产品也可按箱（case）、包（bale）、桶（barrel, drum）、袋（bag）等计量。适用货物：一般日用工业制品以及杂货类产品。例如，文具、纸张、玩具、车辆、拖拉机、活牲畜等。

（三）长度（length）

常用单位：码（yard, or yd.），米（meter, or m.），英尺（foot, or ft），厘米（centi-meter, or cm.）。适用货物：纺织品匹头、绳索、电线电缆等。

（四）面积（area）

常用单位：平方码（square yard, or yd^2），平方米（square meter or m^2），平方英尺（square foot, or ft^2），平方英寸（square inch）。适用货物：皮制产品、塑料制品等。例如，塑料篷布，塑料地板、皮革、铁丝网等。

（五）体积（volume）

常用单位：立方码（cubic yard, or yd^3），立方米（cubic meter, or m^3），立方英尺（cubic foot, or ft^3），立方英寸（cubic inch）。适用货物：化学气体、木材等。

（六）容积（capacity）

常用计量单位：公升（liter, or l.），加仑（gallon, or gal.），蒲式耳（bushel, or bu.）等。适用货物：谷物类以及部分流体、气体物品。例如，小麦、玉米；煤油、汽油，酒精、啤酒、双氧水、天然瓦斯等。

二、重量的计算方法

在国际贸易中，按重量计量的商品很多。根据一般商业习惯，通常计算重量的方法有下列几种：

（一）毛重（gross weight）

毛重，即商品本身重量加外包装的重量称为毛重。不过，有些价值较低的农产品或其他商品，有时也采用"以毛作净"（gross for net）的办法计重。例如，蚕豆100公吨，单层麻袋包装以毛作净。所谓"以毛作净"，实际上就是以毛重当作净重计价。

（二）净重（net weight）

净重，即商品本身重量，除去其外包装物后的实际重量称为净重，这是国际贸易中最常见的计重方法。在采用净重计重时，对于如何计算皮重（包装重量），国际上有下列几种做法：

1. 按实际皮重（actual tare 或 real tare）计算。实际皮重即指包装的实际重量，它是指对包装逐件衡量后所得的总和。

2. 按平均皮重（average tare）计算。如果商品所使用的包装比较统一，重量相差不大，就可以从整批货物中抽出一定的件数，称出其皮重，然后求出其平均重，再乘以总件数，即可求得整批货物的皮重。近年来，随着技术的发展和包装材料及规格的标准化，用平均皮重计算净重的做法已日益普遍。有人把它称为标准皮重（standard weight）。

3. 按习惯皮重（customary tare）计算。有些商品，由于其所使用的包装材料和规格已比较定型，皮重已为市场所公认，因此，在计算其皮重时，就无须对包装逐件过秤，按习惯上公认的皮重乘以总件数即可。

4. 按约定皮重（computed tare）计算。即以买卖双方事先约定的包装重量作为计算的基础。

国际上有多种计算皮重的方法，究竟采用哪一种方法来求得净重，应根据商品的性质、所使用包装的特点、合同数量的多寡以及交易习惯，由双方当事人事先在合同中订明，以免事后引起争议。

（三）公量（conditioned weight）

国际贸易中的棉毛、羊毛、生丝等商品有较强的吸水性，其所含的水分受客观环境的影响较大，故其重量很不稳定。为了准确计算这类商品的重量，国际上通常采用按公量计算的办法。公量是指用科学的方法抽掉商品中的水分后，再加上标准水含量，所求得的重量。公量是以商品的标准回潮率计算出来的。所谓回潮率，就是水分与干量（指抽掉商品水分后的重量）之比，其计算公式有下列两种：

公量＝商品干净量 ×（1+ 标准回潮率）

公量 = 商品净重 ×（1+ 标准回潮率）/（1+ 实际回潮率）

（四）理论重量（the oretical weight）

对于某些按固定规格生产和买卖的商品，只要其规格一致，每件重量大体是相同的，一般可以从其件数推算出总量。但是这种计重方法是建立在每件货物重量相同的基础上的，重量如有变化，其实际重量也会产生差异，因此，只能作为计重时的参考。

（五）法定重量（legal weight）和实物净重（net weight）

按照一些国家海关法的规定，在征收从量税时，商品的重量是以法定重量计算的。所谓法定重量，是商品重量加上直接接触商品的包装物料，如销售包装等的重量。而除去这部分重量所表示出来的纯商品的重量，则称为实物净重。

三、业务中常用的度量衡制度

目前，常用的度量衡制度有米制、英制、美制及国际单位制。

（1）米制（the metric system）又称公制，它采用十进位制，换算方便，使用较多。

（2）英制（the british system），它不采用十进位制，换算不方便，使用范围逐渐减小。

（3）美制（the u.s. system）以英制为基础，多数计量单位的名称与英制相同，但含义有差别，主要体现在重量和容量单位中。

（4）国际单位制（the international system of units，简称 SI），是在米制的基础上发展起来的，它有利于计量单位的统一和计量制度的标准化。我国法定计量单位是国际单位制。业务中，除非另有规定，均应使用法定计量单位。

第六节　合同中的数量条款

数量条款是合同的主要条款之一。数量条款的基本内容是规定交货的数量和使用的计量单位。如果是按重量计算的货物，还要规定计算重量的方法，如毛重、净重、以毛作净、公量等。根据《联合国国际货物销售合同公约》规定，卖方可以在交货日期到达前交付任何缺漏或补足不足的数量，但此权利的行使不得使买方遭受到不合理的不便或承担不合理的开支，同时买方保留要求损害赔偿的权利。对于多出合同的数量，买方可以收取也可以拒绝收取多交部分的货物。鉴于某些商品，如农副产品和工矿产品实际交货数量往往难以准确地按约定数量交货。因此，为了避免日后在履行合同中发生争议，双方应事先约定并在合同中订明交货数量的机动幅度。具体有以下两种做法。

一、数量机动幅度

（一）溢短装条款（more or less clause）

"溢短装条款"是国际货物买卖合同中最常见的规定数量机动幅度的条款，主要由三部分组成，即数量机动幅度的范围、溢短装的选择权和溢短装部分的作价办法。数量机动幅度的范围通常用百分比表示。在机动幅度范围内是多交货物还是少交货物，该选择权一般由卖方来决定。但在采用海洋运输的情况下，由于交货的数量与载货船舶的舱容有着非常密切的关系，因此溢短装的选择权应由安排货物运输的一方掌握。至于溢短装部分的作价办法，如果合同中没作相反的规定，一般按合同价格计算。但也有的合同规定按装船日或卸货日的市场价格计算，其目的是防止有权选择溢短装的一方为获取额外利益而有意多交或少交货物。

值得注意的是，在合同未明确规定数量机动幅度的情况下，卖方应严格按照合同中规定的数量履行交货义务。但如果采用信用证付款方式，根据《跟单信用证统一惯例》的规定，除非信用证中规定货物数量不得增减外，在支取金额不超过信用证金额的情况下，货物数量允许有5%的机动幅度。但此规定对交货数量以包装单位或个数计数的商品不适用。例如，"10000mt，5% more or less at seller's option（数量10000公吨，卖方交货时可溢装或者短装5%）"。

【案例五】

我某出口公司与匈牙利商人订立了一份出口水果合同，支付方式为货到验收后付款。但货到经买方验收后发现水果总重量缺少10%，而且每个水果的重量也低于合同规定，匈牙利商人既拒绝付款，也拒绝提货。后来水果全部腐烂，匈牙利海关向中方收取仓储费和处理水果费用5万美元。我出口公司陷于被动。从本案中，我们可以吸取什么教训？

【案例讨论】

商品的数量是国际货物买卖合同中不可缺少的主要条件之一。按照某些国家的法律规定，卖方交货数量必须与合同规定相符，否则，买方有权提出索赔，甚至拒收货物。此案中显然我方陷于被动，但仍可据理力争，挽回损失。首先应查明短重是属于正常途耗还是我方违约没有交足合同规定数量，如属我方违约，则应分清是属于根本性违约还是非根本性违约。如不属根本性违约，匈方无权退货和拒付货款，只能要求减价或赔偿损失；如属根本性违约，匈方可退货，但应妥善保管货物，对鲜活商品可代为转售，尽量减轻损失。《联合国国际货物销售合同公约》（以下简称《公约》）第八十六条第一款明确规定："如果买方已收到货物，但打算行使合同或本公约任何权利，把货物退回，他必须按情况采取合理措施，以保全货物，他有权保有这些货物，直至卖方把他所付的合理费用偿还给他为止。"而匈方未尽到妥善保管和减轻损失的义务，须对此承担责任。因此，我公司可与匈牙利商人就商品的损失及支出的费用进行交涉，尽可能挽回损失。

（二）"约"数（about 或 approximate）

"约"数指对合同中冠以"约""大约"等伸缩性的字眼来说明合同中的数量只是一个约量，从而使卖方交货的数量可以在一定范围内有所灵活。目前国际上对"约"字的含义解释不一，有的解释为 2.5%，有的解释为 5%，按照国际商会《跟单信用证统一惯例》的规定，信用证上如有"约"字，应解释为允许有 10% 的上下浮动。

二、订立数量条款应注意的问题

（一）正确掌握成交货物的数量

国际市场竞争激烈，价值规律在市场规格、价格决定等方面充分发挥作用。积极利用国外市场供求变化规律，正确掌握成交货物的数量，才能通过国际货物的买卖取得更大效益。就出口业务而言，应掌握数量条款的以下几个原则：

1.适应进口市场需求量与容纳量

在国际市场上，商品的供应量对价格产生重大影响，供应量超过市场的需求量与容纳量，价格就会下跌；反之，价格就会上扬。在商品进入某个市场前，则应做一系列市场调查，了解当地有哪些国家供应同类商品，供应量多少？市场需要量是否达到饱和？最高容纳量是多少？各国同类产品，包括当地市场产品的地位、品质、规格、价格差别以及市场竞争情况等，再决定我们的供应量。如果盲目供应，超过了市场容纳量，价格下落，出口数量增加，外汇收入却不能增加甚至还会减少。

2. 保持经常的均衡供应

对国外市场能否保持经常、均衡和适时的供应，是巩固出口商品市场，扩大销路的一个重要条件。保持经常、均衡的供应有利于形成消费者使用我国商品的习惯，尤其是如牙膏、肥皂、卷烟等日用消费品，均衡供应也有利于培养客商经营我国出口商品的信心。如果因供应不均衡，导致供销脱节，市场可能被生产能力高的其他国家产品乘虚而入，从而丧失市场。有些商品也可能被代用品所取代，如我国猪鬃刷原供应美国市场，因一度不出口就被尼龙刷所替代。

3. 适应季节性和临时性需要

不同的商品、不同的国家具有不同的季节性消费特征。例如，文教用品必须在新学期开学前供应。一些国家在传统节日期间，商品销售量很大，有时所占比例达全年销售量的一半左右，如东南亚、港澳地区的春节，印尼的挂纱节，穆斯林的开斋节，欧美的圣诞节等。对于临时性需要，也要抓住时机，这就需要生产能力的机动性相应加强。季节性强和市场上有临时需要的商品，只有做到适时供应，才能抢行应市，有利于商品卖好价。

4. 适应国外客户的资信与经营能力

国外客户的资信与经营能力，直接关系到我国出口货物收汇安全。我国出口货物的成交数量和贸易金额大小，必须与国外客户的资信与经营能力相适应，才能避免因客户不守信用、不履约而带来货款落空的损失。有些地区客户专向各地索取样品，并以出售样品为收入。有些小客户的经营能力和资信很差，有利可图就经营，无利就不干，甚至毁约，极不稳定。因此，业务交往要建立在了解资信的基础上，对于新客户或在没有把握的情况下，成交数量不宜过大。

在商品求过于供，货源紧俏时，首先要照顾老市场、老客户，以巩固市场，对于名牌商品更要注意考虑老市场、老客户的经营成果。新、老市场，新、老客户，应根据不同情况，区别对待。

（二）数量条款各项内容的规定应明确具体

在订立数量条款时，关于计量单位、计算方法以及机动幅度等项内容的规定必须明确具体，避免使用含义笼统的字眼，使买卖双方的责任分明，以避免履约时的纠纷。例如，关于溢短装条款必须同时确定选择权（option）为何方及价格的计算和支付方式等。同时，也必须掌握有关国际惯例的规定。

【练习题】

1. 表示货物品质的方法有哪些？试分别说明其含义及在使用时应注意的问题。

2. 什么是复样、对等样、确认样、封样、参考样？它们各自的作用如何？

3. 在国际贸易中，计算重量的方法有哪几种？

4. 什么是数量机动幅度？如何规定？

5. 订立品质条款时应注意哪些问题？

6. 订立品质机动幅度有哪几种方法？

7. 合同中数量条款规定"10000m/t 5% more or less at seller's option"卖方正待交货时，该货物国际市场价格大幅度上涨，请问：（1）如果你是卖方，拟实际交付多少货量？（2）如果站在买方立场上，磋商合同条款时，应该注意什么？

第五章　商品的包装

【本章学习目标】

● 了解货物包装在国际货物买卖中的作用和包装的种类、包装标准等

● 通过本章学习掌握包装条款的规定方法及其注意事项

● 掌握中性包装和定牌业务的具体做法

【引导案例】

　　2002 年世界杯期间，日本一进口商为了促销运动饮料，向中国出口商订购 T 恤衫，要求以红色为底色，并印制"韩日世界杯"字样，除此之外不需印制任何标识，以在世界杯期间作为促销手段随饮料销售赠送现场球迷，合同规定 2002 年 5 月 20 日为最后装运期，我方组织生产后于 5 月 25 日将货物按质按量装运出港，并备齐所有单据向银行议付货款。然而货到时由于日本队止步于 16 强，日方估计到可能的积压损失，以单证不符为由拒绝赎单，在多次协商无效的情况下，我方只能将货物运回在国内销售以减少损失，但是在货物途经海关时，海关认为由于"韩日世界杯"字样及英文标识的知识产权为国际足联所持有，而我方外贸公司不能出具真实有效的商业使用权证明文件，因此海关以侵犯知识产权为由扣留并销毁了这一批 T 恤衫。请分析海关的处理是否正确。

第一节　商品包装的作用

　　包装已成为现代商品生产不可分割的一部分，也成为各商家竞争的利器，各厂商纷纷打着"全新包装，全新上市"来吸引消费者，绞尽脑汁，不惜重金，以期改变其产品在消费者心目中的形象，从而提升企业自身的形象。就像唱片公司为歌星全新打造、全新包装，并以此来改变其在歌迷心目的形象

一样，而今，包装已融合在各类商品的开发设计和生产之中，几乎所有的产品都需要通过包装才能成为商品进入流通过程。

商品包装的作用主要有三个方面：

（一）保护功能

保护功能，也是包装最基本的功能，即使商品不受各种外力的损坏。一件商品，要经多次流通才能走进商场或其他场所，最终到消费者手中，这期间要经过装卸、运输、库存、陈列、销售等环节。在储运过程中，很多外因，如撞击、潮湿、光线、气体、细菌等因素，都会威胁到商品的安全。因此，首先要想到包装的结构与材料，保证商品在流通过程中的安全。

（二）便利功能

所谓便利功能，也就是商品的包装是否便于使用、携带、存放等。一个好的包装，应该以"人"为本，站在消者的角度考虑，这样会拉近商品与消费者之间的关系，增加消费者的购买欲，对商品的信任度，也促进消费者与企业之间的沟通。

（三）销售功能

以前，人们常说"酒香不怕巷子深""一等产品、二等包装、三等价格"，只要产品质量好，就不愁卖不出去。在市场竞争日益激烈的今天，包装的作用与重要性也为厂商深谙。人们已感觉到"酒香也怕巷子深"。如何让自己的产品得以畅销，如何让自己的产品从琳琅满目的货架中脱颖而出，只靠产品自身的质量是远远不够的。好的包装，能直接吸引消费者的视线，让消费者产生强烈的购买欲，从而达到促销的目的。如今，很多聪明的厂商与策划公司，都把包装列为企业的 4P 策略之一（price 价格，position 市场、product 产品、package 包装）。

为了适应国际市场的需要，促进出口销售，在设计和制作销售包装时应注意如下几方面问题：

（1）出口包装要遵循外国对包装的有关规定和惯例。比如美国规定，为防止植物病虫害的传播，禁止使用稻草作为包装材料。海关一旦发现稻草包装材料，必须当场烧毁。

（2）努力实现运输包装标准化，使我国出口包装与国际包装标准逐步一致。

（3）对包装方式、材料要作出明确的规定，必要时，对包装标志的内容和费用也要作出规定，文字使用正确，避免含混不清。希腊商业部规定，凡进口到希腊的外国商品包装上的字样，除法定例外者，均要以希腊文书写清楚。

（4）尊重进口国文化习俗和宗教礼仪，避免包装上的忌讳文字或图案。例如，日本忌讳"4"和"9"这两个数字，因此，出口日本的产品就不能以"4"为包装单位，像4个杯子一套、4瓶酒一箱这类包装，在日本都将不受欢迎。

（5）注意进口国对商品销售包装及标签的具体规定和要求。欧盟要求工业产品必须符合 CE 认证的要求并加贴 CE 认证的标志才能进入欧盟市场。

第二节　包装的种类

国际贸易中的商品种类繁多，性质、特点各异，对包装的要求也有一定的差别。从是否需要包装来看，商品可以分为散装货、裸装货、包装货。

散装货（bulk cargo）是指不加包装，基本上以其自然形态装上车、船、飞机等运输工具运送的进出境货物。主要为粮食、矿石、水泥、原油、废钢铁等块状、粒状、粉状以及液态的大宗货物。

裸装货（nuded cargo）是指那些品质不易受外界影响，自成件数，不需要包装或难于包装的商品，如木材、钢材和汽车等。

包装货（packed cargo）是指必须经过一定包装才能进入市场的货物，大多日用消费品和工业制成品都需要包装。

商品包装从其过程中的作用来看，可以分为运输包装和销售包装。

一、运输包装（shipping package）

为了尽可能降低运输流通过程对产品造成损坏，保障产品的安全，方便储运装卸，加速交接点验，人们将以运输储运为主要目的的包装称为运输包装。运输包装按包装方式，可分为单件运输包装和集合运输包装两大类。

（一）单件运输包装（single-piece packing）

单件运输包装是指货物在运输过程中作为一个计件单位的包装。单件运输包装按造型可分为箱装、捆装、袋装、桶装、灌装和瓶装等。

按包装材料不同，可分为纸制包装，金属包装，木制包装，塑料包装，麻制品包装，竹，柳，草制品包装，玻璃制品包装和陶瓷包装等。

（二）集合运输包装（muster packing）

集合运输包装是指将若干单件运输包装组合成一件大包装，以更有效地保护商品，提高装卸效率和节省运输费，在国际贸易中，常见的集合包装有以下几种：

（1）集装包或集装袋（flexible container）。集装袋是一种柔性运输包装容器，广泛用于食品、粮谷、医药、化工、矿产品等粉状、颗粒、块状物品的运输包装，发达的国家普遍使用集装袋作为运输、仓储的包装产品。

（2）托盘（pallet）。托盘用于集装、堆放、搬运和运输的放置，是单元负荷的货物和制品的水平平台装置。作为与集装箱类似的一种集装设备，托盘现已广泛应用于生产、运输、仓储和流通等领域，被认为是 20 世纪物流产业中两大关键性创新之一。托盘作为物流运作过程中重要的装卸、储存和运输设备，与叉车配套使用在现代物流中发挥着巨大的作用。托盘给现代物流业带来的效益主要体现在：可以实现物品包装的单元化、规范化和标准化，保护物品，方便物流和商流，托盘又名栈板，夹板。

（3）集装箱（container）。集装箱，是指具有一定强度、刚度和规格专供周转使用的大型装货容器。使用集装箱转运货物，可直接在发货人的仓库装货，运到收货人的仓库卸货，中途更换车、船时，无须将货物从箱内取出换装。集装箱标准化历经了一个发展过程。国际标准化组织 ISO/TC104 技术委员会自 1961 年成立以来，对集装箱国际标准作过多次补充、增减和修改，现行的国际标准为第 1 系列共 13 种，其宽度均一样（2438 毫米）、长度有 4 种（12192 毫米、9125 毫米、6058 毫米、2991 毫米）、高度有 3 种（2896 毫米、2591 毫米、2438 毫米）。

二、销售包装

销售包装又称内包装或小包装。是直接接触商品并随商品进入零售网点和消费者或用户直接见面的包装。它的作用除了可以保护商品外，还可以美化商品、宣传商品，以及便于消费者选购、携带和使用。销售包装的好坏往往直接关系到商品的售价销路。目前，国际市场上较流行的销售包装可以分为几类：

（一）便于陈列展销的包装

（1）展开式包装结构（POP包装）。这是一种特殊结构的摇盖式包装，利用包装盒打开盒盖展示商品，增强了整体感和陈列效果。

（2）堆叠式包装结构。为节省货架上的货位，往往要把同类产品堆叠起来展销。既节省货栏，又美观牢固。

（3）可挂式包装结构。这种包装结构具有方便销售，充分利用商场、超级市场货架空间的特点。作为展销手段既能突出商品，成本也比较低廉。

（二）便于识别商品的包装

（1）透明包装或开窗包装。这是指全部或部分使用透明材料或开有窗口的容器包装。这种包装可以使消费者直观商品的形态，色泽和外观质量，用商品自身宣传商品。

（2）习惯包装。这是指采用某些商品包装的习惯造型，装潢设计，使消费者见到包装即可知商品的种类、质量等。

（三）便于携带和使用的包装

（1）携带式包装结构。出于方便消费者携带而考虑，设计时，长、宽、高的比例要恰当。有些体积大的包装可以增加手提的结构，合理使用原材料，便于制作和生产。同时要考虑到手提的功能性，要能收能放，便于在运输中装箱时的科学安全摆放。

（2）易开式包装结构。具有密封结构的包装，不论是纸制、金属、玻璃、塑料的容器，均有在封口开罐、易拉罐、易开盒等几种。牛奶，饮料包装基本上都采用这种方法。它包括拉环、拉片，有卷开式、撕开式、扭断式等。

（3）礼品包装结构。专门作为送礼用的包装为礼品包装。礼品包装的设计要求华美名贵，因此造型结构一般突破方型，追求较强的艺术性造型，同时具有良好的保护产品的性能。为增加商品的名贵感，常运用吊牌、彩带、花结、装饰垫，以增加新鲜感、亲切感。

（4）配套包装结构。是把产品搭配成套出售的销售包装，配套包装的造型结构需要考虑把不同种类但用途方面有联系的产品组织在一起销售包装。利用产品包装造型的巧妙设计，把这些东西组合在一起，方便顾客一次购买到多种规格的商品。

（5）软包装结构。所谓软包装，就是在填充或取出内装物后，容器的形状发生了变化或没有变化的包装，以管状型居多。由于软包装具有保鲜度高、轻巧、不易受潮、方便销售、运输和使用等优点，因此食品、调料、牙膏、化妆品等都可以采用这种包装。它所使用的材料很多是由具有各种功能的复合材料制成的，如玻璃纸与铝箔和聚乙烯等。

（6）方便型小包装结构，也可以称为一次性商品使用包装。体积小、结构简洁、便于打开。如星级宾馆中使用的一次性肥皂包装，茶叶的一次一包，洗发膏一次一袋，淋浴帽一次性包装等。

（7）争取在销售包装上印刷条形码。条形码是由一组宽窄不等、黑白相间的平行线条按特定格式与间距组合起来的符号，通常印在商品或印刷品上，可以代替各种文字信息，并能通过光电读出装置，随时读取数据。条形码是近几十年研究开发的一种数据输入技术和自动识别技术，它可反映出商品的类别、制造厂商、重量、金额、出厂日期和流通时间等许多信息。

目前世界上常用的码制有 EAN 条形码、UPC 条形码、二五条形码、交叉二五条形码、库德巴条形码、三九条形码和 128 条形码等，而商品上最常使用的就是 EAN 商品条形码。

EAN 商品条形码亦称通用商品条形码，由国际物品编码协会制定，通用于世界各地，是目前国际上使用最广泛的一种商品条形码。中国目前在国内推行使用的也是这种商品条形码。EAN 商品条形码分为 EAN－13（标准版）和 EAN－8（缩短版）两种。商品条形码的编码遵循唯一性原则，以保证商品条形码在全世界范围内不重复，即一个商品项目只能有一个代码，或者说一个代码只能标识一个商品项目。不同规格、不同包装、不同品种、不同价格、不同颜色的商品只能使用不同的商品代码（见图 5-1）。

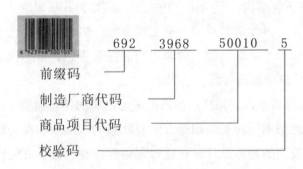

图 5-1　EAN 编码标准版

商品条形码的诞生极大地方便了商品流通，现代社会已离不开商品条形码。据统计，目前中国已有 50 万种产品使用了国际通用的商品条形码。中国加入世贸组织后，企业在国际舞台上必将赢得更多的活动空间。要与国际惯例接轨，适应国际经贸的需要，企业更不能怠慢。

中国物品编码中心成立于 1988 年，1991 年 4 月代表中国加入 EAN，成为正式会员，统一组织、协调、管理我国的条形码工作。国际物品编码协会分配给我国的国别号为"690""691""692""489""471"等。

【案例一】

在荷兰某一超级市场有黄色竹制罐装的茶叶一批，罐的一面刻有中文"中国茶叶"四个字，另一面刻有我国古装仕女图，颇具民族特点，但国外消费者少有问津。问其故何在？

【案例讨论】

问题主要出在文字说明方面。出口商品的销售包装上应有必要的文字说明，如商标、牌名、品名、产地、数量、规格、成分、用途和使用方法等。使用的文字必须简明扼要，并让顾客能看懂，必要时也可中外文同时并用。具体到本案例，当地人除了对仕女图投入一瞥外，不知内装何物。即使消费者知道内装为茶叶，但是是红茶还是绿茶？分量多少？质量如何？还是无从知晓。因此上述包装不便于消费者了解商品，不了解何谈购买。

第三节 包装标志

包装标志是指在商品的外包装上用文字、图形、数字制作的特定记号和说明事项。按其用途可分为运输标志、指示性标志和警告性标志三种形式。

一、运输标志（shipping mark）

运输标志，即唛头。这是贸易合同、发货单据中有关标志事项的基本部分。它一般由一个简单的几何图形以及字母、数字等组成，便于有关部门识别，方便运输，易于点数、查箱，防止错发错运的包装标志（见图 5-2）。运输标志一般由以下几部分内容组成：

（1）收货人或发货人代号，主要以简单的几何图形，如三角形、圆形、菱形等，并在图形内外刷上简单字母表示，作为收、发货人的代号或缩写。

（2）目的地的名称，如果货物须中途转港，还可加列中转港的名称。

（3）件号、批号，即将这批货物按顺序逐件编号，如24/50，表示是总共50件中的第24件。

（4）订单、合同或信用证号码。

除上述内容外，有时还可以包括原产地名称、许可证号码、体积、毛重、净重、皮重等。鉴于运输标志的内容差异较大，有的过于繁杂，不适应货运量增加、运输方式变革和电子计算机在运输与单据流转方面应用的需要，因此，联合国欧洲经济委员会简化国际贸易程序工作组，在国际标准化组织和国际货物装卸协调协会的支持下，制定了一项运输标志向各国推荐使用，即为以上的四个项目。

一般情况下，运输标志通常由卖方设计确定，但不宜过分复杂。如运输标志刷制错误，可能会导致错发错运，即使正常运到，买方也可能因标识不符而拒收货物。

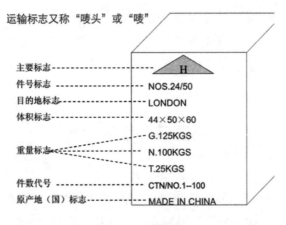

图 5-2　运输标志

二、指示性标志（indicative mark）

指示性标志是根据商品的特性提出应注意的事项，在商品的外包装上用醒目的图形或文字表示的标志。如在易碎商品的外包装上标以"小心轻放"四个字，在受潮后易变质的商品外包装上标以"防止受潮"四个字，并配以图形指示，故指示性标志又称为安全标志或注意标志（见图5-3）。

易碎物品　　向上　　禁止翻滚　　怕湿　堆码层数极限

向　上　　小心轻放　　怕　湿　　防　震

向　上　　怕　湿　　怕　热　　小心轻放

易碎　　环保　　易碎　　小心轻放

图 5-3　指示性标志

三、警告性标志（warning mark）

警告性标志，又称危险品标志，是指在易燃品、爆炸品、有毒品、腐蚀性物品、放射性物品的运输包装上表明其危险性质的文字或图形说明（见图 5-4）。

图 5-4　警告性标志

第四节　中性包装和定牌

一、中性包装（neutral packing）

中性包装是指商品和内外包装上均无生产国别、地名和生产厂商名称，也不标明商标或者品牌的包装（包括无牌中性包装、定牌中性包装）。这种中性包装的做法是国际贸易中常见的方式，在买方的要求下，可酌情采用。

常用的中性包装有两种：一是无牌中性包装，这种包装既无生产国别、地名、厂名，也无商标牌号；二是有牌中性包装，这种包装不注明商品生产国别、地名、厂名，但要注明买方指定商标或牌号，称作定牌。

这主要是为了打破进口国家和地区实行的各种限制和政治歧视，是扩大商品出口的一种竞争手段。目前，某些出口商品使用中性包装已成为国际贸易中的一种习惯做法。我们采用它，有利于打破某些国家和地区对我国商品实行关税和不合理的配额限制，使我国商品能进入这些国家和地区市场。

二、定牌（buyer-fixed package）

定牌指卖方按买方的要求在其出售的商品或包装上标明买方指定的商标和牌号，称之为定牌生产。在国际或国内贸易中。有许多大百货商店、超级市场和专业商店，在其经营的商品中，有一部分商品使用该店专有的商标和牌名，这部分商品即是由商店要求有关厂商定牌生产的。在国际贸易中，定牌商品有的在其定牌商标下标明产地，有的则不标明产地和生产厂商。后一种做法，称为定牌中性。

我国出口业务中，定牌有下列几种情况：

（1）接受客户指定的商标，但在商标、牌名下标明"中华人民共和国制造"或"中国制造"字样，这是为了利用这些进口商的经营能力，发挥其经营积极性。定牌可以用"××公司进口"，"××公司经销"，"××公司特制"等字样。

（2）接受对方指定的商标，并根据对方要求不加注生产国别标志，即定牌中性包装。

（3）在定牌生产的商品和／或包装上，标明我国的商标或品牌，同时也加注国外商号名称或其商号的标记。

另外，还有一种形式即无牌，是指买方要求我国出口商品不要印制牌子。无牌有注明生产国别的，也有不注明生产国别的，即无牌中性包装，俗称"白牌"。

三、采用中性包装和定牌应注意的问题

（一）争创国际名牌，加强商标海外注册

采用中性包装、定牌、无牌等做法，一般是由于我国产品在国外尚未建立品牌信誉，或者是在海外未经注册，得不到当地市场保护。有些产品品质堪称一流，只能凭借市场消费者熟悉的商标和牌名销售。如能在争创品牌和海外注册等方面下功夫，将更有利于我国产品市场的巩固和扩大。

（二）注意买方指定的商标合法性和商标侵权行为

对外国提供的商标牌名要进行审查，凡属反动的、黄色的、丑恶的、迷信的，一概不应接受。不得采用未经商标注册人许可的商标和牌名。要求我国出口业务，特别是使用定牌出口的，一定要按照国家商标法严格把关，禁止仿冒商标，防止产生侵权问题。

在定牌业务中，除中性以外，应刷中国制造，不能按照买方要求在商品和商标上注明买方指定的国别。这种做法，实际上可能为对方冒用配额创造了条件，容易引起国与国之间的贸易纠纷，最终还将在生产国的配额中予以扣除，影响我国的直接出口。

（三）采用中性包装时，不能带有与中性包装相违背的做法

采用中性包装一般是为了突破政治上的限制和歧视，打破进口国家实行关税和非关税壁垒。如果包装过程中将含有生产国标志的物品（如生产国的报纸作为衬垫物等），就会造成对方提出索赔或造成政治事故。

【案例二】

2002年世界杯期间，日本一进口商为了促销运动饮料，向中国出口商订购T恤衫，要求以红色为底色，并印制"韩日世界杯"字样，除此之外不需印制任何标识，以在世界杯期间作为促销手段随饮料销售赠送现场球迷，合

同规定 2002 年 5 月 20 日为最后装运期，我方组织生产后于 5 月 25 日将货物按质按量装运出港，并备齐所有单据向银行议付货款。然而货到时由于日本队止步于 16 强，日方估计到可能的积压损失，以单证不符为由拒绝赎单。在多次协商无效的情况下，我方只能将货物运回在国内销售以减少损失。但是在货物途经海关时，海关认为由于"韩日世界杯"字样及英文标识的知识产权为国际足联所持有，而我方外贸公司不能出具真实有效的商业使用权证明文件，因此海关以侵犯知识产权为由扣留并销毁了这批 T 恤衫。请分析海关的处理是否正确。

【案例讨论】

海关处置正确。这实际上是一个定牌中性包装问题。在国际贸易中对于中性包装，尤其是定牌中性包装，在按照买方的要求注明有关商标、牌号外，还应注明以后因此而产生的侵权行为或知识产权纠纷，由买方承担一切责任和费用。

第五节　合同中的包装条款

包装条款是买卖合同的主要条款。按照各国法律规定买卖双方对包装条款一经确定，卖方所交货物的包装必须符合合同的约定。

在我国外贸合同中，常常对合同包装条款的签订不够重视，以"习惯出口包装"或"习惯包装"这种用语加以约定的做法，往往在日后履行合同时容易产生争议。

由于商品的品种、商品的特性不一，运输方法以及运输距离又不相同，包装条款的内容及繁简也不尽相同。包装条款一般包括包装材料、包装方式、包装规格、包装标志和包装费用的负担等内容。

包装材料和包装方式应按合同中订立的内容包装，若合同中没有规定，卖方应按同种商品的惯常方式包装。违反了合同中的包装规定即是违反了包装条款，买方可以拒收货物。

在磋商和订立包装条款时，因当事人的疏忽或规定不明，在包装方式或包装费用等问题上很容易引起法律解释的分歧、引起交货困难或延期、造成货物到达目的港（地）之后货损、货差的责任分歧。为防止此类事件的发生，应当采取以下几个方面对策：

尽可能不使用"适合海运包装"（sea worthy packing）、"习惯包装"（customary packing）或"卖方惯用包装"（seller's customary parking）等术语，避免双方对上述术语内涵存在法律解释分歧。

明确买方所需特殊包装的包装费用由何方负担。一般的运输包装费用包含在货价之内，对于买方要求特殊包装的，超出的包装费用应由买方负责，如果合同中不作明确规定，容易引起争议。在进口合同中，特别是对包装技术性较强的商品，包装条款必须订明费用由谁负担。

谨慎采用中性包装术语。近年来，国际上限制使用中性包装术语。

在国外客户提供销售包装的出口业务中，合同包装条款必须规定提供销售包装的时间、运送方式、运送费用、运达时间以及由于延误运达致使卖方无法交货或延期交货的责任。

在合同中没有规定运输标志的情况下，应在合同中订明卖方提出唛头式样及内容的时限，以及如果收不到买方提出的唛头，卖方有权自行决定唛头式样，以免延误交货期。

【案例三】

外国某公司与上海某自行车厂洽谈进口业务，打算从我国进口"永久"牌自行车1000辆，但要求我方改用"剑"牌商标，并在包装上不得注明"Made in China"字样。请问：我方是否可以接受？在处理此项业务时应注意什么问题？

【案例讨论】

我方一般可以接受。这是一笔中性包装交易，外方要求采用定牌中性包装。但在处理业务时应注意：一是要注意对方所用商标在国外是否有第三者已注册，若有则不能接受；如果一时无法判明，则应在合同中写明"若发生工业产权争议，应由买方负责"。二是要考虑我方品牌产品在对方市场销售情况，若我方商品已在对方市场树立良好信誉，则不宜接受，否则会影响我产品地位和市场份额。

【练习题】

1. 商品买卖中包装有什么作用？

2. 国际贸易中，货物包装有哪些类型？

3. 什么是运输标志？运输标志由哪些内容构成？请你设计一个运输标志。

4. 什么是中性包装、定牌和无牌？在使用这些方法包装时应注意哪些问题？

5. 包装条款包括哪些内容？订立包装条款应注意哪些问题？

第六章 进出口商品的价格

【本章学习目标】
● 通过本章学习掌握商品价格构成和商品对外报价
● 正确运用贸易术语，并把其与出口报价结合起来
● 掌握贸易术语间的价格换算，商品成本核算，佣金与折扣的计算

【引导案例】

某年10月，中国某出口公司按CIF价格条件和信用证付款的方式向中东地区某商人出售一批服装。该公司寄出的结算单据遭开户行拒付，其理由是，在商业发票上所列价格条件仅标明目的港名称，而其前面却漏打"CIF"字样。经与议付行洽商并由议付行向开证行交涉，说明提单上注明"运费已付"四个字，又有保险单证明已投保货运险，就整套单据而言，是符合CIF价格条件的，但开证行仍然坚决拒付，请分析开证行拒付是否有道理。

第一节 成交价格的掌握

在国际货物买卖中，如何确定进出口商品价格和规定合同中的价格条款，是交易双方最为关心的一个重要问题。在实际业务中，正确掌握进出口商品价格，合理采用各种作价办法，选用有利的计价货币适当运用与价格有关的佣金和折扣，并订好合同中的价格条款，对体现对外政策，完成进出口任务和提高外贸经济效益，都具有十分重要的意义。

一、正确贯彻作价原则

在确定进出口商品价格时，必须遵循下列三个原则：

（1）按照国际市场价格水平作价。国际市场价格是以商品的国际价值为基础在国际市场竞争中形成的，它是交易双方都能接受的价格，是我们确定

进出口商品价格的客观依据。

（2）要结合国别、地区政策作价。为了使外贸配合外交，在参照国际市场价格水平的同时，也可适当考虑国别、地区政策。

（3）要结合购销意图。进出口商品价格在国际市场价格水平的基础上，可根据购销意图来确定，即可略高或略低于国际市场价格。滞销积压商品可考虑适当降低价格以刺激需求；畅销商品则应稳价上调，但不宜过快过猛。

二、注意国际市场价格动态

国际市场价格因受供求关系的影响而上下波动，有时甚至瞬息万变，因此，在确定成交价格时，必须注意市场供求关系的变化和国际市场价格涨落的趋势。

三、考虑商品价格的各种具体因素

（1）要考虑商品的质量和档次。根据产品的质量和档次差别，贯彻"按质论价，优质优价"原则。产品的品质应包括商品的包装和装潢。精致的包装是提高售价的重要因素。

（2）要考虑交货地点和交货条件。如果以即期信用证方式付款，可以考虑价格的优惠；反之，若以远期信用证付款或跟单托收方式，价格水平可相应提高。

（3）要考虑运输距离。一般来说，离产地较远、运输距离长的商品卖价可以相应提高。

（4）要考虑季节性需求的变化。根据不同商品销售的季节性特征，季节性强的商品应抢先 应市，并在适销季节要适当卖高价，增加外汇收入；在淡季时，则价格可以略低。

（5）要考虑成交数量。原则上非紧俏商品的成交数量越小，价格越高，加大数量则可适当给予减价优惠，以鼓励客商经营我商品的积极性。

（6）要考虑支付条件和汇率变动的风险。出口应争取选用保持上浮趋势的硬币；进口则应当选择下浮趋势的软币支付。如争取不到，则可以通过适当加价或要求降价的方式，或采用订立"保值条款"的办法避免汇率变动可能产生的风险或损失。

此外，交货期的远近、市场销售习惯和消费者的爱好等因素，对确定价格也有不同程度的影响，我们必须通盘考虑和正确掌握。

四、加强商品成本核算

在价格掌握上，要注意加强成本核算，以提高经济效益，防止出现不计成本，不计盈亏和单纯追求成交量的偏向。尤其在出口方面，强调加强成本核算，掌握出口总成本、出口销售外汇净收入和人民币净收入的数据，并计算和比较各种商品出口的盈亏情况，更有现实意义。出口总成本是指出口商品的进货成本加上出口前的一切费用和税金。出口销售外汇净收入是指出口商品按 FOB 价出售所得的外汇净收入。出口销售人民币净收入是指出口商品的 FOB 价按当时的外汇牌价折成人民币的数额。

（一）出口商品盈亏率

出口商品盈亏率是指出口商品盈亏额与出口成本的比率。

$$盈亏率 = \frac{出口销售 FOB 净收入（人民币）- 出口成本（人民币）}{出口成本} \times 100\%$$

例：某公司以每公吨 1000 美元 CIF 价格出口商品，已知该笔业务每公吨需要支付国际运输费用 100 美元，保险费率为 0.1%，国内商品采购价格为 5000 元人民币，其他商品管理费为 500 元，试计算该笔业务的出口盈亏率（汇率为 1 : 8.25）。

（二）出口商品换汇成本

即出口货物换回每一单位外汇所付出的人民币成本，即出口净收入 1 元外币所耗费的人民币数额。

$$换汇成本 = \frac{出口总成本（人民币）}{出口销售 FOB 净收入（外币）}$$

例：某公司出口一批商品，每箱人民币收购价 100 元，国内费用为收购价的 15%，出口后每箱可退税 7 元人民币，外销价每箱 19 美元 CFR 曼谷，每箱货应付海运费 1.2 美元，计算该商品的换汇成本（保留两位小数）。

（三）出口创汇率（外汇增值率）

出口创汇率是指加工后成品出口的外汇净收入与进口原料外汇成本的比率，也称外汇增值率。

$$出口创汇率 = \frac{出口成品外汇净收入 - 进口原料外汇成本}{进口原料外汇成本} \times 100\%$$

例：某商品出口价为 USD3000 Per M/T FOB Shanghai，每公吨成品耗用原材料 1.5 公吨，加工所用原材料当时出口价为 USD1000 FOB Shanghai。求出口创汇率。

五、掌握不同术语间价格换算方法

最常用的 FOB、CFR 和 CIF 三种价格的换算方法及公式如下：

（一）FOB 价换算为其他价

CFR=FOB 价 + 运费

CIF=（FOB+ 运费）/（1- 保险费率 × 投保加成）

CIF=FOB+ 运费 + 保费 =FOB+ 运费 +CIF × 投保加成 × 保险费率

（二）CFR 价换算为其他价

FOB 价 =CFR 价 - 运费

CIF 价 =CFR 价 /（1- 投保加成 × 保险费率）

（三）CIF 价换算为其他价

FOB=CIF 价 ×（1- 投保加成 × 保险费率）- 运费

CFR 价 =CIF 价 ×（1- 投保加成 × 保险费率）

例：某出口公司对外报价牛肉罐头 2.20 美元 / 听 CIF 古晋，按发票金额加成 10% 投保一切险，保险费率 0.3%，客户要求改报 CFR 价格，请问该报多少？

【案例一】

我某出口公司向法国某进口公司就某类出口商品询盘，法商报价为每公吨 400 欧元 CIF 马赛，而我公司对该商品内部掌握价为 FOB 大连每公吨人民币 2978 元。当时中国银行外汇牌价为每欧元的买入价人民币 9.3812 元。我公司备有现货，只要不低于公司内部掌握价即可出售。现该商品自中国某口岸至汉堡港的运费为每公吨人民币 598 元，保险费为每公吨人民币 102 元。问：我公司能够接受此报价吗？为什么？

【案例讨论】

分析：法商报价为每公吨 400 欧元 CIF 马赛，折合人民币 FOB 报价 400×9.3812-598-102=3052.48 元，而我公司对该商品内部掌握价为 FOB 大连每公吨 2978 元。因此，经过比较，法方报价高于我公司价格，我公司可以接受此报价。

第二节 进出口商品的定价办法

在国际货物买卖中，根据交易的具体情况，确定商品价格的方法主要有如下几种：

一、固定价格

固定价格是指在交易磋商过程中，把价格确定下来，在合同执行过程中，无论发生什么情况均按确定的价格结算应付货款。

在合同中规定固定价格是一种常规做法。但是，国际市场行情多变，价格涨落不定。因此，在国际贸易合同中采用固定价格作价办法，就意味着买卖双方要承担从订约到交货付款以至转售时价格变动的风险，而且如果市场行情或计价货币变动得过于剧烈，这种作价办法有可能影响合同的顺利执行。为了减少价格变动的风险，在采用固定价格作价时，需要对影响商品供求的各种因素进行仔细研究，对价格前景作出判断，对交易对手的资信进行调查，也可以进行套期保值等。

二、非固定价格

非固定价格是指合同当事人在进行交易时，对于合同标的的具体价格不是采用固定规定的方法，而是采用只规定一个确定价格的方法或时间，或暂定一个价格，待日后根据情况予以规定。国际商品市场变化莫测，价格的剧涨暴跌屡见不鲜，为了减少风险，促成交易，提高合同的履约率，在合同价格的规定方面逐步采取了一些变通做法，运用非固定价格，即"活价"。我国进出口业务中有如下几种做法：

（1）只规定作价方式而具体价格留待以后确定。这有两种做法，一是在价格条款中明确规定定价时间和定价方法。例如，"在装船月份前 50 天，参照当地及国际市场价格水平协商议定正式价格"或"按提单日期的国际市场价格计算"。二是只规定作价时间。例如，"由双方在 × × 年 × × 月 × × 日协商确定价格"。这种办法只适用于双方有长期交往，已经形成比较固定的交易习惯的合同。

（2）暂定价。即在合同中先订立一个初步价格，作为开立信用证和初步付款的依据，待双方确定最后价格后再进行清算，多退少补。例如，"单价暂定每件400美元CIF纽约，于装运月份15天前由买卖双方另行协商确定价格"。

（3）部分固定价格，部分非固定价格。一般用在分期分批交货的合同中，交货期近的价格在订约时固定下来，余者在交货前一定期限内作价。

非固定价格是一种变通做法，在行情变动剧烈或双方未能就价格取得一致意见时，采用这种做法有一定的好处。表现在：

（1）有助于暂时解决双方在价格方面的分歧，先就其他条款达成协议，早日签约。

（2）解除客户对价格风险的顾虑，使之敢于签订交货期长的合同。数量、交货期的早日确定，不但有利于巩固和扩大出口市场，也有利于生产、收购和出口计划的安排。

（3）对进出口双方，虽不能完全排除价格风险，但对出口人来说，可以不失时机地做成生意；对进口人来说，可以保证一定的转售利润。

但应看到，这种做法是先订约后作价，合同的关键条款——价格是在订约之后由双方按一定的方式来确定的。这就不可避免地给合同带来较大的不稳定性，存在着双方在作价时不能取得一致意见，而使合同无法执行的可能；或由于合同作价条款规定不当，而使合同失去法律效力的危险。

采用非固定价格签约时，应注意如下三个问题：

（1）酌情确定作价标准。为减少非固定价格条款给合同带来的不稳定因素，消除双方在作价方面的矛盾，明确订立作价标准就是一个重要的、必不可少的前提，作价标准可根据不同商品酌情作出规定。例如，以某商品交易公布的价格为准，或以某国际市场价格为准等。

（2）明确规定作价时间。关于作价时间的确定，可以采用下列几种做法：

①在装船前作价。一般是规定在合同签订后若干天或装船前若干天作价。采用此种作价办法，交易双方仍要承担自作价至付款转售时的价格变动风险。

②装船时作价。一般是指按提单日期的行市或装船月的平均价作价。这种做法实际上只能在装船后进行，除非有明确的客观的作价标准，否则卖方不会轻易采用，因为他怕承担风险。

③装船后作价。一般是指在装船后若干天，甚至在船到目的地后始行作

价，采用这类做法，卖方承担的风险也较大，故一般很少使用。

（3）非固定价格对合同成立的影响。在采用非固定价格的场合，由于双方当事人并未就合同的主要条件——价格取得一致，因此，就存在着按这种方式签订的合同是否有效的问题。目前，大多数国家的法律都认为，合同只要规定作价办法，即是有效的，有的国家法律甚至认为合同价格可留待以后由双方确立的惯常交易方式决定。《公约》允许合同只规定"如何确定价格"，但对"如何确定价格"却没有个体规定或作进一步的解释，为了避免争议和保证合同的顺利履行，在采用非固定价格时，应尽可能将作价办法作出明确具体的规定。

三、滑动价格

滑动价格指签订合同时先规定一个基础价，交货时再按工资、原材料价格变动指数对基础价作出调整，确定最后价格。滑动价格多用于生产周期长的工业制成品买卖，为了避免承担价格变动的风险，往往采用滑动价格的规定方法。在通货膨胀的条件下，它实质上是出口厂商转嫁国内通货膨胀、确保利润的一种手段。这种做法已经被联合国欧洲经济委员会纳入它所制定的一些标准合同，适用范围也由原来的机械交易扩展为初级产品交易，因而具有一定普遍意义，需要在对外签约时有所重视。

第三节 计价货币的选择

计价货币是指合同中规定用来计算价格的货币。根据国际贸易的特点，用来计价的货币，可以是出口国家货币，也可以是进口国家货币或双方同意的第三国货币，还可以是某一种记账单位，由买卖双方协商确定。由于世界各国的货币价值并不是一成不变的，特别是在世界许多国家普遍实行浮动汇率的条件下，通常被用来计价的各种主要货币的市值更是严重不稳。国际货物买卖通常的交货期都比较长，从订约到履行合同，往往需要有一个过程。在此期间，计价货币的市值是要发生变化的，甚至会出现大幅度的起伏，其结果必然直接影响进出口双方的经济利益。因此，如何选择合同的计价货币就具有重大的经济意义，是买卖双方在确定价格时必须注意的问题。

从理论上说，对于出口交易，采用硬币计价比较有利，而进出口合同却用软币计价比较合算。但在实际业务中，以什么货币作为计价货币，还应视双方的交易习惯、经营意图以及价格而定。如果为达成交易而不得不采取对我不利的货币，则可设法用下述两种办法补救：一是根据该种货币今后可能的变动幅度，相应调整对外报价；二是在可能条件下，争取订立保值条款，以避免计价货币汇率变动的风险。

在合同规定用一种货币计价，而用另一种货币支付的情况下，因两种货币在市场上的地位不同，其中有的坚挺（称硬币），有的疲软（称软币），这两种货币按什么时候的汇率进行结算，是关系到买卖双方利害得失的一个重要的问题。

按国际上的一般习惯做法，如两种货币的汇率是按付款时的汇率计算，则不论计价和支付用的是什么货币，都可以按计价货币的量收回货款。对卖方来说，如果计价货币是硬币，支付货币是软币，基本上不会受损失，可起到保值的作用；如果计价货币是软币，支付货币是硬币，他所收入的硬币就会减少，这对卖方不利，而对买方有利。

如果计价货币和支付货币的汇率在订约时已经固定，那么，在计价货币是硬币、支付货币是软币的条件下，卖方在结算时收入的软币所代表的货值往往要少于按订约日的汇率应收入的软币所代表的货值，也就是说，对买方有利，而对卖方不利。反之，如计价货币是软币，支付货币是硬币，则对卖方有利，对买方不利。此外，也有在订合同时，即明确规定计价货币与另一种货币的汇率，到付款时，该汇率如有变动，则按比例调整合同价格。

为防止从成交至收汇期间由于计价货币币值的变动带来的损失，当事人往往会采用一些保值措施，避免因计价和结算货币的贬值而造成损失，主要有：

（1）汇价加（减）值法。即把所选用的货币币值的变动幅度加入（减出）货价，根据币值变动的幅度来确定价格的调整幅度。

（2）汇率保值法。即合同金额以某种比较稳定的货币或综合货币单位保值，支付时按支付货币对保值货币的当时汇率加以调整。

第四节　佣金和折扣的运用

一、佣金和折扣的含义

在国际贸易中，有些交易是通过中间代理商进行的。因为中间商介绍生意或代买代卖而向其支付一定的酬金，此项酬金叫佣金（commission）。凡在合同价格条款中，明确规定佣金的百分比，叫作明佣。不标明佣金的百分比，甚至连"佣金"字样也不标示出来，有关佣金的问题，由双方当事人另行约定，这种暗中约定的佣金叫作暗佣。佣金直接关系到商品的价格，货价中是否包括佣金和佣金比例的大小，都影响商品的价格。显然，含佣价比净价要高。正确运用佣金，有利于调动中间商的积极性和扩大交易。

折扣（discount）是指卖方按原价给予买方一定百分比的减让，即在价格上给予适当的优惠。国际贸易中使用的折扣，名目很多，除一般折扣外，还有为扩大销售而使用的数量折扣，为实现某种特殊目的而给予的特别折扣以及年终回扣等。凡在价格条款中明确规定折扣率的，叫作"明扣"。折扣直接关系到商品的价格，货价中是否包括折扣和折扣率的大小都影响商品价格，折扣率越高，则价格越低。折扣如同佣金一样，都是市场经济的必然产物，正确运用折扣，有利于调动采购商的积极性和扩大销路，在国际贸易中，它是加强对外竞销的一种手段。

二、佣金和折扣的表示方法

（一）佣金的表示方法

在商品价格中包括佣金时，通常应以文字来说明。例如，"每公吨200美元 CIF 旧金山包括2%佣金。"（U.S.\$200 PER U/T CIF San Francisco including 2% commission）；也可以在贸易术语上加注佣金的缩写英文字母"C"和佣金的百分比来表示。例如，"每公吨200美元 CIF C 2% 旧金山"；商品价格中所包含的佣金除用百分比表示外，还可以用绝对数来表示。例如，"每公吨付佣金25美元。"如中间商为了从买卖双方获取"双头佣金"或为了逃税，有时要求在合同中不规定佣金，而另按双方暗中达成的协议支付。

佣金的规定应合理，其比率一般掌握在 1% ~ 5%，不宜偏高。

（二）折扣的表示方法

在国际贸易中，折扣通常在规定价格条款时，用文字明确表示出来。例如，"CIF 伦敦每公吨 200 美元，折扣 3%"（U.S.$200 per metricton CIF London including 3% discount）；折扣也可以用绝对数来表示。例如，每公吨折扣 6 美元。在实际业务中，也可以用 CIFD 或 CIFR 来表示 CIF 价格中包含折扣。这里的 D 和 R 是 Discount 和 Rebate 的缩写。鉴于贸易术语中加注的 D 或 R 含义不清，可能引起误解，故最好不使用此缩写语。

如果有关价格未对含佣或有折扣表示，通常应理解为不含佣或不给予折扣的价格，即为净价，卖方可照价收货款，不另支付佣金或扣除折扣。有时为了明确说明成交的价格是净价，在贸易术语后面加注"净价"字样。例如，每公吨 100 美元 CFR 净价大阪（U.S$100 per metric ton CFR net Osaka）。

三、佣金和折扣的计算方法

（一）佣金的计算方法

在国际贸易中，计算佣金的方法不一，有的按成交金额约定的百分比计算，也有的按 FOB 的价格来计算，如按 CIFC 成交，而以 FOB 值为基数计算佣金时，则应从 CIF 价中减去运费和保险费，求出 FOB 值，然后以 FOB 值乘以佣金率，即得出佣金额。

佣金 ＝ 含佣价 × 佣金率

净价 ＝ 含佣价 × （1－ 佣金率）

含佣价 ＝ 净价 / （1－ 佣金率）

例：在洽商交易时，我方报价为 1000 美元，对方要求 3% 的佣金，在此情况下，我方改报含佣价。

（二）折扣的计算方法

折扣通常是以成交额或发票金额为基础计算出来的。

折扣金额 ＝ 原价 × 折扣率

卖方实际净收入 ＝ 原价 × （1－ 折扣率）

例：某商品出口价为 CIF 伦敦 1000 美元减 3% 折扣。求：该商品的折扣和折实售价。

四、佣金和折扣的支付方法

（一）佣金的支付方法

一种是由中间代理商直接从货价中扣除佣金；另一种是在委托人收清货款之后，再按事先约定的期限和佣金比率，另行付给中间代理商。在支付佣金时，应防止错付、漏付和重付等事故发生。

（二）折扣的支付方法

折扣一般是在买方支付货款时预先予以扣除。也有的折扣金额不直接从货价中扣除，而按暗中达成的协议另行支付给买方，这种做法通常在给暗扣或回扣时采用。

【案例二】

我国某出口公司拟出口一批羽绒服销往俄罗斯。正好该国某佣金商主动来函与该出口公司联系，表示愿意为推销羽绒服提供服务，并要求按每笔交易的成交金额给予5%的佣金。不久，经过该佣金商中介，与当地进口商达成CIFC5%、总金额为10万美元的交易，装运期为订约后2个月内从中国某口岸装运，并签订了销售合同。合同签订后，该佣金商即来电要求我国该出口公司立即支付佣金5000美元。出口公司复电称，佣金需待货物装运并收到全部货款后才能支付。于是双方发生了争议。

请问：这起争议发生的原因是什么？我国该出口公司应当吸取什么教训？

【案例讨论】

争议发生的原因是双方未就佣金支付的时间作出具体约定。该出口公司应吸取的教训是，当与佣金商签订协议时，必须约定佣金需在收妥货款后的时间予以支付。

第五节　合同中的价格条款

合同中的价格条款，一般包括商品的单价和总值两项基本内容，至于确定单价的作价办法和与单价有关的佣金与折扣的运用，也属价格条款的内容，商品的单价通常由四个部分组成，即包括计量单位，单位价格金额，计价货币和贸易术语。在价格条款中可规定"每公吨200美元CIF伦敦"。那么，

"每公吨"就是计量单位，"200"就是单位价格金额，"美元"就是计价货币，"CIF 伦敦"就是贸易术语。单价的各个组成部分必须表述明确、具体，并且四个部分在书写上的次序不能任意颠倒。

例：下列出口单价的写法是否正确？

（1）USD3.68CIFC HONGKONG。

（2）300 英镑每箱 CFR USA。

（3）USD Per Ton FOB London。

（4）Fr98.50 Per Doz FOBD2%。

（5）DM28.85 CIFC2% Shanghai。

【案例三】

某年 10 月，中国某出口公司按 CIF 价格条件和信用证付款的方式向中东地区某商人出售一批服装。该公司寄出的结算单据遭开户行拒付，其理由是，在商业发票上所列价格条件仅标明目的港名称，而其前面却漏打"CIF"字样。经与议付行洽商并由议付行向开证行交涉，说明提单上注明"运费已付"四个字，又有保险单证明已投保货运险，就整套单据而言，是符合 CIF 价格条件的，但开证行仍然坚决拒付。请分析开证行拒付是否有道理，这起争议发生的原因是什么，我国该出口公司应当吸取什么教训。

【案例讨论】

价格条件是商业发票的主要项目，贸易术语是商品单价的一个组成部分。制单人不应该在发票的单价项下漏打"CIF"字样，而且在信用证付款条件下，银行是凭单付款，制单人漏单"CIF"字样，使单据表面与信用证规定不符，开证行有权拒绝付款。由此可见，在制单工作中，必须一丝不苟。

总值是指单价同成交商品数量的乘积，即一笔交易的货款总金额。总价使用的货币与单价必须保证一致。

规定价格条款的注意事项：

（1）合理确定商品的单价，防止作价偏高或偏低。

（2）根据经济意图和实际情况，在权衡利弊的基础上选用适当的贸易术语。

（3）争取选择有利的计价货币，以免遭受币值变动带来的风险。如采用不利的计价货币时，应当加订保值条款。

（4）灵活运用各种不同的作价办法，避免价格变动风险。

（5）参照国际贸易的习惯做法，注意佣金和折扣合理运用。

（6）如交货品质和数量约定有一定的机动幅度，则对机动部分的作价也应一并规定。

（7）如包装材料和包装费另行计价时，对其计价办法也应一并规定。

（8）单价中涉及的计量单位、计价货币、装卸地名称，必须书写正确、清楚，以利合同的履行。

【练习题】

1. 国际货物买卖有哪几种作价方法？应如何灵活运用？

2. 一批出口货物作 CFR 价为 250000 美元，现客户要求改报 CIF 价加 20% 投保海运一切险，我方同意照办，如保险费率为 0.6% 时，我方应向客户报 CIF 价多少？

3. CFR 价改报为 CIF 价：设 CFR 价为 840 美元，加成 10% 投保，保险费率为 1.2%。求：CIFC5% 价。

4. 某公司出口一批商品，每箱人民币收购价 100 元，国内费用为收购价的 15%，出口后每箱可退税 7 元人民币，外销价每箱 19 美元 CFR 曼谷，每箱货应付海运费 1.2 美元。计算该商品的换汇成本（保留两位小数）。

5. 价格条款的基本内容是什么？在规定价格条款时应注意哪些问题？

第七章　国际货物运输

【本章学习目标】

● 通过本章学习了解国际货物的各种运输方式和特点

● 掌握装运条款的制定

● 掌握运输单据的特点及异同

● 掌握海运提单的种类和其他单据的异同点

● 掌握班轮运输的计算

【引导案例】

某农产品进出口公司向国外某贸易公司出口一批花生仁，国外客户在合同规定的开征时间开来一份不可撤销信用证，证中的装运条款规定："shipment from Chinese port to Singapore in May, partial shipment prohibited."农产品进出口公司按证中规定，于4月15日将200吨花生仁在福州港装上"嘉陵"号轮，又由同轮在厦门港续装300吨花生仁，4月20日农产品进出口公司同时取得了福州港和厦门港签发的两套提单，农产品公司在信用证有效期内到银行交单议付，却遭到银行以单证不符为由拒付货款。请问：银行的拒付是否有理，为什么？

第一节　运输方式

目前国际货物运输方式有海洋运输、铁路运输、航空运输、邮政运输和联合运输等。在我国对外贸易中，一般是根据出口商品的特点、货运量大小、自然条件和装卸港口的具体情况以及国际政治局势的变化等因素，认真选择合理的运输方式，保证"安全、迅速、准确、节省"地完成我国对外经济贸易货物运输任务。

一、海洋运输

海洋运输（ocean transportation sea transport），简称海运。使用船舶通过海上航道运送货物和旅客的一种运输方式。目前，国际贸易总运量的 75% 以上是利用海上运输来完成的，我国的对外贸易运输海运占运量 90% 以上。

随着国民经济和对外贸易高速增长，中国海上交通运输业得到了持续快速发展。海运量不断增长，中国海运在国际上的影响力不断增强，已成为繁荣全球海运的重要因素。随着中国海运业的迅猛发展，其市场环境也在不断发生着深刻变化，尤其是中国政府采取积极的对外开放和与国际海运惯例接轨的海运政策法规，为海运业提供了"竞争、开放、透明"的市场环境。中国海运从业者，包括来华投资经营的外商必须时刻了解、研究自身所处的市场环境，才能审时度势，掌握航向，在不断遇到新情况、不断解决新问题中得以发展、壮大。

我国海岸线长约 18000 公里，沿海有许多优良的不冻港口，具有发展海运的有利条件。在我国港口与世界各国主要港口之间已开辟了许多定期或不定期的海上航线，所以海洋运输在我国对外经济贸易中起着越来越重要的作用。特别是集装箱运输在我国发展势头迅猛，这是因为它具有装卸效率高、船舶周转快、货损货差少、包装费用节省、劳动强度低和手续简便等优点。我国自 1973 年 9 月开始在天津、上海和日本神户、横滨之间开展集装箱运输后，青岛、黄浦、大连、张家港等港口也相继办理集装箱运输。1978 年 9 月我国在上海和澳大利亚港口之间建立了第一条自己经营的集装箱班轮航线。到目前为止，我国各大港口已形成了到达世界主要港口的国际集装箱运输网。

随着国民经济和对外贸易的发展，我国海洋运输发生了根本的变化，运输体制也在不断地发生相应的变革。1955 年 8 月，成立中国对外贸易运输总公司（china national foreign trade transportation corporation）作为经营国际贸易运输的专业公司，同时仍然保留中国租船公司（china national chartering corporation），以适应对外开展租船业务的需要。为了发展我国的远洋运输事业，1960 年成立了中国远洋运输公司（china ocean shipping company, COSCO），并建立了我国自己的远洋船队，担负进出口货物运输任务。改革开放以后，为了适应形势的发展，1993 年又成立了中国远洋运输集团总公司（简称中远）。中远拥有各种远洋船舶 600 多艘，1700 多万载重吨位。其中干散货船有 200 多艘，1100 多万载重吨，居世界首位。20 世纪 90 年代末，我国拥有集装箱船约 130 艘，载箱能力为 21 万 TEU，居世界第四位。

与其他国际贸易运输方式相比，海洋运输具有如下特点：

（1）运输量大。主要原因是船舶向大型化发展，如 50 万 ~70 万吨的巨型油船，16 万 ~17 万吨的散装船以及集装箱船的大型化，船舶的载运能力远远大于火车、汽车和飞机，是运输能力最大的运输工具。

（2）通过能力大。海上运输利用天然航道四通八达，不像火车、汽车要受轨道和道路的限制，因而其通过能力要超过其他各种运输方式。

（3）运费低廉。船舶的航道天然构成，船舶运量大，港口设备一般均为政府修建，船舶经久耐用且节省燃料，所以货物的单位运输成本相对低廉。据统计，海运运费一般约为铁路运费的 1/5，公路汽车运费的 1/10，航空运费的 1/30，这就为低值大宗货物的运输提供了有利的竞争条件。

（4）对货物的适应性强。由于上述特点使海上货物运输基本上适应各种货物的运输，如石油井台、火车、机车车辆等超重大货物，其他运输方式是无法装运的，船舶一般都可以装运。

但是海洋运输也有其不足之处：

（1）运输的速度慢。由于商船的体积大，水流的阻力大，加之装卸时间长等因素的影响，所以货物的运输速度比其他运输方式慢。较快的班轮航行速度也仅 30 海里 / 小时左右。

（2）风险较大。由于船舶海上航行受自然气候和季节性影响较大，海洋环境复杂，气象多变，随时都有遇上狂风、巨浪、暴风、雷电、海啸等人力难以抗衡的海洋自然灾害袭击的可能，遇险的可能性比陆地、沿海要大。同时，海上运输还存在着社会风险，如战争、罢工、贸易禁运等因素的影响。为转嫁损失，海上运输的货物、船舶保险尤其应引起重视。

改革开放以来，随着我国对外贸易的蓬勃发展，我国海洋运输事业也有极大的进步，自有商船队不断发展，运载能力大大提高，同时也在国际市场上租赁外籍船舶进行货物运输。按照船舶的营运方式不同，海洋运输可分为班轮运输和租船运输。

（一）班轮运输（liner transport）

班轮（regular shipping liner，简称 Liner）是船舶按照固定的港口，固定的航线和固定的船期表从事运输业务，并按固定的费率收取运费的运输。班轮运输是国际航运中一种主要货物运输方式。

1. 班轮运输的主要特点

（1）"四固定"。即固定船期表（sailing schedule）、固定航线、固定港口（统称基本港 basic port）和固定的运费费率。

（2）船方要负责货物的装卸，就是通常所说的"管装管卸"（gross terms）。

（3）班轮运输一般不规定固定的装卸定额，也不计滞期费、速遣费。

（4）船、货双方的权利、义务与责任豁免，以班轮提单上的条款为依据。

（5）一般出租的是部分舱位。因此，凡是班轮停挂的港口，不论货物数量多寡，一般都可承运。

由此可见，班轮运输进行国际贸易是十分方便和灵活的，特别适用于成交数量少、分运批次多、交货港口分散的货物。

2. 班轮运费的计算标准

班轮运费的计收，根据不同的商品，通常采用下列几种方式：

（1）按照货物的毛重（gross weight）计费，以重量吨为单位，（weight ton），简写为 W，重量吨采用公吨、长吨、短吨计算，视船公司的制度而定。

（2）按照货物的体积（volume）计费，以立方米或者 40 立方英尺为一计量单位，称为尺码吨（measurement ton），简写为 M。

（3）按毛重或体积，选择运费较高者计收。习惯上把重量吨和尺码吨统称为运费吨，并用 W/M 来表示。

（4）按商品的价格计费，称为从价运费。多适用于高价物品，按 FOB 价抽收 5% 以下，用 A.V.（according to value 的缩写）表示。

（5）按货物毛重或体积或从价计收。即在重量吨或尺码吨或 FOB 价格 3 种计算标准中，按较高的一种计收，并用"W/M/A.V"标注。

（6）按货物毛重或体积，即在重量吨或尺码吨两种计算标准中，按较高一种计收，然后再加上一定百分比的从价运费。在运价表中以"W/M plus A.V"表示。

（7）按货物的件数计费，如车辆按每辆（per unit），活牲畜按头（per head）计收运费。

（8）由货主和船公司临时议定计收运费标准。一般用于货价较低，装卸较快的农副产品和矿产品，称为议价运费（open rate）。

3. 班轮运费

班轮运费（liner freight）由基本运费（basic rate）和附加运费（additional or surcharge）两部分构成。所谓基本运费，是指货物运往班轮航线上固定停挂的港口，按照运价表内对货物划分的等级所必须收取的运费。基本运费是班轮运费的主要部分。所谓附加运费，是指班轮公司承运一些需要特殊处理的货物或由于燃油、货币及港口等原因收取的附加运费。附加运费一般有以下几种：

（1）超重附加费（heavy life additional）。每件商品的毛重超过规定重量时（各船公司规定不一，有 2 公吨，也有 3 公吨或 5 公吨的）所增收的附加运费。超重附加费是按重量计收的，重量越大，其附加费越高，如需转船时，每转船一次加收一次。

（2）超长附加费（over length additional）。每件商品长度超过规定长度的商品称为超长货。超长附加费按长度计收，一般规定为 9 米，且长度越长，其附加费率越高。如超长货需转船，则每转船一次加收一次。

（3）直航附加费（direct additional）。直航附加费是指船公司应托运人的要求，将一批货物不经过转船而直接从装运港运抵该航线上的某一非基本港口时所加收的附加运费。

（4）选卸附加费（optional additional）。船公司对在运输合同所约定的几个卸货港中选择卸货港而卸载的货物所加收的费用。

（5）转船附加费（transshipment additional）。运往非基本港口的货物，如在中途转船而运到指定目的港，船公司向货主加收的费用。

（6）港口附加费（port additional）。船方对运往条件差，经常发生堵塞、装卸效率较低或收费较高的港口的货物所增收的费用。

（7）港口拥挤附加费（port congestion surcharge）。由于卸货港口拥挤，船到港后长时间停泊，等待卸货码头而延长船期，增加船公司的营运成本而向货方收取的附加费。

（8）变更卸货港附加费（alteration of destination surcharge）。货物装船后，船方接受全套正本提单持有人提出变更原定卸货港要求时所加收的费用。由于变更卸货港而进行翻舱所产生的费用和其他损失，均由提出要求的全套正本提单持有人负责。如货物运往变更后的卸货港的运费高于运往原卸货港的运费时，船方还要补收其运费差额；反之，低于运往原卸货港的运费时，一般均规定不退还差额。

（9）绕航附加费（deviation additional）。由于运输航线上发生了战争、运河关闭或航道阻塞等意外情况，为了船、货安全，船舶绕取其他航道/线航行，延长了运输距离，船公司开支增大，为此船公司向托运人加收的临时性附加费用。

（10）货币贬值附加费（currency adiustment factor，CAF）计收运费时，无论是基本运费还是其他附加费，都采取一定的货币种类作为结算货币。如果因计收货币的贬值而造成船东的收益损失，船东就会采用加收货币贬值附加费的方式，将该损失转嫁给货主。

除以上各项附加运费外，还有洗舱费（cleaning charge），熏蒸费（fumigation charge）和冷冻附加费（ice surcharge）等。

班轮运费通常是按照班轮运价表来规定计收的。班轮运价表指的是按班轮运输条件所制定的不同航线、不同货种或货物等级的运费率计算各种费用的规定和划分费用的条款文本，包括运价表的适用范围、计价货币、计价单位、货物分级表、航线费率表、附加费率表等。从班轮运价表的制定方来划分，运价表有班轮公会运价表、班轮公司运价表、双边运价表、货方运价表4种。班轮公会运价表是指参加班轮公会的班轮公司所使用的运价表，这类运价表中规定的运价一般较高；班轮公司运价表是指由班轮公司自己制定的运价表；双边运价表是由货方、船方双方协商共同制定的运价表；货方运价表是指由货方制定、船方接受使用的运价表，制定这种运价的货主一般都是常年有稳定货源的较大的货主。

4. 班轮运费的计算

班轮运费 = 基本运费 + 附加运费

班轮运费 = 总货运量 × 基本运费率 ×（1+ 附加费率）

例：从我国大连运往某港口一批货物，计收运费标准 W/M 共 200 箱，每箱毛重 25 公斤，每箱体积长 49 厘米、宽 32 厘米、高 19 厘米，基本运费率每运费吨 60 美元，特殊燃油附加费率为 5%，港口拥挤费为 10%。试计算200 箱应付多少运费。

5. 使用班轮运输应注意的问题

（1）由于班轮运输计收标准不一，如果属于按照体积计算运费的货物，特别是一些轻泡货，应改进包装，压缩体积，节省运费。

（2）对外报价时，应慎重考虑运费因素，仔细核算运费，特别是对可能加收的各种附加费必须计算在内。

（3）我国出口货物由我方订舱托运时，应争取在基本港口卸货，节省直航和转船附加费。

（4）要熟悉各类班轮运价表，选择填写收费比较低的适当货物名称，要做到合理套级，尽量避免按未列明货物计算运费。

（5）托运样品，一般不要超过一定的重量和体积。对无商业价值的样品，凡体积不超过 0.2 立方米、重量不超过 50 公斤时，可要求船方免费运送。

（6）在托运黄金、珠宝等贵重货物时，应将货价通知外运公司，以便加付 1% 的附加运费，一旦货物受损或丢失，船方可以承担超过提单限额的赔偿责任。

（二）租船运输（charter）

租船运输指租船人向船东租赁船舶用于运输货物的业务，它与班轮运输不同，船舶没有预定的船期表、航线和港口，船舶按照租船人和船方双方签订的租船合同规定的条款行事。目前，租船运输在海上运输中占有重要的地位，在国际海上货物运输总量中，租船运输约占 4/5。区别于班轮运输，租船运输具有以下特点：

（1）租船运输无固定航线、固定船期、固定装卸港口，租船运价受租船市场供求规律的制约。

（2）适合于大宗散货运输，货物的特点是批量大、附加值低、包装相对简单。因此，租船运输的运价（或租金率）相对班轮运输而言较低。

（3）舱位的租赁一般以提供整船或部分舱位为主，主要是根据租约来定。另外，承租人一般可以将舱位或整船再租与第三人。

（4）承租人与船舶出租人之间的权利和义务是通过租船合同来确定的。

租船运输按其租赁方式不同可分为定程租船和定期租船两种。

1. 定程租船

定程租船（voyage charter）又称程租船，是海洋运输的一种方式，是指租船人向船东租赁船舶按租船合同规定的航程进行货物运输。这是一种以航程为基础的租船方式，船舶所有人按双方事先议定的运价与条件向租船人提供船舶全部或部分仓位，船方必须按租船合同规定的航程完成货物运输任务，并负责船舶的运营管理及其在航行中的各项费用开支，程租船的运费一般按承运货物总量计算。定程租船可分为：单航次程租、来回航次租船、连续航次租船。

定程租船中对装卸费有如下 4 种不同规定方法：

（1）船方负责装货费和卸货费（gross terms）。

（2）船方管装不管卸 F.O（free out），即船方负提装货费用，但不负担卸货费用。

（3）船方管卸不管装 F.I（free in），即船方负担卸货费用，但不负担装货费用。

（4）船方装和卸均不管 F.I.O（free in and out），必要时还需明确规定理舱费和平舱。费由谁负担，如规定由租方负担，称为"船方不管装卸、理舱、平舱"F.I.O.S.T（free in and out，stowed and trimmed）。

2. 定期租船

定期租船（time charter）又称期租船，由船舶出租人向承租人提供约定的由出租人配备船员的船舶，由承租人在约定的时间内按照约定的用途使用，并支付租金的一种租船方式。这种租船方式以约定的使用期限为船舶租期，在定期租船中，租期的长短完全由船舶出租人和承租人根据实际需要约定。少则几个月，多则几年，或更长的时间。由于定期租船在租期内船是由承租人使用的，由承租人负责营运调度，船东负责配备船员，并负担其工资和伙食等费用，并负责保持船舶在租赁期间的适航状态（seaworthy）。期租船的运费是按租期以夏季载重吨位为单位计算运费的。

期租船与程租船的不同之处：

（1）租船方式不同。定程租船以航程为租用船舶；而定期租船以期限为租用船舶。

（2）运费的计算标准不同。定程租船以船舶的承运能力为基准计算的；而定期租船以每一夏季载重吨为单位计算的。

（3）船舶技术管理不同。定程租船的船舶管理和技术工作均由船东负责；而定期租船租船人要全面了解和掌握舰艇性能和基本技术知识。

（4）费用负担不同。定程租船人只负担运费、滞期费等几项费用，其他大部分费用如航线所需的燃料费、港口费用及港口代理费等均由船东负担，而定期租船船东只负担船舶营运费，其他大部分费用如航行所需燃料费、供水及港口捐税、港口费用、装卸费、平舱费和理舱费等均由租船人负担。

（5）船舶调度权不同。定程租船由船东掌握船舶的调度权，所以适用于货物单一，装卸港较少的大宗货物运输；而定期租船由租船人掌握船舶的调度权，租给人可按需要选择任何航线挂靠任何港口。

除上述两种租船方式外，在海运租船业务中，还有一种叫作"光船租船"（bareboat charter），也属于定期租船的一种。它是指船舶所有人将船舶出租给承租人使用一定期限，但船舶所有人提供的是空船，承租人要自己任命船长、配备船员，负责船员的给养和船舶（经营管理所需的一切费用）。也就是说，船舶所有人在租期内除了收取租金外，不再承担任何责任和费用，它实际上属于一种财产租赁业务。

二、铁路运输

铁路运输（rail transport）是利用铁路进行货物运输的方式，在国际货运中的地位仅次于海洋运输。铁路运输与海洋运输相比，一般不易受气候条件的影响，可保障全年正常运行，具有高度的连续性。铁路运输还具有载运量较大、运行速度较快、运费较低廉、运输准确、遭受风险较小的优点。 铁路运输也存在缺陷，如运输受轨道的限制、不能跨洋过海，铁路建设投资大、使得其应用在一定程度上受到限制。

在中国，铁路运输按经营方式的不同，可分为国际铁路联运和国内铁路运输两种。

（一）国际铁路货物联运

国际铁路联运是指由两个或两个以上不同国家铁路当局联合起来完成一票货物从出口国向进口国转移所进行的全程运输。它是使用一份统一的国际联运票据，由铁路部门以连带责任负责办理货物的全程运输，在由一国铁路向另一国铁路移交货物时无须发货人、收货人参加的运输方式。

国际铁路货物联运主要依据《国际铁路货物运送公约》和《国际铁路货物联运协定》（以下简称《国际货协》）为框架进行。《国际货协》是各参加国铁路和发、收货人办理货物联运必须遵守的基本文件，具体规定了货物运送条件、运送组织、运输费用计算核收办法，以及铁路与发、收货人之间的权利与义务。我国是《国际货协》的成员国。

《国际货协》规定，国际铁路货物联运的范围包括：在《国际货协》国家之间的铁路运输，《国际货协》成员国与非成员国间的运输，通过港口的货物运送。

（二）国内铁路运输

中国进口货物由港口经铁路转运到各地用货部门或仓库，出口货物由产地或仓库经铁路集中到港区装船，各省、市、自治区之间的外贸物资的调拨，都属于国内铁路运输。实际上是以港口为集中点的运输。

供应港澳地区的货物由产地经铁路运往深圳北站或广州南站，与一般国内运输有所不同。具体做法是：

（1）由发货地外运或外贸公司向当地铁路局办理托运手续，经境内段铁路运至深圳北站，发货地外运或外贸公司委托深圳外运分公司办理接货、报关、查验、过轨等中转手续。预寄的单证和装车后拍发的起运电报是深圳外运组织运输的依据。

（2）深圳外运接到铁路的到车预告后，抽出已分类编制的有关单证加以核对，并抄给香港中旅公司为接车做准备。

（3）货车到达深圳北站后，深圳外运与铁路进行票据交接，如单证齐全无误，向铁路编制过轨计划；如单证不全，则向铁路编制留站计划。深圳外运将出口货物报关单或监管货物的关封连同货物运单送海关申报，经海关审查无误后，并会同联检部门对过轨货车进行联检，联检通过后，再办理港段铁路托运手续。

（4）货车通过过轨的方式，由香港中旅公司向港段海关报关，收货后转交给香港或九龙的实际收货人。

供应澳门地区的货物则由广州南站转船进行。

三、航空运输

航空运输（air transport）是指利用飞机运送货物的现代化运输方式。近年来，采用航空运输的方式日趋普遍，航空货运量越来越大，航空运输的地位日益提高。它具有速度快、时间短、安全性能高、货物破损率小的优点，但存在运量小、运价高的缺点。适用于运送急需物资、鲜活商品、精密仪器等。

航空运输的经营方式主要有以下几种：

1. 班机运输

班机是指在固定的航线上定期航行的航班，即有固定始发站、目的站和途经站的飞机。班机的航线基本固定，定期开航，收、发货人可以确切地掌握起运和到达时间，保证货物安全迅速地运达目的地，对运送鲜活、易腐的货物以及贵重货物非常有利。不足之处是舱位有限，不能满足大批量货物及时出运的需要。

2.包机运输

包机是指包租整架飞机运输货物。也可以与他人合包整架飞机，它适合于运送数量较大的货物。

3.集中托运

集中托运是航空货运代理公司把若干批单独发运的、发往同一方向的货物集中起来，组成一票货，向航空公司办理托运，采用一份总运单集中发运到同一站，由航空货运代理公司在目的地指定的代理人收货、报关并分拨给各实际收货人的运输方式。这种托运方式，货主可以得到较低的运价，使用比较普遍，是航空货运代理的主要业务之一。

4.航空快递

航空快递是由一个专门经营该项业务的公司和航空公司合作，通常为航空货运代理公司或航空速递公司派专人以最快的速度在货主、机场和用户之间运送和交接货物的快速运输方式。该项业务是两个空运代理公司之间通过航空公司进行的，是最快捷的一种运输方式。

四、邮政运输

邮政运输（parcel post transport）是指通过邮局寄交进出口货物的一种运输方式。邮政运输比较简便，只要卖方根据买卖合同中双方约定的条件和邮局的有关规定，向邮局办理寄送包裹手续，付清邮费，取得收据，就完成交货任务。

国际邮政运输分为普通邮包和航空邮包两种，对每件邮包的重量和体积都有一定的限制。如一般规定每件长度不得超过 1 米，重量不得超过 20 公斤，但各国规定也不完全相同，可随时向邮局查问。邮政运输一般适合于量轻体小的货物，如精密仪器、机械零配件、药品、样品和各种生产上急需的物品。

五、公路、内河、管道运输

公路运输（road transportation）是构成陆上运输的两种基本运输方式之

一。所谓公路运输，是指以公路为运输线，利用汽车等陆路运输工具，做跨地区或跨国的移动，以完成货物位移的运输方式。它是对外贸易运输和国内货物流程的主要方式之一，既是独立的运输体系，也是车站、港口和机场物资集散的重要手段。

内河运输（inland transport）是水上运输的一个组成部分。它是内陆腹地和沿海地区的纽带，也是边疆地区与邻国边境河流的连接线，在现代化的运输中起着重要的辅助作用。早期在我国南方就存在，主要用于"盐""茶叶""丝绸"的货物运输。

管道运输（tubing transport）也是一种现代化的运输方式，主要适用于一些液体、气体商品的运输，如石油或天然气运输。管道运输具有速度快、容积大、环节少、持续进行、运费低的优点，因此在国际上发展很快。

六、集装箱运输

集装箱运输（container transport）是以集装箱作为运输单位进行货物运输的一种最先进的现代化运输方式。它具有安全、迅速、简便、价廉的特点，有利于减少运输环节，可以通过综合利用铁路、公路、水路和航空等各种运输方式，进行多式联运，实现"门到门"运输。

集装箱货运分为整箱货（full container load，简称 FCL）和拼箱货（less than container load，简称 LCL）两种，因此在交接方式上也有所不同，大致有以下四类：

（1）整箱交，整箱接（FCL/FCL）。货主在工厂或仓库把装满货后的整箱交给承运人，收货人在目的地以同样整箱接货。换言之，承运人以整箱为单位负责交接。货物的装箱和拆箱均由货方负责。

（2）拼箱交、拆箱接（LCL/LCL）。货主将不足整箱的小票托运货物在集装箱货运站或内陆转运站交给承运人，由承运人负责拼箱和装箱运到目的地货站或内陆转运站，由承运人负责拆箱，拆箱后，收货人凭单接货。货物的装箱和拆箱均由承运人负责。

（3）整箱交，拆箱接（FCL/LCL）。货主在工厂或仓库把装满货后的整箱交给承运人，在目的地的集装箱货运站或内陆转运站由承运人负责拆箱后，各收货人凭单接货。

（4）拼箱交，整箱接（LCL／FCL）。货主将不足整箱的小票托运货物在集装箱货运站或内陆转运站交给承运人。由承运人分类调整，把同一收货人的货集中拼装成整箱，运到目的地后，承运人以整箱交，收货人以整箱接。上述各种交接方式中，以整箱交、整箱接效果最好，也最能发挥集装箱的优越性。

七、大陆桥运输

大陆桥运输（land bridge transport）是指利用横贯大陆的铁路（公路）运输系统作为中间桥梁，把大陆两端的海洋连接起来的集装箱连贯运输方式。简单地说，就是两边是海运，中间是陆运，大陆把海洋连接起来，形成海—陆联运，而大陆起到了"桥"的作用，所以称之为"陆桥"。而海—陆联运中的大陆运输部分就称为"大陆桥运输"。

大陆桥运输是集装箱运输开展以后的产物，出现于 1967 年，当时苏伊士运河封闭、航运中断，而巴拿马运河又堵塞，远东与欧洲之间的海上货运船舶，不得不改道绕航非洲好望角或南美致使航程距离和运输时间倍增，加上油价上涨航运成本猛增，而当时正值集装箱运输兴起。在这种历史背景下，大陆桥运输应运而生。从远东港口至欧洲的货运，于 1967 年年底首次开辟了使用美国大陆桥运输路线，把原来全程海运改为海、陆、海运输方式，试办结果取得了较好的经济效果，达到了缩短运输里程、降低运输成本、加速货物运输的目的。

目前世界上主要的大陆桥有：西伯利亚大陆桥、第二欧亚大陆桥（东起连云港西至鹿特丹）、横贯北美大陆的连接太平洋与大西洋两岸的美国和加拿大大陆桥（简称"美加大陆桥"）等。

八、国际多式联运

国际多式联运（international multimodal transport）是在集装箱运输的基础上产生发展起来的一种综合性的连货运输方式。它一般是以集装箱为媒介，按照多式联运合同，把海、陆、空各种单一运输方式有机地结合起来，以至少两种不同的运输方式，由多式联运经营人将货物从一国境内接管货物的地点运至另一国境内指定交付货物的地点。国际多式联运应具备以下条件：

（1）多式联运经营人与托运人之间必须签订多式联运合同，以明确承、托双方的权利、义务和豁免关系。多式联运合同是确定多式联运性质的根本依据，也是区别多式联运与一般联运的主要依据。

（2）必须使用全程多式联运单据，该单据既是物权凭证，也是有价证券。

（3）必须是全程单一运价。这个运价一次收取，包括运输成本（各段运杂费的总和）、经营管理费和合理利润。

（4）必须由一个多式联运经营人对全程运输负总责。他是与托运人签订多式联运合同的当事人，也是签发多式联运单据或多式联运提单者，他承担自接受货物起至交付货物止的全程运输责任。

（5）必须是两种或两种以上不同运输方式的连贯运输。如为海/海、铁/铁、空/空联运，虽为两程运输，但仍不属于多式联运，这是一般联运与多式联运的一个重要区别。同时，在单一运输方式下的短途汽车接送也不属于多式联运。

（6）必须是跨越国境的国际间的货物运输。这是区别国内运输和国际运输的限制条件。

国际多式联运经营人既不是发货人的代理或代表，也不是承运人的代理或代表，它是一个独立的法律实体，这具有双重身份，对货主来说它是承运人，对实际承运人来说，它又是托运人，它一方面与货主签订多式联运合同，另一方面又与实际单运人签订运输合同。国际多式联运经营人的责任期间是从接管货物之时起到向收货人交付货物之时止。在此期间对责任范围和赔偿限额方面，目前国际上有三种做法：

（1）统一责任制。它是国际多式联运经营人对货主负有不分区段的运输的统一责任。即货物灭失或损坏，包括隐蔽损失，无论发生在哪个区段，国际多式联运经营人按一个统一原则负责，并按一个约定的限额赔偿。

（2）分段责任制，又称网状责任制。它是国际多式联运经营人的责任范围以各区段运输原有的责任为限，如海上区段按《海牙规则》，航空区段按《华沙公约》办理。在不适用国际法时，应按相应国内法办理。赔偿按各区段的国际法或国内法规定限额赔付，对不明区段货物隐蔽损失，按双方约定办理。

（3）修正统一责任制。这种责任制是介于统一责任制与分段责任制之间的责任制，又称混合责任制。即在责任范围方面与统一责任制相同，而在赔偿限额方面与分段责任制相同。

第二节　装运时间

装运时间又称装运期，或交货时间。是指卖方将合同规定的货物装上运输工具或交给承运人的时间。履行 FOB、CIF、CFR 合同时，卖方只需在装运港将货物装上船，取得代表货物所有权的单据，就完成交货任务。因此，装运时间和交货时间是同一概念，在采用其他价格术语成交时，"装运"与"交货"是两个完全不同的概念。

装运时间是合同中的一项重要条款。在合同签订后，卖方能否按规定的装运时间交货，直接关系到买方能否及时取得货物，以满足其生产、消费或转售的需要。因此，《公约》第三十三条规定卖方必须按合同规定的时间交货。有些西方国家法律规定，如果卖方未按合同规定的时间交货，即构成卖方的违约行为，买方有权撤销合同，并要求卖方赔偿其损失。

一、装运时间的规定方法

国际贸易合同中，对装运期的规定方法一般有以下几种：

（一）明确规定具体装运时间

这种规定的方法可以是在合同中订明某年某月装或某年跨月装，或某年某季度装，或跨年跨月装等。但装运时间一般不确定在某一个日期上，而只是确定在某一段时间内。这里需注意，按有关惯例的解释，凡是带"以前"字样的规定，一般不包括那一个指定的日期。这种规定方法，期限具体，含义明确，双方不至于因在交货时间的理解和解释上产生分歧，因此，在合同中采用较普遍。

例如：

60 天装运（Shipment within sixty days）。

5 月份装运（Shipment during May）。

3 月 15 日或以前装运（Shipment on or before March 15th）。

（二）规定在收到信用证后若干天或若干月内装运

主要适用于下列情况：

（1）按买方要求的花色、品种和规格或专为某一地区或某商号生产的商品，或一旦买方拒绝履约难以转售的商品，为防止遭受经济损失，则可采用此种规定方法。

（2）在一些外汇管制较严的国家或地区，或实行进口许可证或进口配额的国家，合同签订后，买方因申请不到进口许可证或其国家不批准外汇，迟迟不开信用证。卖方为避免因买方不开证而带来的损失，即可采用这种方法来约束买方。

（3）合同签订后，买方因市场货物价格下跌对其不利迟迟不开信用证，卖方为避免买方不及时开证而带来的损失，采用这一办法来约束买方。

（4）对某些信用较差的客户，为促其按时开证，也可采用此方法。

例如：

收到信用证后30天内装运（Shipment within 30 days after receipt of L/C）。

4月30日前装运，但以买方信用证在3月1日前到达卖方为限（Shipment by April 30th subject to buyer's L/C reaching the seller on or before March 1st）。

（三）采用某种术语规定装运时间

这种方法一般在买方急需而卖方又备有现货的情况下使用。这类术语包括如立即装运（immediate shipment），即可装运（prompt shipment）等，这类术语，由于不具体规定装运期限，各国各地区和各行业对此的解释也不尽相同，且在国际上未形成统一的解释，使用时极易引起争议和纠纷。因此，一般不宜使用。

二、装运时间的注意事项

（1）应该考虑货源和船源的实际情况，使船货衔接。如对货源心中无数，盲目成交，就有可能出现到时交不了货，形成有船无货的情况，无法按时履约。再按CIF和CFR条件出口和FOB条件进口时，还应考虑船源的情况。如船源无把握而盲目成交，或没留出安排舱位的合理时间，规定在成交的当月交货或装运，则可能出现到时租不到船或订不到舱位有货无船的情况。

（2）对装运期限的规定应适度。应视不同商品租船订舱的实际情况而定，装运期过短，势必给船货安排带来困难，过长也不合适，特别是采用收到信用证后若干天内装运的条件下，会造成买方积压资金、影响资金周转，从而反过来影响卖方的售价。

（3）要根据不同货物和不同市场需求规定交货期。如无妥善装载工具和设备，易腐烂、易潮、易融化货物一般不宜在夏季、雨季装运。

（4）对装运期既要订得明确，又不宜过死。对"立即装运""即刻装运"等一些笼统的术语尽量避免使用，最好规定为具体的装运时间。

（5）采用信用证支付方式时，要考虑信用证有效期与装运期之间的间隔。我国出口货物的装运期应在信用证收到后 15~30 天，以便有足够时间安排船货。

第三节　装运港与目的港

装运港（port of shipment），又称装货港（loading port）是指货物起始装运的港口。目的港（port of destination），又称卸货港（unlading port），是指买卖合同规定的最后卸货港口。装运港和目的港是国际贸易合同中不可缺少的重要内容，为此，在磋商交易和签订合同时，必须对港口作出明确、合理的规定。

一、装运港和目的港的规定办法

在买卖合同中，装运港和目的港的规定方法有以下几种：

（1）在一般情况下，装运港和目的港分别规定各为一个。例如，装运港——上海；目的港——伦敦。

（2）有时按实际业务的需要，也可分别规定两个或两个以上的装运港或目的港。例如，装运港——天津/大连/青岛；目的港——伦敦/利物浦/鹿特丹。

（3）在磋商交易时，如明确规定装运港或目的港有困难，可以采用选择港（optional ports）的办法。例如，装运港——中国港口；目的港——地中海主要港口等。

一般情况下装运港由卖方提出，经买方同意后确定。原则上应选择接近货源地、储运设施较完备的港口，同时考虑港口和国内运输的条件及费用水平。目的港一般由买方提出，经卖方同意后确定。

二、规定装运港和目的港应注意的问题

（一）规定国外装运港和目的港应注意的问题

（1）对国外装运港或目的港的规定，应力求具体明确。在磋商交易时，如因外商笼统地提出以"欧洲主要港口"或"非洲主要港口"为装运港或目的港时，不宜轻易接受。因为，欧洲或非洲港口众多，究竟哪些港口为主要港口，并无统一解释，而且各港口距离远近不一，港口条件也有区别，运费和附加费相差很大，所以，我们应避免采用此种规定的港口。

（2）不能接受内陆城市为装运港或目的港的条件。因为接受这一条件，我方要承担从港口到内陆城市这段路的运费和风险。

（3）必须注意装卸港的具体条件。有无直达班轮航线，港口和装卸条件以及运费和附加费水平等。如果租船运输，还应进一步考虑码头泊位的深度，有无冰封期，冰封的具体时间以及对船舶国籍有无限制等港口制度。

（4）应注意国外港口有无重名问题。世界各国港重名的很多，例如，维多利亚港，世界上有 12 个之多，波特兰等也有数个。为防止发生错误，引起纠纷，在买卖合同中应明确注明装运港或目的港所在国家和地区的名称。

（二）规定国内装运港（地）或目的港（地）应注意的问题

（1）出口业务。对国内装运港的规定，一般以接近货源的对外贸易港口为宜，同时考虑港口和国内运输的条件和费用水平。

（2）进口业务。对国内目的港的规定，原则上应选择以接近用货单位或消费地区的对外贸易港口为最合理。但根据我国目前港口的条件，为避免港口到船集中而造成堵塞现象或签约的目的港尚难确定，在进口合同中，也可酌情规定为"中国口岸"。

总之，买卖双方在确定装运港时，通常都是从本身利益和实际需要出发，根据产销和运输等因素考虑的。为了使装运港和目的港条款定得合理，我们必须从多方面加以考虑，特别是国外港口很多，情况复杂，在确定国外装运港和目的港时更应格外谨慎。

【案例一】

我某出口公司按 CFR 条件向日本出口红豆 250 吨，合同规定卸货港为日本口岸，发货物时，正好有一船驶往大阪，我公司打算租用该船，但在装运前，我方主动去电询问哪个口岸卸货时值货价下跌，日方故意让我方在日本

东北部的一个小港卸货，我方坚持要在神户、大阪。双方争执不下，日方就此撤销合同。试问：我方做法是否合适？日本商人是否违约？

【案例讨论】

不合适。选择港的使用，合同中规定的卸货港为日本口岸，按照惯例，进口商在装运前应通知出口商，否则出口商可自行决定，可在日本的任何一个港口卸货；我方去电询问纯属多此一举，这种做法不妥当，日方撤销合同没有正常理由，违约的原因是价格下跌，属正常商业风险，不能作为撤约的理由。

第四节　分批装运与转运

一、分批装运

分批装运（partial shipment）又称分期装运（shipment by installment），是一个合同项下的货物先后分若干期或若干次装运。在国际贸易中，凡数量较大，或受货源、运输条件、市场销售或资金的条件所限，有必要分期分批装运、到货者，均应在 买卖合同中规定分批装运条款，如为减少提货手续，节省费用，在进口业务中要求国外出口人一次装运货物的，则应在进口合同中规定不准分批装运（partial shipment, not allowed）条款。一般允许分批装运和转运对卖方来说比较主动（明确规定分期数量者除外），根据国际商会《跟单信用证统一惯例》规定，除非信用证作相反规定，可准许分批装运。但是，如果信用证规定不准分批装运，卖方就无权分批装运。

因此，为防止误解，如需要分批装运的出口交易，应在买卖合同中对允许分批装运（partial shipment to be allowed）作出明确规定。规定允许分批装运的方法主要有两种：一为只原则规定允许分批装运，对于分批的时间、批次和数量均不作规定；二是在规定分批装运条款时具体列明分批的期限和数量。前者对卖方比较主动，可根据客观条件和业务需要灵活掌握；后者对卖方的约束较大，按《跟单信用证统一惯例》（国际商会第500号出版物）第41条规定，"如信用证规定在指定的时期内分期支款及／或装运，而任何一期未按期支款及／或装运，除非信用证另有规定，信用证对该期及以后各期均告失效。"所以，在出口业务中接受此项条款要慎重考虑货源和运输条件的可能性。

特别注意《UCP600》中规定以下两种情况不视为分批装运：

（1）表明经由同一运输工具并经由同次航程运输的数套运输单据在同一次提交时，只要显示相同的目的地，将不视为部分发运，即使运输单据上标明的发运日期不同或装货港、接管地或发运地点不同。

（2）含有一份以上快递单据、邮局收据或投邮证明的交单，如果单据看似由同一块地区邮政机构在同一地点和日期加戳或签字并且表明同一目的地，将不视为分批装运。

【案例二】

某农产品进出口公司向国外某贸易公司出口一批花生仁，国外客户在合同规定的开征时间开来一份不可撤销信用证，证中的装运条款规定："shipment from Chinese port to Singapore in May，partial shipment prohibited."农产品进出口公司按证中规定，于4月15日将200吨花生仁在福州港装上"嘉陵"号轮，又由同轮在厦门港续装300吨花生仁，4月20日农产品进出口公司同时取得了福州港和厦门港签发的两套提单，农产品公司在信用证有效期内到银行交单议付，却遭到银行以单证不符为由拒付货款。请问：银行的拒付是否有理，为什么？

【案例讨论】

由同一运输工具并经由同次航程运输的数套运输单据在同一次提交时，只要显示相同的目的地，将不视为部分发运，即使运输单据上标明的发运日期不同或装货港、接管地或发运地点不同。

二、转运

转运（transshipment）指在远洋运输中，货物装船后允许在中途港换装其他船舶转运至目的港。按照《跟单信用证统一惯例》的规定，如果信用证未明确规定禁止转船，则视为可以转运。

在我国出口业务中，如由对方派船接货的，此项条款不需订上；如由我方租船订舱，上述情况则要订上"允许转船"的条款。对由买方指定中转港、轮船公司和船名的要求，我方一般也不宜接受，因为按照国际航运公司习惯，转船港口和转船事宜一般都是由第一承运人根据具体情况办理的，不必事先征得货主的同意。

转船的原因：由于没有直达船，或者货船航行的路线不经过所要到达的目的港，或者装运的货物太少而没有货船愿意驶往该目的港等原因而转船。

第五节　装卸时间、装卸率与滞期费、速遣费

在国际贸易中，对于大宗商品的交易，大部分采用程租船运输。为了使租船合同与国际贸易合同相互衔接，在国际贸易合同中要对装卸时间、装卸率、滞期费和速遣费等作出具体规定。

一、装卸时间

装卸时间（lay time）是指装货和卸货的期限。装卸时间的规定方法很多，其中使用最普遍的是按连续的 24 / 小时晴天工作日计算。

1. 日（days）或连续日（runnning days；consecutive days）

即每一天，连续经过、中间不存在中断，包括所有的日子，如周六、周日和假日等。英美判例法的不断发展，确认了连续日的含义与日（day）完全相同。即不论是由于天气原因不能装卸货物，还是因为节假日不能装卸货物，装卸时间都连续计算，不作任何扣减。

2. 工作日（working day）

工作日是指在港口当地，按照港口当地的习惯，进行正常装卸作业的日子。

根据《1993 年航次租船合同装卸时间解释规则》，工作日是指没有被装卸时间明确排除在外的日数（Working day shall mean days not expressly excluded from laytime）。根据该术语的解释，合同中没有明确从装卸时间中扣除的日期均应作为工作日，不论是星期六、星期日还是节假日，只要合同中没有明确扣除的话，都不能扣除。节假日主要指公共节日，不包括星期天或者星期六。

3. 累计 24 小时好天气工作日（weather working days of 24 Hours）

这是指在好天气情况下，不论港口习惯作业为几小时，均以累计 24 小时

实际作业时间作为一个工作日。如果港口规定每天作业 8 小时，则一个工作日便跨及几天的时间。这种规定对租船人有利，而对船方不利。

4. 连续 24 小时好天气工作日（weather working days of 24 consecutive hours）

这是指在好天气情况下，可以作业的 24 小时算一个工作日，而不管实际是否作业，中间因坏天气影响而不能作业的时间应予扣除。这种方法一般适用于昼夜作业的港口。当前，国际上采用这种规定的较为普遍，我国一般都采用此种规定办法。

二、装卸率

所谓装卸率，即指每日装卸货物的数量。装卸率的具体确定，一般应按照习惯的正常装卸速度，掌握实事求是的原则。装卸率的高低，关系到完成装卸任务的时间和运费水平，装卸率规定过高或过低都不合适。规定过高，完不成装卸任务，要承担滞期费（demurrage）的损失；反之，规定过低，虽能提前完成装卸任务，可得到船方的速遣费（despatch money），但船方会因装卸率低，船舶在地时间长而增加运费，致使租船人得不偿失。因此，装卸率的规定应适当。

三、滞期费与速遣费

所谓滞期费（demurrage），是指在规定的装卸期限内，租船人未完成装卸作业，给船方造成经济损失，租船人对超过的时间应向船方支付的一定罚金。

在英国，滞期费被认为是预先约定的违约金（liquidated damages），而在美国，滞期费被认为是延期运费（extended freight）。滞期费率通常在租船合同中约定，为每天多少金额。有些合同规定，超过一定的滞期时间后则必须支付额外滞期费或者船期损失。只要滞期费发生，船舶将处于滞期状态（on demurrage）。一旦船舶处于滞期状态，在计算滞期费时就不再减去周末这样的除外时间，所以有这样的说法：一旦滞期，永远滞期（once on demurrage，always on demurrage）。

航次租船合同中，承租人（charterers）实际使用的装卸时间比合同约定允许使用的装卸时间（allowable laytime）短，因而缩短了船舶为装卸作业而停留在港口或泊位的时间，使得船舶产生速遣。船东（owners）因船舶产生速遣而需要按双方在合同中约定的速遣费率（despatch rate）向承租人支付的费用叫速遣费（despatch）。航次租船实务中，速遣费率通常规定为滞期费率（demurrage rate）的一半。速遣费实际上就是船东用来鼓励承租人尽快完成装卸作业、缩短船舶滞港时间以提高船舶营运效率的一种奖励。

速遣费的计算时间有两种：一是"按节省的全部时间"（all time saved）计算，那么承租人在合同规定的装卸期限内完成货物装卸，它所节省的时间不应扣除例外条款规定的时间或节假日；二是"按节省的全部工作时间"（all working time saved）计算，那么承租人在合同规定的装卸期限内完成了货物装卸，其所节省的时间应扣除例外条款中规定的时间或节假日。

第六节　装运通知

装运通知（shipping advice）是出口商向进口商发出货物已于某月某日或将于某月某日装运某船的通知。装运通知的作用在于方便买方购买保险或准备提货手续，其内容通常包括货名、装运数量、船名、装船日期、契约或信用证号码等。这项通知，大多以电报方式为之，然也有用航邮方式的。装运通知的作用在于方便买方投立保险、准备提货手续或转售；出口商作此项通知时，有时尚附上或另行寄上货运单据副本，以便进口商明了装货内容。若碰到货运单据正本迟到的情况，仍可及时办理担保提货（delivery against letter of guarantee）。

在装运货物后，按照国际贸易的习惯做法，发货人应立即（一般在装船后 3 天内）发送装运通知给买方或其指定的人，从而方便买方办理保险和安排接货等事宜。如卖方未及时发送上述装船通知给买方而使其不能及时办理保险或接货，卖方就应负责赔偿买方由此而引起的一切损害及 / 或损失。

【案例三】

中国 A 公司与澳大利亚 B 公司于 3 月 20 日签订购买 5000 千克羊毛的合同，单价为 314 美元每千克 CFR 张家界，规格型号为 T56FNF，信用证付款，装运期为 6 月，申请人于 5 月 31 日开出信用证。7 月 9 日卖方发来传真通知货已经装船，但要在香港转船，香港的船名为 safety，预计到达张家界的时间为 8 月 10 日。但直到 8 月 18 日 safety 才到港，申请人去办理提货手续时发现船上根本没有合同项下的货物。后经多方查找，才发现货物已在 7 月 20 日由另一条船运抵张家港。但此时已造成申请人迟报关和迟提货，被海关征收滞报金人民币 16000 元，申请人接受货物后又发现羊毛有质量问题及短重 2% 等问题，于是在经商检后向卖方提出索赔。船名、船期通知错误应由谁负责？

【案例讨论】

根据《2010 通则》规定，卖方应该"给买方货物已装船的充分通知，以及为使买方采取通常必要措施能够提取货物所要求的其他任何通知"，但是卖方没有做到，致使买方不得不设法打听货物的下落，并支付滞报金之类的额外费用。另外，根据《联合国国际货物销售合同公约》规定，只有当事人一方或其所雇用的第三人遇到不可抗力的情况时才可以对不履行义务的行为免责，否则应对违约行为承担责任。现在船方的转船非不可抗力条件，所以卖方要对该事件负责，船方要赔偿买方 16000 元人民币滞报金。

第七节　运输单据

运输单据是指承运人或其代理人在装运或接受货物后签发给发货人的单据。它具体反映了货物运输有关的当事人的责任与权利，是货物运输业务中最重要的文件，也是结汇的主要单据。运输单据包括海洋运输使用提单，铁路运输使用铁路运单，航空运输使用航空运单，邮包运输使用邮包收据，国际多式联运则使用国际多式联运单据。

一、海运提单

海运提单，简称提单（bill of lading，简称 B/L），是货物的承运人或其代理人收到货物后签发给托运人的一种证件。这个证件说明了货物运输有关当事人，如承运人、托运人和收货人之间的权利与义务。

（一）提单的作用

提单的作用主要表现为以下几个方面：

（1）提单是承运人或其代理人签发的货物收据（receipt for the goods），

证明已按提单所列内容收到货物。

（2）提单是一种货物所有权的凭证（documents of title）。提单的合法持有人凭提单可在目的港向轮船公司提取货物，也可以在载货船舶到达目的港之前，通过转让提单而转移货物所有权，或凭以向银行办理押汇货款。

（3）提单是托运人与承运人之间所订立的运输契约的证明（evidence of contract of carrier）。在班轮运输的条件下，它是处理承运人与托运人在运输中产生争议的依据；包租船运输的条件下，承运人或其代理人签发的提单也是运输契约的证明。这种运输的契约是租船合同（charter party），它是处理承运人（船东）与租船人在运输中的权利和义务的依据。

（二）提单的种类

提单可以从不同角度加以分类，主要有以下几种：

1. 根据货物是否已经装船可分为已装船提单和备运提单

（1）已装船提单（on board B/L、shipped B/L）。已装船提单是指承运人向托运人签发的已将货物装上指定轮船的提单。如果承运人签发了已装船提单，就是确认他已将货物装在船上。这种提单除载明一般事项外，通常还必须注明装载货物的船舶名称和装船日期，并由船长或其代理人签字。

由于已装船提单对于收货人及时收到货物有保障，所以在国际货物买卖合同中一般都要求卖方提供已装船提单。国际商会1993年重新修订的《跟单信用证统一惯例》规定，如信用证要求海运提单作为运输单据时，银行将接受注明货物已装船或已装指定船只的提单。

（2）备运提单（received for shipment B/L）。备运提单是承运人在收到托运人交来的货物但还没有装船时，应托运人的要求而签发的提单。签发这种提单时，说明承运人确认货物已交由承运人保管并存在其所控制的仓库或场地，但还未装船。所以，这种提单未载明所装船名和装船时间，在跟单信用证支付方式下，银行一般都不肯接受这种提单。但当货物装船，承运人在这种提单上加注装运船名和装船日期并签字盖章后，备运提单即成为已装船提单。

2. 根据提单有无对货物表面状况不良批注可分为清洁提单和不清洁提单

（1）清洁提单（clean B/L）。指货物在装船时外表状况良好，承运人未加任何"货损""包装不良"或其他有碍结汇批注的提单。实际业务中，买方都希望在目的港收到完好无损的货物，因此都要求卖方提供清洁提单。根据

《UCP 600》第 34 条规定："清洁运输单证，是指货运单证上并无明显地声明货物及 / 或包装有缺陷的附加条文或批注者；银行对有该类附加条文或批注的运输单证，除信用证明确规定接受外，当拒绝接受"。可见，在以跟单信用证为付款方式的贸易中，通常卖方只有向银行提交清洁提单才能取得货款。清洁提单是收货人转让提单时必须具备的条件，同时也是履行货物买卖合同规定的交货义务的必要条件。由此可见，承运人一旦签发了清洁提单，货物在卸货港卸下后，如发现有残损，除非是由于承运人可以免责的原因所致，承运人必须负责赔偿。

（2）不清洁提单（unclean B/L 或 foul B/L）。是指货物交运时，其包装及表面状态出现不坚固完整等情况，船方可以批注，即为不清洁提单。承运人在装船时应对承运货物的外表状况负责，如发现货物已经受损或短缺，必须立刻通知托运人修补或换货，或将这种损坏或短缺批注在提单上，否则在卸货港交付货物时，承运人根据提单记载效力的规定，应对损坏或短缺向收货人负赔偿责任。银行在办理结汇时，通常不接受不清洁提单。

但是并不是说只要在提单上有批注就构成不清洁提单。国际航运公会认为，承运人在提单上批注下列 3 种内容，不能算作不清洁提单，这已被大多数国家的商人所接受。

①不明白表示货物或包装不能令人满意，如只批注：旧包装箱、旧桶等。

②强调承运人对于货物或包装性质所引起的风险不负责任。

③否认承运人知晓货物的内容、重量、容积、质量或技术规格。

在国际贸易的实践中，银行是拒绝出口商以不清洁提单办理结汇的。为此，托运人应把损坏或外表状况有缺陷的货物进行修补或更换。习惯上的变通办法是由托运人出具保函，要求承运人不要将大幅收据上所作的有关货物外表状况不良的批注转批到提单上，而根据保函签发清洁提单，以使出口商能顺利完成结汇。

3. 根据收货人抬头分为记名提单、不记名提单和指示提单

（1）记名提单（straight B/L）又称收货人抬头提单。是指提单上的收货人栏中已具体填写收货人名称的提单。提单所记载的货物只能由提单上特定的收货人提取，或者说承运人在卸货港只能把货物交给提单上所指定的收货人。如果承运人将货物交给提单指定以外的人，即使该人占有提单，承运人也应负责。这种提单失去了代表货物可转让流通的便利，但同时也可以避免

在转让过程中可能带来的风险。

使用记名提单，如果货物的交付不涉及贸易合同下的义务，则可不通过银行而由托运人将其邮寄至收货人，或由船长随船带交。这样，提单就可以及时送达收货人而不致延误。因此，记名提单一般只适用于运输展览品或贵重物品，特别是在短途运输中使用较有优势，而在国际贸易中较少使用。

（2）不记名提单（open B/L）又称空白提单。提单上收货人一栏空白或注明"提单持有人"（bearer）字样的提单。这种提单不需要任何背书手续即可转让，极为简便。承运人应将货物交给提单持有人，谁持有提单，谁就可以提货，承运人交付货物只凭单，不凭人。这种提单丢失或被窃后的风险极大，也极易引起纠纷，故国际上较少使用这种提单。

（3）指示提单（order B/L）。是指收货人栏内只填写"凭指示"（to order）或"凭某人指示"（to order of ...）字样的一种提单。这种提单通过背书方式可以流通或转让，所以又称可转让提单。

4. 根据运输方式分为直达提单、转船提单和联运提单

（1）直达提单（direct B/L）又称直运提单。是指货物从装货港装船后，中途不经转船，直接运至目的港卸船交与收货人所使用的提单。直达提单上不得有"转船"或"在某港转船"的批注。凡信用证规定不准转船者，必须使用直达提单。如果提单背面条款印有承运人有权转船的"自由转船"条款者，则不影响该提单成为直达提单的性质。

使用直达提单，货物由同一船舶直运目的港，对买方来说比中途转船有利得多，它既可以节省费用、减少风险，又可以节省时间，及早到货。因此，通常买方只有在无直达船时才同意转船。在贸易实务中，如信用证规定不准转船，则卖方必须取得直达提单才能结汇。

（2）转船提单（transshipment B/L）。是指货物从起运港装载的船舶不直接驶往目的港，需要在中途港口换装其他船舶转运至目的港卸货所使用的提单。提单上注明了"转船"或"在××港转船"字样。转船提单往往由第一程船的承运人签发。由于货物中途转船，增加了转船费用和风险，并影响到货时间，故一般信用证内均规定不允许转船，但直达船少或没有直达船的港口，买方也只好同意转船。

（3）联运提单（through B/L）。是指货物须经过海运和其他运输方式联合运输时，由第一位承运人所签发的，包括全程运输，并能在目的区域目的

地以提货的提单。联运的范围超过了海上运输界限，货物由船舶运送经水域运到一个港口，再经其他运输工具将货物送至目的港，先海运后陆运或空运，或者先空运、陆运后海运。当船舶承运由陆路或飞机运来的货物继续运至目的港时，货方一般选择使用船方所签发的联运提单。

转船提单和联运提单虽然包括全程运输，但签发提单的承运人一般都在提单上载明只负责自己直接承运区段发生货损，只要货物卸离他的运输工具，其责任即告终止。

5. 根据提单内容的繁简分为全式提单和略式提单

（1）全式提单（long from B/L）。是指大多数情况下使用的既有下面内容又带有背面提单条款的提单。背面提单条款详细规定了承运人与托运人的权利与义务。

（2）略式提单（short form B/L）。是指省略提单背面条款的提单。略式提单通常包括租船合同项下的提单和非租船合同项下的提单。前者，要受租船合同的约束。因为银行不愿意承担可能发生的额外风险，所以当出口商以这种提单交银行议付时，银行一般不愿接受。后者与全式提单在法律上具有同等效力，按惯例银行可以受理议付。

6. 根据船舶的经营方式可分为班轮提单和租船提单

（1）班轮提单（liner B/L）。指班轮公司签发符合班轮条件的提单。这种提单与租船提单不同。它的背面规定了托运人与承运人之间的权利和义务、责任和豁免的详细条款。

（2）租船提单（charter party B/L）。指船方（承运人）根据租船合同签发的提单。这种提单一般是一种略式提单，只列入货名、数量、船名、装货港和目的港等必要项目，而没有全式提单背面的详细条款。但在提单内加批"根据某租船合同出立"的字样。

7. 根据其他情况分为舱面提单、过期提单、倒签提单和预借提单

（1）舱面提单（on deck B/L）又称甲板货提单。是指对装在甲板上的货物所签发的提单。在这种提单上一般都有"装舱面"（On Deck）字样。舱面货（deck cargo）风险较大，根据《海牙规则》规定，承运人对舱面货的损坏或灭失不负责任。因此，买方和银行一般都不愿意接受舱面提单。但有些货物，如易燃、易爆、剧毒、体积大的货物和活牲畜等必须装在甲板上。在这种情况下，合同和信用证中就应规定"允许货物装在甲板上"的条款，这样，

舱面提单才可结汇。但采用集装箱运输时，根据《汉堡规则》规定和国际航运中的一般解释，装于舱面的集装箱是"船舱的延伸"，与舱内货物处于同等地位。

（2）过期提单（stale B/L）。是由于航线太短或银行转递提单较慢，以致船舶到达目的港时收货人尚未收到的提单。此外，根据《跟单信用证统一惯例》规定，在提单签发日期后 21 天才向银行提交的提单也属过期单。因此除非信用证另有规定外，银行不受理过期提单。

（3）倒签提单（antedated B/L）。是指承运人应托运人的要求，签发提单的日期早于实际装船日期的提单，以符合信用证对装船日期的规定，便于在该信用证下结汇。装船日期的确定，主要是通过提单的签发日期证明的。提单日期不仅对买卖双方有着重要作用，而且银行向收货人提供垫款和向发货人转账，对海关办理延长进口许可证，对海上货物保险契约的生效等都有密切关系。因此，提单的签发日期必须依据接受货物记录和已装船的大副收据签发。

在我们出口业务中，往往在信用证即将到期或不能按期装船时，采用倒签提单。有人认为倒签提单是解决迟期装船的有效方式，用起来特别随便，好像是一种正常签发提单的方式。根据国际贸易惯例和有关国家的法律实践，错填提单日期，是一种欺骗行为，是违法的。

（4）预借提单（advanced B/L）又称无货提单。预借提单是指在货物尚未装船或尚未装船完毕的情况下，信用证规定的结汇期（即信用证的有效期）即将届满，托运人为了能及时结汇，而要求承运人或其代理人提前签发的已装船清洁提单，即托运人为了能及时结汇而从承运人那里借用的已装船清洁提单。

当托运人未能及时备妥货物或船期延误，船舶不能按时到港接受货载，估计货物装船完毕的时间可能超过信用证规定的结汇期时，托运人往往先从承运人那里借出提单用以结汇，当然必须出具保函。签发这种提单承运人要承担更大的风险，可能构成承、托双方合谋欺诈善意的第三者收货人。

签发倒签或预借提单，对承运人的风险很大，责任承运人必须承担由此引起的严重后果，尽管托运人往往向承运人出具保函，但这种保函同样不能约束收货人。比较而言，签发预借提单比签发倒签提单对承运人的风险更大，因为预借提单是承运人在货物尚未装船，或者装船还未完毕时签发的。

【案例四】

我国某出口公司先后与伦敦 B 公司和瑞士 S 公司签订两个出售农产品合同，共计 3500 长吨，价值 8.275 万英镑。装运期为当年 12 月至次年 1 月。但由于原定的装货船舶出故障，只能改装另一艘外轮，致使货物到 2 月 11 日才装船完毕。在我公司的请求下，外轮代理公司将提单的日期改为 1 月 31 日，货物到达鹿特丹后，买方对装货日期提出异议，要求我公司提供 1 月份装船证明。我公司坚持提单是正常的，无须提供证明。结果买方聘请律师上货船查阅船长的船行日志，证明提单日期是伪造的，立即凭律师拍摄的证据，向当地法院控告并由法院发出通知扣留该船，经过 4 个月的协商，最后，我方赔款 2.09 万英镑，买方方肯撤回上诉而结案。

【案例讨论】

倒签提单是一种违法行为，一旦被识破，产生的后果是严重的。但是在国际贸易中，倒签提单的情况还是相当普遍的。尤其是在延期时间不多的情况下，还是有许多出口商会铤而走险。当倒签的日子较长的情况出现，就容容易引起买方怀疑，最终可以通过查阅船长的航行日志或者班轮时刻表等途径来识破。

（三）提单的内容

各国航运公司所制定的提单，虽然文字和格式不同，但其基本内容相同，

根据我国《海商法》第七十三条规定，提单正面内容一般包括下列各项：

（1）货物的品名、标志、包数或者件数、重量或体积，以及运输危险货物时对危险性质的说明（Description of the goods, mark, number of packages or piece, weight or quantity, and a statement, if applicable, as to the dangerous nature of the goods）。

（2）承运人的名称和主营业所（Name and principal place of business of the carrier）。

（3）船舶的名称（Name of the ship）。

（4）托运人的名称（Name of the shipper）。

（5）收货人的名称（Name of the consignee）。

（6）装货港和在装货港接收货物的日期（Port of loading and the date on which the good were taken over by the carrier at the port of loading）。

（7）卸货港（Port of discharge）。

（8）多式联运提单增列接收货物地点和交付货物地点（Place where the goods were taken over and the place where the goods are to be delivered in case of a multimodal transport bill of lading）。

（9）提单的签发日期、地点和份数（Date and place of issue of the bill of lading and the number of originals issued）。

（10）运费的支付（Payment of freight）。

（11）承运人或者其代表的签字（Signature of the carrier or of a person acting on his behalf）。

提单缺少前款规定的一项或者几项的，不影响提单的性质，但是，提单应当符合该法第七十一条的规定。

上述规定说明：缺少其中的一项或几项的，不影响提单的法律地位，但是必须符合《海商法》关于提单的定义和功能的规定。除在内陆签发多式联运提单时上述第三项船舶名称；签发海运提单时多式联运提单的接收货地点和交付货物的地点以及运费的支付这三项外，其他八项内容都是必不可少的，目前各船公司制定的提单其内容与此相仿。

提单背面的条款，作为承托双方权利和义务的依据，多则三十条，少则也有二十条，这些条款一般分为强制性条款和任意性条款两类。

强制性条款的内容不能违反有关国家的法律和国际公约、港口惯例的规定。我国《海商法》第四章海上货物运输合同的第四十四条就明确规定："海上货物运输合同和作为合同凭证的提单或者其他运输单证中的条款，违反本章规定的，无效。"《海牙规则》第三条第八款规定："运输契约中的任何条款、约定或协议，凡是解除承运人或船舶由于疏忽、过失或未履行本条规定的责任与义务，因而引起货物的或与货物有关的灭失或损害，或以本规则规定以外的方式减轻这种责任的，都应作废并无效。"上述的规定都强制适用提单的强制性条款。

除强制性条款外，提单背面任意性条款，即上述法规、国际公约没有明确规定的，允许承运人自行拟定的条款和承运人以另条印刷、刻制印章或打字、手写的形式在提单背面加列的条款，这些条款适用于某些特定港口或特种货物，或托运人要求加列的条款。所有这些条款都是表明承运人与托运人、收货人或提单持有人之间承运货物的权利、义务、责任与免责的条款，是解决他们之间争议的依据。

二、铁路运单

铁路运输分为国际铁路联运和通往港澳的国内铁路运输，分别使用国际铁路货物联运单和承运货物收据。当通过国际铁路办理货物运输时，在发运站由承运人加盖日戳签发的运单叫"铁路运单"（railway bill）。铁路运单是由铁路运输承运人签发的货运单据，是收、发货人同铁路之间的运输契约，不是物权凭证，但在托收或信用证支付方式下，托运人可凭运单副本办理托收或议付。

（一）国际铁路货物联运运单

国际铁路货物联运所使用的运单是铁路与货主间缔结的运输契约的证明。此运单正本从始发站随同货物附送至终点站并交给收货人，是铁路同货主之间交接的货物，核收运杂费用和处理索赔与理赔的依据。运单副本是卖方凭以向银行结算货款的主要证件。

（二）承运货物收据

承运货物收据既是承运人出具的货物收据，也是承运人与托运人签订的运输契约的证明。中国内地通过铁路运往港、澳地区的出口货物，一般委托中国对外贸易运输公司承办。当出口货物装车发运后，对外贸易运输公司即签发承运货物收据交给托运人，作为对外办理结汇的凭证。承运货物收据只有第一联为正本，反面印有"承运简章"，载明承运人的责任范围。

三、航空运单

航空运单（airway bill）是承运人与托运人之间签订的运输契约，也是承运人或其代理人签发的货物收据。航空运单还可作为核收运费的依据和海关查验放行的基本单据。但航空运单不是代表航空公司的提货通知单。在航空运单的收货人栏内，必须详细填写收货人的全称和地址，而不能做成指示性抬头。

四、邮包收据

邮包收据（parcel post receipt）是邮包运输的主要单据，它既是邮局收到寄件人的邮包后所签发的凭证，也是收件人凭以提取邮件的凭证，当邮包发生损坏或丢失时，它还可以作为索赔和理赔的依据。但邮包收据不是物权凭证。

五、国际多式联运单据

国际多式联运单据（combined transport documents，CTD）是指使用两种或两种以上的不同运输方式将货物自起运地运至目的地，承运人可以向托运人签发联合运输单据。多式联运单据一个显著标志是"多式联运人"字样。

1.国际多式联运单据的性质与作用

（1）它是国际多式联运经营人与托运人之间订立的国际多式联运合同的证明，是双方在运输合同中确定的权利和责任的准则。

（2）它是国际多式联运经营人接管货物的收据。国际多式联运经营人向托运人签发多式联运单据表明已承担运送货物的责任并占有了货物。

（3）它是收货人提取货物和国际多式联运经营人交货的凭证。收货人或第三人在目的地提取货物时，必须凭国际多式联运单据换取提货单才能提货。

（4）它是货物所有权的证明。国际多式联运单据持有人可以押汇、流通转让，因为国际多式联运单据是货物所有权的证明，可以产生货物所有权转移的法律效力。

2.国际多式联运单据与联运提单的区别

（1）多式联运单据是两种或两种以上不同运输方式的联运（第一程可以不是海运），而联运提单仅限于由海运（第一程）与其他运输方式所组成的联合运输时使用。

（2）多式联运单据是由多式联运的经营人或其授权人签发的，而联运提单则由承运人、船长或承运人的代理人签发。

（3）多式联运单据的签发人必须对货物的全程运输负责，而联运提单的签发人仅对第一程运输负责。

（4）多式联运单据既可以是已装船单据，也可以是联运经营人接管货物后待运单据，而联运提单必须是第一承运人签发的已装船的全程联运提单。

【练习题】

1.什么是班轮运输？有哪些特点？

2. 我国大连运往某港口一批货物，计收运费标准 W/M，共 200 箱，每箱毛重 25 公斤，每箱体积长 49 厘米，宽 32 厘米，高 19 厘米，基本运费率每运费吨 60 美元，特殊燃油附加费 5%，港口拥挤费为 10%，试计算 200 箱应付多少运费？

3. 出口箱装货物共 100 箱，报价为每箱 4000 美元 FOB 上海，基本费率为每运费吨 26 美元或从价费率 1.5%，以 W/M or Ad Val 选择法计算，每箱体积为 1.4 米 × 1.3 米 × 1.1 米，毛重为每箱 2 公吨，并加收燃油附加费 10%，货币贬值附加费 20%，转船附加费 40%，求总运费。

4. 什么是租船运输？包括几种？它们之间的区别是什么？

5. 什么是分批装运和转运？

6. 海运提单的性质和作用有哪些？

7. 海运提单有哪几种？

8. 信用证装运总量为 500 公吨，规定从 6 月份开始，每月装 100 公吨，在实际装运时 6 月份装 100 公吨，7 月份装 100 公吨，8 月份未装，而卖方要求 9 月份一起补交，是否可以？

第八章　国际货物运输保险

【本章学习目标】
- 通过本章学习掌握海上风险、损失和费用
- 掌握我国现行海运货物保险的承包范围、承保责任的起讫期限
- 掌握英国伦敦保险协会海运货物保险条款
- 了解合同中保险条款的订立

【引导案例】

我某外贸公司以 CFR 条件进口工艺品一批，我方为此批货物向某保险公司投保我国海运保险条款水渍险。货物在上海港卸下时发现部分工艺品损坏，经查 200 件工艺品在装船时就已破损，但由于外表有包装，装船时没有被船方检查出来。还有 300 件工艺品因船舶在途中搁浅，船底出现裂缝，被海水浸湿，另有 100 件工艺品因为航行途中曾遇雨天，通风窗没有及时关闭而被淋湿致生锈。分析导致上述损失的原因，保险人是否应予赔偿，为什么？

第一节　国际货物运输保险的含义与意义

一、国际货物运输保险的含义

国际货物运输保险是以对外贸易货物运输过程中的各种货物作为保险标的的保险。由保险人同被保险人双方订立保险合同，经被保险人缴付约定的保险费，当货物在国际运输途中遭受保险事故所致的损失，由保险人负责经济补偿的一种保险。外贸货物的运送有海运、陆运、空运以及通过邮政送递等多种途径。国际货物运输保险是国际贸易的重要组成部分，国际货物运输保险不但可以给运输中的货物提供保障，而且还能为国家提供无形贸易的外汇收入。国际货物运输保险主要包括海上货物运输保险、陆上货物运输保险、

航空货物运输保险和邮包运输保险等。其中历史最悠久、业务量最大、法律规定最全的是海上货物运输保险，其他各种不同货物运输保险的具体责任尽管有所不同，但它们的基本原则，保险公司保障的范围等基本一致。

二、国际货物运输保险的意义

保险同运输一样，已经成为国际贸易的必要组成部分。货物从卖方送到买方手中，要通过运输来完成，在这一过程中如遭遇意外损失，则由保险人进行经济补偿，以保证贸易的正常进行。各种对外贸易价格条件，都需明确保险和运输由谁办理。例如，国际上通用的离岸价格（FOB）和成本加运费价（CFR）中不包括保险费，保险由买方自理；而到岸价格（CIF）中包括保险费，由卖方办理（见对外贸易价格条件）。保险之所以成为国际贸易所必需，是因为它将运输过程中不可预料的意外损失，以保险费的形式固定下来，计入货物成本，可以保证企业的经济核算和经营的稳定，避免由于意外损失引起买卖双方和有关利益方面之间的经济纠纷；可以使保险公司从自己经营成果考虑，注意对承保货物的防损工作，有利于减少社会财富损失；进出口贸易的货物在本国保险，还可以增加国家无形贸易的外汇收入。

第二节　海洋运输货物保险保障的范围

海运货物保险的承保范围主要包括海上一般风险，其他外来原因所造成的风险、海上损失和海上费用。

一、海上风险

海上风险主要分两类：一类是一般海上风险，另一类是外来风险。

（一）一般海上风险（perils of the sea）

在保险界又称为海难，是指包括海上发生的自然灾害和意外事故所带来的风险。

（1）自然灾害（natural calamities）。是指由于自然界的变异引起破坏力量所造成的现象，如恶劣气候、雷电、地震、海啸、火山爆发、洪水等。

（2）意外事故（fortuitous accidents）。是指船舶搁浅、触礁、沉没、互撞或与其他固体物如流冰、码头碰撞以及失踪、失火、爆炸等意外原因造成的事故或其他类似事故。

（二）外来风险（extraneous risks）

包括一般外来风险和特殊外来风险。

（1）一般外来风险。因偷窃、雨淋、短量、渗漏、受热、受潮、发霉、串味、玷污、钩损、锈损等外来原因对货物造成损失的风险。这种风险的损失就是一般外来风险造成的损失。

（2）特殊外来风险。因战争、罢工、暴动、交货不到、拒绝收货等特殊外来原因所造成的风险。这种风险导致的货物损失就是特殊外来风险造成的损失。

二、海上损失和费用

海上损失和费用是指由于海上风险所造成的损失和引起的费用。海上运输货物损失可分为海上损失（marine losses）、营救货物所支付的费用，还包括与海运相接的路上或内河运输所发生的其他损失（other losses）和费用。

（一）海上损失

海上损失是指被保险货物在海洋运输中由于发生海上风险所造成的损坏或灭失，又称为海损（average）。海损按照货物损失的程度，可分为全部损失与部分损失；按货物损失的性质，海损又可分为共同海损和单独海损，二者在保险业务中均属于部分损失的范畴。

1. 全部损失

全部损失（total loss）简称"全损"。是指运输中的整批货物或不可分割的一批货物的全部损失。全部损失又可分为实际全损和推定全损两种：

（1）实际全损（actual total loss）。它是指被保险货物（保险标的物）全部灭失；或指货物毁损后不能复原完全丧失原有用途，已不具有任何使用价值；或被保险货物物权丧失已无法复归于被保险人；或载货船舶失踪相当长时间（如半年）仍无音讯等。

（2）推定全损（constructive total loss）。它是指被保险货物受损后，完全灭失已不可避免；或修复、恢复受损货物的费用将超过货值；或被保险货物遭受严重损失后，继续运抵目的地的运费将超过残损货物的价值等。

在发生推定全损的情况下，被保险人向保险人（保险公司）提出"委付通知"，以说明被保险人愿将保险标的物的残余物资所有权转移给保险人。经保险人同意后，被保险人便可取得全部保险金额的赔款。所以委付通知是保险人与被保险人之间办理赔偿的一种手段。如果被保险人不提出"委付通知"，则保险人只能按照部分损失给予赔偿，被保险人则仍拥有残余货物的所有权。

2. 部分损失

部分损失（partial loss）是指被保险货物的一部分毁损或灭失。部分损失可以分为共同海损和单独海损。

（1）共同海损（general average）。共同海损指在同一海上航程中，当船舶、货物和其他财产遭遇共同危险时，为了共同安全，有意识地、合理地采取措施所造成的特殊牺牲、支付的特殊费用，由各受益方按比例分摊的法律制度。例如，船舶在航行中搁浅、船长为了使船、货脱浅，下令将部分货物抛弃，船舶浮起，转危为安。这被抛弃的货物就是共同海损。又如，在船舶搁浅后，雇用拖驳施行脱浅，拖驳费用也是共同海损。

共同海损的成立一般应具备如下几个条件：

①海上危险必须是同一航程中的船、货所共同面临的不可预测的危险，必须是实际存在的，不是主观臆测的。如果某种危险的存在仅仅危及船舶或货物的安全，那么即使做出了特殊的行动而产生的特殊的费用，或是由于船长判断失误而采取了某些措施，或因可以预测的常见事故所造成的损失，也均不能构成共同海损。

②共同海损的牺牲必须是自愿的和有意识的行动所造成的，共同海损牺牲是人为的行动，而不是遭到海上风险造成的意外损失。

③共同海损牺牲和费用的支出必须是合理的。船货遇险时，应依照当时的具体情况，选择对解除危险有效、节约并能防止或者减少损失扩大的措施，超过限度的措施就不应构成共同海损。例如，当船舶搁浅，为了减轻载重量必须抛弃部分货物，理应抛弃甲板上低值的货物，如果抛弃了价值较高的货物，则不属于合理措施，不能作为共同海损处理。

④共同海损牺牲和费用的支出必须是特殊性质的，即共同海损的损失不是海上危险直接导致的损失，而是人为为了解除危险造成的特殊损失。

共同海损的牺牲和费用均为使船舶、货物和运费免于遭受损失而支出的，因而，损失与费用的都应由船方、货主和付运费方按最后获救价值共同按比例分摊。这种分摊称为共同海损的分摊。

（2）单独海损（particular average）。单独海损是指货物由于遭受承保范围内的风险所造成非属共同海损的部分损失。

共同海损和单独海损均属部分损失，但二者的性质、起因和补偿方法有较大的区别：共同海损的起因是人为有意识造成的，而单独海损是承保风险所直接导致的损失；共同海损要由受损者按照损失的程度按比例共同分摊，而单独海损由受损方自行承担损失。

（二）海上费用

海上风险会造成费用上的损失，这种损失就是海上费用（maritime changes）。海上费用包括施救费用和救助费用。

（1）施救费用（sue and labor expense）。是指被保险货物在遭受保险责任范围内的自然灾害和意外事故时，被保险人或船方或其他受雇人员为避免和减少损失，采取措施而支出的合理费用。这种费用属于自救费用支出，又称单独海损费用，按照保险惯例，保险人对这种施救费用负责赔偿。

（2）救助费用（salvage changes）。是指被保险货物在遭受了承保责任范围内的灾害事故时，由保险人和被保险人以外的第三者采取有效的救助措施，救助成功后，由被救方向救助人支付的一种报酬。救助费用采用国际上习惯的"无效果无报酬"原则，救助成功，救助费用由保险人赔付。

【案例一】

某轮载货后，在航行途中不慎发生搁浅，事后反复开倒车，强行起浮，但船上轮机受损并且船底划破，致使海水渗入货舱，造成货物部分损失。该船行驶至邻近的一个港口船坞修理，暂时卸下大部分货物，前后花费了10天时间，增加支出各项费用，包括员工工资。船修复装上原货起航后不久，A舱起火，船长下令对该舱灌水灭火。A舱原载文具用品、茶叶等，灭火后发现文具用品一部分被焚毁，另一部分文具用品和全部茶叶被水浸湿。试分别说明以上各项损失的性质。

【案例讨论】

属于单独海损的有：搁浅造成的损失；A舱被焚毁的一部分文具用品。因为该损失是由于风险本身所导致的。

属于共同海损的有：强行起浮造成的轮机受损以及船底划破而产生的修理费以及船员工资等费用，A舱被水浸湿的另一部分文具用品和全部茶叶。

因为该损失是由于为了大家的利益而采取的对抗风险的人为措施所导致的。

第三节　我国海洋运输货物保险条款

海运货物保险条款是指保险人（保险公司）在其保险单内所载明的有关保险人承保的责任范围、除外责任、保险人的义务及其他有关事项的条款。中国人民财产保险股份有限公司（PICC）根据我国保险实际业务情况，并参照国际上的一般做法，制定了我国的海运货物保险条款，其主要内容有：保险公司的承包责任范围、除外责任、责任起讫、被保险人的义务及索赔期限等。

一、承保的责任范围

保险公司的责任范围是通过保险险别来具体规定的。不同险别，保险公司承保的责任范围各有差异。保险险别是保险人（保险公司）与被保险人履行权利和义务的基础，也是保险公司承保责任大小、被保险人缴纳保险费多少的依据。海洋运输货物保险条款所承保的险别，分为基本险和附加险两类。基本险又可分为平安险、水渍险和一切险；附加险又可分为一般附加险和特殊附加险。

（一）基本险

基本险也称主险，是可以单独承保的险别。

1. 平安险（free from particular average，简称 F.P.A.）

平安险的原意是指单独海损不负责赔偿，我国保险业对平安险这一名称已沿用甚久，其责任范围是：

（1）被保险货物在运输途中由于恶劣气候、雷电、海啸、地震、洪水等自然灾害造成整批货物的实际全损或推定全损。被保险货物用驳船运往或运离海轮时，每一驳船所装的货物可视作一个整批。

（2）由于运输工具遭受搁浅、触礁、沉没、互撞、与流冰或其他物体碰撞以及失火、爆炸等意外事故造成的货物的全部或部分损失。

（3）在运输工具已经发生搁浅、触礁、沉没、焚毁意外事故的情况下，货物在此前后又在海上遭受恶劣气候、雷电、海啸等自然灾害所造成的部分损失。

（4）在装卸或转运时，由于一件或数件整件货物落海造成的全部或部分损失。

（5）被保险人对遭受承保责任内危险的货物采取抢救、防止或减少货损的措施而支付的合理费用，但以不超过该批被救货物的保险金额为限。

（6）运输工具遭遇海难后，在避难港由于卸货所引起的损失，以及在中途港、避难港由于卸货、存仓及运送货物所产生的特别费用。

（7）共同海损的牺牲、分摊和救助费用。

（8）运输契约如订有"船舶互撞责任"条款，根据该条款规定应由货方偿还船方的损失。

2. 水渍险（with particular average，简称 W.P.A.）

水渍险也是我国保险业务中的一种习惯叫法，其原意为"负责单独海损责任"。水渍险的责任范围是在平安险的责任范围的基础上，再加上被保险货物由于恶劣气候、雷电、海啸、地震、洪水等自然灾害所造成的部分损失。

特别要指出的是，平安险和水渍险只对海水所致的各种损失负责。被保险货物由于雨淋、雪水融化等淡水造成的损失，不包括在这两种险别的承保责任范围之内。

3. 一切险（all risks，简称 A.R.）

一切险的责任范围除包括平安险和水渍险的所有责任外，还包括货物在运输过程中，因一般外来原因所造成的全部或部分损失。一切险是三种基本险中责任范围最大的一种。但是一切险并非对一切风险造成的损失都负责，它只对水渍险和一般外来原因引起的可能发生的风险负责，而对货物内在缺陷、自然损耗以及特殊外来原因（如战争、罢工）所引起的风险不负责赔偿责任。

一切险的承保责任范围是各种基本险中最广泛的一种，因而比较适宜于价值较高、可能遭受损失因素较多的货物投保。

（二）附加险

1. 一般附加险（general additional risk）

一般附加险不能作为一个单独的项目投保，而只能在投保平安险或水渍险的基础上，根据货物的特性和需要加保一种或若干种一般附加险。例如，加保所有的一般附加险，这就叫投保一切险。由此可见，一般附加险被包括在一切险的承包范围内，故在投保一切险时，不存在再加保一般附加险的问题。

一般附加险的种类主要包括：

（1）偷窃提货不着险（theft pilferage and non-delivery）。

（2）淡水雨淋险（fresh water& ／ or rain damage）。

（3）短量险（risk of shortage）。

（4）混杂污染险（risk of intermixture and contamination）。

（5）渗漏险（risk of leakage）。

（6）破损破碎险（risk of clash and breakage）。

（7）串味险（risk of odour）。

（8）钩损险（hook damage）。

（9）受潮、受热险（damage caused by sweating and heating）。

（10）包装破裂险（breakage of packing）。

（11）锈损险（risk of rust）。

2. 特殊附加险（special additional risk）

特殊附加险是指承保由于军事、政治、国家政策法令以及行政措施等特殊外来原因所引起的风险与损失的险别。

（1）战争险。战争险（war risk）承保战争或类似战争行为等引起的被保险货物的直接损失。保险公司对此种险别的承保责任范围包括：由于战争、类似战争行为和敌对行为、武装冲突或海盗行为以及由此而引起的捕获、拘留、禁止、扣押所造成的损失，或者由于各种常规武器（包括水雷、鱼雷、炸弹）所造成的损失，由于上述原因所引起的共同海损的牺牲、分摊和救助费用，但对原子弹、氢弹等核弹所造成的损失，保险公司不予赔偿。

（2）罢工险。罢工险（strike risk）承保因罢工者、被迫停工工人、参加工潮、暴动和民变的人员采取行动所造成的被保险货物的直接损失。对于任何人的恶意行为造成的损失，保险公司也予以赔偿。在加保战争险的前提下，再加保罢工险不另外收取保险费。

除上述战争险和罢工险外，中国人民财产保险公司承保的特殊附加险还包括下列险别：舱面险（on deck risk）、进口关税险（import duty risk）、拒收险（rejection risk）、黄曲霉素险（aflatoxin risk）、交货不到险（failure to deliver risk）以及货物出口到香港（包括九龙）或澳门存仓火险责任扩展条款（fire risk extension clause–for storage of cargo at destination Hong Kong, including Kowloon or Macao）。

【案例二】

某出口公司按 CIF 条件成交货物一批向中国人民保险公司投保了水渍险，货物在转船过程中遇到大雨，货到目的港后，收货人发现货物有明显的雨水浸渍，损失达 70%，因而向我方提出索赔。我方能接受吗？

【案例讨论】

不能接受。货物被雨水浸湿属淡水雨淋险范围；保险公司和卖方对货损都不负责，由买方承担损失。

二、保险人除外责任

除外责任（exclusion）是由保险公司明确规定不予承保的损失和费用。除外责任中所列的各项致损原因，一般都是非意外的、偶然性的，或者是比较特殊的风险，由保险公司明确作为一种免责规定。除外责任起到划清保险人、被保险人和发货人各自应负责任的作用。

海运货物保险的三种基本险别，对以下损失保险公司均不负赔偿责任：

（1）被保险人的故意行为或过失所造成的损失。

（2）属于发货人责任所引起的损失。

（3）在保险责任开始前，被保险货物已存在的品质不良或数量短差所造成的损失。

（4）被保险货物的自然损耗、本质缺陷、特性以及市价跌落、运输延迟所引起的损失或费用。

（5）收货人的过失或故意行为所造成的损失。

（6）属于海洋运输货物战争险和罢工险条规定的责任范围和除外责任。

【案例三】

我国 A 公司按照 CIF 价格条件与某国 B 公司签订了一单 2000 吨食用糖的生意，投保一切险。由于货轮陈旧，速度慢，加上沿途尽量多装货物，停靠码头的次数和时间太多，结果航行 3 个月才到达目的港。卸货后发现，路途时间过长，加之又要穿过赤道，食用糖长时间地受热，使得货物变质，根本无法出售。问这种情况保险公司是否应赔偿？为什么？

【案例讨论】

在中国海洋运输货物保险条款的基本险别中，保险人明确规定了除外责任。所谓除外责任，是指保险公司明确规定不予承保的损失或费用。对于下列损失保险人不负赔偿责任：被保险人的故意行为或过失所造成的损失；属于发货人责任所引起的损失；在保险责任开始前，被保险货物已存在的品质不良或数量短缺所造成的损失；被保险货物的自然损耗、本质缺陷、特性以及市价跌落、运输延迟所引起的损失或费用等。在本案中，货物受损是由于货轮陈旧，速度慢，加上沿途尽量多装货物，停靠码头的次数和时间太多造成的，属于保险公司的除外责任，因此，保险公司可以拒绝赔偿。

三、保险责任的起讫

（一）基本险的责任起讫期限

平安险、水渍险和一切险的承保责任的起讫期限是采用国际保险业中惯用的"仓至仓条款"（warehouse to warehouse clause，简称 W/W）规定方法。它规定保险责任自被保险货物运离保险单所载明的启运地发货人仓库开始时生效，包括正常运输过程中的海上运输和陆上运输，直至该项货物到达保险单所载明的目的地收货人仓库为止。该条款中所指的"远离"，是指货物一经离开发货人仓库，保险责任即为开始；所指"到达"，是指货物一经进入收货人最后仓库，保险责任即告终止，在仓库中发生的损失概不负责。如果被保险货物从海轮卸下后放在码头仓库、露天或海关仓库，而没有运到收货人仓库，保险责任继续有效，但最长负责至卸离海轮 60 天为限。如在上述 60 天内被保险货物需转运到非保险单所载明的目的地时，则以该项货物开始转运时终止。另外，被保险货物在运至保险单所载明的目的地或目的地以前的某一个仓库而发生分配、分派的情况，则该仓库就作为被保险人的最后仓库，保险责任也以自货物运抵该仓库时终止。

此外，被保险人可以要求扩展保险期限。例如，我们对某些内陆国家的出口业务，如在港口卸货转运内陆，无法按保险条款规定的保险期限在卸货后 60 天内到达目的地时，即可申请扩展，经保险公司出具凭证予以延长，但需加收一定的保险费。但是，在办理扩展责任时，必须注意：在买卖合同的保险条款中对扩展期限和扩展地点应作出具体明确的规定。对于没有铁路、公路、内河等正常运输路线的地区，除非事先征得保险公司同意，一般不能规定扩展保险责任。对于散装货物一般也不办理扩展责任。

（二）海运战争险的责任起讫期限

战争险的责任起讫与基本险的责任起讫不同，它不采用仓至仓条款。战争险的承保期限仅限于水上危险或运输工具上的危险。如果货物不卸离海轮或驳船，则保险责任最长延至货物到目的港之当日午夜起算 15 天为止。如在中途港转船，则不论货物在当地卸载与否，保险责任以海轮到达该港或卸货地点的当日午夜起算满 15 天为止，待再装上续运的海轮时，保险人仍继续负责。

【案例四】

外贸公司进口散装化肥一批，曾向保险公司投保海运一切险。货抵目的港后，全部卸至港务公司仓库。在卸货过程中，外贸公司与装卸公司签订了一份灌装协议，并立即开始灌装。某日，由装卸公司根据协议将已灌装成包的半数货物堆放在港区内铁路边堆场，等待铁路转运至他地以交付不同买主。另一半留在仓库尚待灌装的散货，因受台风袭击，遭受严重湿损。外贸企业逐就遭受湿损部分向保险公司索赔，被保险公司拒绝。对此，试予以评论。

【案例讨论】

保险公司不需赔偿，因为根据保险责任起讫条款，保险责任在货物到达目的地进入指定仓库时终止，而本案中的货损发生在仓库内，所以不属于保险公司责任范围。

四、被保险人的义务

被保险人应按照以下规定的应尽义务办理有关事项，如因未履行规定的义务而影响保险人利益时，本公司对有关损失，有权拒绝赔偿。

（1）当被保险货物运抵保险单所载明的目的港（地）以后，被保险人应及时提货，当发现被保险货物遭受任何损失，应即向保险单上所载明的检验、理赔代理人申请检验，如发现被保险货物整件短少或有明显残损痕迹应即向承运人、受托人或有关当局（海关、港务当局等）索取货损货差证明。如果货损货差是由于承运人、受托人或其他有关方面的责任所造成，应以书面方式向他们提出索赔，必要时还须取得延长时效的认证。

（2）对遭受承保责任内危险的货物，被保险人和本公司都可迅速采取合理的抢救措施，防止或减少货物的损失。被保险人采取此项措施，不应视为放弃委付的表示，本公司采取此项措施，也不得视为接受委付的表示。

（3）如遇航程变更或发现保险单所载明的货物、船名或航程有遗漏或错误时，被保险人应在获悉后立即通知保险人并在必要时加缴保险费，本保险才继续有效。

（4）在向保险人索赔时，必须提供下列单证：保险单正本、提单、发票、装箱单、磅码单、货损货差证明、检验报告及索赔清单。如涉及第三者责任，还须提供向责任方追偿的有关函电及其他必要单证或文件。

（5）在获悉有关运输契约中"船舶互撞责任"条款的实际责任后，应及时通知保险人。

五、索赔期限

索赔期限又称索赔时效（the time of validity of a claim），是被保险货物发生保险责任范围内的风险与损失时，被保险人向保险人提出索赔的有效期限。中国保险条款规定，被保险人提出保险索赔的时效为两年，从"货物在最后卸载港全部卸离海轮之日算起"。若逾期，被保险人则丧失了向保险人提出保险索赔的权利。

【案例五】

我某外贸公司以 CFR 条件进口工艺品一批，我方为此批货物向某保险公司投保我国海运保险条款水渍险。货物在上海港卸下时发现部分工艺品损坏，经查 200 件工艺品在装船时就已破损，但由于外表有包装，装船时没有被船方检查出来。还有 300 件工艺品因船舶在途中搁浅，船底出现裂缝，被海水浸湿，另有 100 件工艺品因为航行途中曾遇雨天，通风窗没有及时关闭而被淋湿致生锈。分析导致上述损失的原因，保险人是否应予赔偿，为什么？

【案例讨论】

该批工艺品以 CFR 条件进口，投保的是我国海运保险条款水渍险：

1. 200 件工艺品在装船时就已破损，其损失发生在保险责任开始前，属于保险除外责任，因而保险公司不予赔偿。

2. 因船舶在途中搁浅，船底出现裂缝，海水浸湿的 300 件工艺品损失是意外事故所致，属于水渍险保险责任，保险公司应予赔偿。

第四节　伦敦保险协会海洋运输货物保险条款

在世界海上保险业中，英国是一个具有悠久历史的发达国家，英国伦敦保险协会所制定的"协会货物条款"（institute cargo clause，ICC）对世界各国有着广泛的影响。目前，世界上许多国家在海运保险业中直接采用该条款，还有许多国家在制定本国保险条款时参考或采用该条款内容。我国出口企业和保险公司对国外商人的投保 ICC 的要求，一般均可接受。

"协会货物条款"最早制定于 1912 年，后来经过多次修改，最近一次的修改是在 1981 年完成的，从 1983 年 4 月 1 日起实施。伦敦保险协会新修订的保险条款一共有六种：

（1）协会货物条款（A）[institute cargo clause A，简称 I.C.C.（A）]；

（2）协会货物条款（B）[institute cargo clause B，简称 I.C.C.（B）]；

（3）协会货物条款（C）[institute cargo clause C，简称 I.C.C.（C）]；

（4）协会战争险条款（货物）（institute war clause-cargo）；

（5）协会罢工险条款（货物）（institute strikes clause-cargo）；

（6）恶意损坏条款（malicious damage clause）。

以上六种险别中，I.C.C.（A）险相当于中国保险条款中的一切险，其责任范围更为广泛，故采用承保"除外责任"之外的一切风险的方式表明其承保范围。I.C.C.（B）险大体上相当于水渍险。I.C.C.（C）险相当于平安险，但承保范围较小些。I.C.C.（B）险和 I.C.C.（C）险都采用列明风险的方式表示其承保范围。六种险别中，只有恶意损害险，属于附加险别，不能单独投保，其他五种险别的结构相同，体系完整。因此，除 I.C.C.（A）、I.C.C.（B）、I.C.C.（C）三种险别可以单独投保外，必要时，战争险和罢工险在征得保险公司同意后，也可作为独立的险别投保。

一、协会货物保险主要险别的承保风险与除外责任

（一）I.C.C.（A）险的责任范围及除外责任

1. I.C.C.（A）险的责任范围

根据伦敦保险协会对新条款的规定，I.C.C.（A）采用"一切风险减除外

责任"的办法，即除了"除外责任"项下所列风险保险人不予负责外，其他风险均予负责。

2. I.C.C.（A）险的除外责任

I.C.C.（A）险的除外责任有下列四类：

（1）一般除外责任。如归因于被保险人故意的不法行为造成的损失或费用；自然渗漏、自然损耗、自然磨损、包装不足或不当所造成的损失或费用；保险标的内在缺陷或特性所造成的损失或费用；直接由于延迟所引起的损失或费用；由于船舶所有人、租船人经营破产或不履行债务所造成的损失或费用；由于使用任何原子或核武器所造成的损失或费用。

（2）不适航、不适货除外责任。指保险标的在装船时，被保险人或其受雇人已经知道船舶不适航，以及船舶、装运工具、集装箱等不适货。

（3）战争除外责任。如由于战争、内战、敌对行为等造成的损失或费用；由于捕获、拘留、扣留等（海盗除外）所造成的损失或费用；由于漂流水雷、鱼雷等造成的损失或费用。

（4）罢工除外责任。罢工者、被迫停工工人造成的损失或费用，以及由于罢工、被迫停工所造成的损失或费用等。

（二）I.C.C.（B）险的责任范围和除外责任

1. I.C.C.（B）险的责任范围

根据伦敦保险协会对 I.C.C.（B）险和 I.C.C.（C）险的规定，其承保风险的做法是采用"列明风险"的方法，即在条款的首部开宗明义地把保险人所承保的风险一一列出。I.C.C.（B）险承保的风险是：

保险标的物的灭失或损坏可合理地归因于下列任何之一者，保险人予以赔偿：

（1）火灾或爆炸；

（2）船舶或驳船搁浅、触礁、沉没或倾覆；

（3）陆上运输工具的倾覆或出轨；

（4）船舶、驳船或运输工具同水以外的外界物体碰撞；

（5）在避难港卸货；

（6）地震、火山爆发、雷电；

（7）共同海损牺牲；

（8）抛货；

（9）浪击落海；

（10）海水、湖水或河水进入船舶、驳船、运输工具、集装箱、大型海运箱或储存处所；

（11）货物在装卸时落海或摔落造成整件的全损。

2. I.C.C.（B）险的除外责任

I.C.C.（B）险与 I.C.C.（A）险的除外责任基本相同，但有下列两项区别：

（1）I.C.C.（A）险除对被保险人的故意不法行为所造成的损失、费用不负赔偿责任外，对被保险人之外任何个人或数人故意损害和破坏标的物或其他任何部分的损害，要负赔偿责任；但 I.C.C.（B）对此均不负赔偿责任。

（2）I.C.C.（A）把海盗行为列入风险范围，而 I.C.C.（B）对海盗行为不负保险责任。

（三）I.C.C.（C）险的责任范围和除外责任

1. I.C.C.（C）险的责任范围

I.C.C.（C）险承保的风险比 I.C.C.（A）、I.C.C.（B）险要小得多，它只承保"重大意外事故"，而不承保"自然灾害及非重大意外事故"。其具体承保的风险有：

（1）火灾、爆炸；

（2）船舶或驳船触礁、搁浅、沉没或倾覆；

（3）陆上运输工具倾覆或出轨；

（4）在避难港卸货；

（5）共同海损牺牲；

（6）抛货。

2. I.C.C.（C）险的除外责任

I.C.C.（C）险的除外责任与 I.C.C.（B）险完全相同。

在"协会货物条款"中，除以上所述的 I.C.C.（A）、I.C.C.（B）、I.C.C.（C）三种险外，还有战争险、罢工险和恶意损害险三种。应注意的是，其战争险和罢工险不同于中国保险条款的规定，一定要在投保了三种基本险别的基础上才能加保，而是可以作为独立险别投保的。恶意损害险所承担的是被保险人以外的其他人（如船长、船员等）的故意破坏行为所致被保险货物的灭失和损害。它属于 I.C.C.（A）险的责任范围，但在 I.C.C.（B）、

I.C.C.（C）险中，则被列为"除外责任"。

此外，"协会货物条款"三种基本险别 I.C.C.（A）、I.C.C.（B）、I.C.C.（C）的保险责任起讫，仍然采用"仓至仓条款"，同中国保险条款的规定大体相同，只是规定得更为详细。战争险的保障期限仍采用"水上危险"原则。同时，罢工险的保险期限与 I.C.C（A）、I.C.C（B）、I.C.C.（C）的保险期限完全相同，即也采用"仓至仓条款"原则。

二、协会货物保险主要险别的保险期限

保险期限（period of insurance）亦称保险有效期，是指保险人承担保险责任的起止期限。英国伦敦保险协会海运货物条款 I.C.C.（A）、I.C.C.（B）、I.C.C.（C）与上节所述我国海运货物保险期限的规定大体相同，也是"仓至仓条款"，但比我国条款规定更为详细。

第五节　陆运、空运货物与邮包运输保险

一、陆上运输货物保险

中国人民保险公司的陆上运输货物保险条款以火车和汽车为限，其主要险别分为陆运险和陆运一切险。

（一）基本险别

1. 陆运险（over land transportation risks）

陆运险与海运水渍险相似。其承包责任范围：

（1）被保险货物在运输途中遭受暴风、雷电、洪水、地震自然灾害或由于运输工具遭受碰撞、倾覆、出轨或在驳运过程中因驳运工具遭受搁浅、触礁、沉没、碰撞；或由于遭受隧道坍塌，崖崩或失火、爆炸意外事故所造成的全部或部分损失。

（2）被保险人对遭受承保责任内危险的货物采取抢救，防止或减少货损的措施而支付的合理费用，但以不超过该批被救货物的保险金额为限。

2. 陆运一切险（over land transportation all risks）

陆运一切险与海运一切险相似。除包括上列陆运险的责任外，本保险还

负责被保险货物在运输途中由于外来原因所致的全部或部分损失。

（二）除外责任

陆上运输货物保险的除外责任与海洋运输货物保险条款中的规定基本相同。

（三）保险责任的起讫期限

本保险负"仓至仓"责任，自被保险货物运离保险单所载明的起运仓库或储存处所开始地运输时生效，包括正常运输过程中的陆上和与其有关的水上驳运在内，直至该项货物运达保险单所载目的地收款人的最后仓库或储存处所或被保险人用作分配、分派的其他储存处所为止，如未运抵上述仓库或储存处所，则以被保险货物运抵最后卸载的车站满 60 天为止。

本保险索赔时效，从被保险货物在最后目的地车站全部卸离车辆后计算，最多不超过二年。

二、航空运输货物保险

航空货物运输保险是以航空运输过程中的各类货物为保险标的，当保险标的在运输过程中因保险责任造成损失时，由保险公司提供经济补偿的一种保险业务。

（一）基本险别

1. 航空运输险（air transportation risks）

航空运输险的承保责任范围与海洋运输货物保险条款中的水渍险大致相同。其承保的责任范围：

（1）被保险在运货物输途中遭受雷电、火灾、爆炸或由于飞机遭受恶劣气候或其他危难事故而被抛弃，或由于飞机遭碰撞、倾覆、坠落或失踪意外事故所造成的全部或部分损失。

（2）被保险人对遭受承保责任内危险的货物采取抢救，防止或减少货损的措施而支付合理费用，但以不超过该批被救货物的保险金额为限。

2. 航空运输一切险（air transportation all risks）

除包括上列航空运输险责任外，本保险还负责被保险货物由于外来原因所致的全部或部分损失。

（二）除外责任

航空运输货物保险的除外责任与海洋运输货物保险条款中的规定基本相同。

（三）保险责任的起讫期限

本保险负"仓至仓条款"责任，自被保险货物运离保险单所载明的起运地仓库或储存处所开始运输时生效，包括正常运输过程中的运输工具在内，直至该项货物运达保险单所载明目的地收货人的最后仓库或储存处所或被保险人用作分配、分派或非正常运输的其他储存处所为止。如未运抵上述仓库或储存处所，则以被保险货物在最后卸载地卸离飞机后满 30 天为止。如在上述 30 天内被保险的货物需转送到非保险单所载明的目的地时，则以该项货物开始转运时终止。

三、邮包保险

邮包运输通常须经海、陆、空辗转运关，实际上是属于"门到门"运输，在长途运送过程中遭受自然灾害、意外事故以及各种外来风险的可能性较大。寄件人为了转嫁邮包在运送当中的风险损失，故须办理邮包运输保险，以便在发生损失时能从保险公司得到承保范围内的经济补偿。本保险分为邮包险和邮包一切险两种。

（一）基本险别

1. 邮包险（parcel post insurance risks）

其承保范围：

（1）被保险邮包在运输途中由于恶劣气候、雷电、海啸、地震、洪水自然灾害或由于运输工具遭受搁浅、触礁、沉没、碰撞、倾覆、出轨、坠落、失踪，或由于失火、爆炸意外事故所造成的全部或部分损失。

（2）被保险人对遭受承保责任内危险的货物采取抢救、防止或减少货损的措施而支付的合理费用，但以不超过该批被救货物的保险金额为限。

2. 邮包一切险（parcel post insurance all risks）

除包括上述邮包险的各项责任外，本保险还负责被保险邮包在运输途中由于外来原因所致的全部或部分损失。

（二）除外责任

邮包保险的除外责任与海洋运输货物保险条款中的规定基本相同。

（三）保险责任的起讫期限

自被保险邮包离开保险单所载起运地点寄件人的处所运往邮局时开始生效，直至该项邮包运达本保险单所载目的地邮局，自邮局签发到货通知书当日午夜起算满 15 天终止。但在此期限内邮包一经递交至收件人的处所时，保险责任即行终止。

第六节　买卖合同中的保险条款

一、保险险别的选择

保险险别是保险公司所负赔偿责任的依据。不同的险别，保险公司承担的责任范围不同，对被保险货物的风险损失的保障程度不同，收取的保费也不同。因此，如何适当地选择险别是个十分重要的问题。一般来说，对投保险别的选择应该考虑以下几个要素：

（一）货物的种类、性质和特点

不同货物在遭到自然灾害和意外事故时，所受损失和受损程度不一样，选择前，应分析各种风险对货物致损的影响程度，以确定适当的险别。对于散装货物，如煤炭，由于在装卸过程中或在运输过程中会出现短量，应选择在投保一切险或者水渍险的基础上加保短量险。对于液体化工原料可在平安险或水渍险的基础上加保渗漏险。

（二）货物的包装

要考虑货物的包装情况，特别是一些容易破损的包装，对货物致损影响很大。选择险别时要根据包装的方式、包装的材料选择险别。但是由于包装不良或由于包装不适合国际贸易运输的一般要求而使货物受损，保险公司不负责任。

（三）货物的运输情况

有的航线途经热带，如载货船舶通风不良就会增大货损；在海盗经常出没的海域航行，则货船遭受意外损失的可能性就大一些；有的港口偷窃严重，装卸时货损比较大。因此，选择险别要考虑航线和港口对货物影响的问题。

二、投保的业务手续

我国对外贸易进出口货物投保方式有两种，即逐笔投保和预约保险。

1. 逐笔投保

我国出口货物一般采取逐笔投保的办法。按 FOB 或 CFR 术语成交的出口货物，卖方无办理投保的义务，但卖方在履行交货之前，货物自仓库到装船这一段时间内，仍承担货物可能遭受意外损失的风险，需要自行安排这段时间内的保险事宜。按 CIF 或 CIP 等术语成交的出口货物，卖方负有办理保险的责任，一般应在货物从装运仓库运往码头或车站之前办妥投保手续。

2. 预约保险

预约保险的方式适用于经常有货物进口的外贸公司或企业。按此种方式办理保险，可简化投保手续，免去逐笔投保的麻烦，还可防止漏保。具体做法是：进口企业与中国的保险公司签订预约保险合同（open policy），作为办理预约保险的依据。预约保险合同规定总的保险范围、保险期限、保险种类、总保险限额、航程区域、运输工具、保险条件、保险费率、适用条款及赔偿的结算支付办法等。同时，具体规定预约保险合同对每艘船舶（或每架飞机）每一航次承担的最高保险责任，如果承运货物超过此限额时，应于货物装船前书面通知保险公司，否则仍按原限额作为最高赔付金额。只要属于预保合同规定的承保范围内的货物，投保单位在接到国外出口商的装船通知后，应立即填写"进口货物装船通知"送交保险公司，保险公司即开始承保。"进口货物装船通知"上应载明起运货物的品名、价值、包装、数量、起讫港口、运输工具、起运日期等。

三、保险金额和保险费

（一）保险金额

保险金额（insured amount）又称投保金额，它是指保险人所承担的最高赔偿金额，也是核算保险费的基础。保险金额一般是以发票价值为基础确定，按照国际保险市场习惯，通常按 CIF 或 CIP 总值加 10% 计算；其所加的百分率称为保险加成率，它作为买方的经营管理费用和预期利润加保。在 CIF 或 CIP 出口合同中，如买方要求以较高加成率计算保险金额投保，在保险公司同意承保的条件下，卖方也可接受。

保险金额 =CIF 货值 ×（1+ 加成率）

以 CIF 价格为保险金额的计算基础，表明不仅货物本身而且包括运费和保险费都作为被保险标的而投保，并在发生损失时获得赔偿。因此，对 CFR

合同项下进行投保，需先把 CFR 转化为 CIF 价格再加成计算保险金额，其计算公式如下：

CIF=CFR/[1- 保险费率 ×（1+ 加成率）]

我国进口货物的保险金额原则上以 CIF 货值计算，不加成。由于我国进口合同大部分采用 CFR 或 FOB 条件，为了简化手续，方便计算，各进出口公司与中国人民财产保险股份有限公司签订预约保险合同，共同商定平均运费率和平均保险费率。据此，就可按进口合同所采用的贸易术语计算保险金额，计算公式如下：

以 FOB 价格成交的进口货物：

保险金额 =FOB×（1+ 平均保险费率 + 平均运费率）

以 CFR 价格成交的进口货物：

保险金额 =CFR×（1+ 平均保险费率）

（二）保险费

投保人按约定方式缴纳保险费是保险合同生效的条件。保险费率是由保险公司根据一定时期、不同种类的货物的赔付率，按不同险别和目的地确定的。保险费则根据保险费率表按保险金额计算，其计算公式是：

保险费 = 保险金额 × 保险费率

保险费 =CIF×（1+ 加成率）× 保险费率

【案例六】

某出口商品 CFR 天津新港价为 1200 美元，投保一切险，保险费率为 0.63%，客户要求加一成投保，求保险金额和保险费。

【案例讨论】

CIF=1200/（1-0.63%×110%）=1208.37（美元）

保险金额 =1208.37×110%=1329.21（美元）

保险费 =CIF-CFR=1208.37-1200=8.37（美元）

该笔保险业务的保险金额为 1329.21 美元，保险费为 8.37 美元。

【案例七】

有一份 CIF 合同，卖方甲投保了一切险，自法国内陆仓库起，直到美国纽约的买方仓库为止。合同中规定，投保金额是"按发票金额点值另加百分之十"。卖方甲在货物装船后，已凭提单、保险单、发票、品质检验证书等单证向买方银行收取了货款。后来，货物在运到纽约港前遇险而全部损失。当买方凭保险单要求保值的百分之十部分，应该属于他，但卖方保险公司拒绝。请问：卖方甲有无权利要求保险公司发票总值 10% 的这部分金额？为什么？

【案例讨论】

根据本案情况，卖方无权要求这部分赔款，保险公司只能将全部损失赔偿支付给买方。

1. 在国际货物运输保险中，投保加成是一种习惯做法。保险公司允许投保人按发票总值加成投保，习惯上是加成百分之十，当然，加成多少应由投保人与保险公司协商约定，不限于百分之十。在国际商会的《国际贸易术语解释通则》中，关于 CIF 卖方的责任有如下规定："自费向信誉卓著的保险人或保险公司投保有投保有关货物运送中的海洋险，并取得保险单，这项保险，应投保平安险，保险金额包括 CIF 价另加百分之十，……"

2. 在 CIF 合同中，虽然由卖方向保险公司投保，负责支付保险费并领取保险单，但在卖方提供符合合同规定的单据（包括提单、保险单、发单等）换取买方支付货款时，这些单据包括保险单已合法、有效地转让给买方。买方作为保险单的合法受让人和持有人，也就享有根据保险单所产生的全部利益，包括超出发票总值的保险价值的各项权益都应属买方享有。

因此，在本案中，保险公司有权拒绝向卖方赔付任何金额，也有义务向买方赔付包括加成在内的全部保险金额。

四、保险单证

保险单证是保险公司对投保人的承担证明，也是保险公司与投保人的一种契约，它具体规定了双方的权利和义务。在被保险货物遭受损失时，保险单证是被保险人索赔的依据，也是保险公司理赔的主要依据。

目前，常用的保险单证有：保险单、保险凭证、联合保险凭证、预约保险单。

（一）保险单（insurance policy）

又称"大保单"，是投保人与保险公司之间订立的正式的保险合同。它除了在正面载明证明双方当事人建立保险关系的文字、被保险货物的情况、承保险别、理赔地点以及保险公司关于所保货物如遇险可凭本保险单及有关证件给付赔款的声明等内容外，在背面还对保险人和被保险人的权利和义务作了规定。

（二）保险凭证（insurance certificate）

俗称"小保单"，是一种简化了的保险合同，它与正式的保险单具有同样的效力。保险凭证只有正面的内容，无背面条款，但其一般标明按照正式保险单上所载保险条款办理。

（三）联合凭证（combined certificate）

联合凭证又可称为"联合发票"，是一种将发票和保险单相结合的比保险凭证更为简化的保险单证。保险公司将承保的险别、保险金额以及保险编号加注在投保人的发票上，并加盖印戳，其他项目均在发票上列明为准。这种单证只有我国采用，并且仅适用于对港、澳地区的出口业务。

（四）预约保险单（open policy）

预约保险单又称为"开口保险单"，它是被保险人和保险人之间订立的总合同。订立这种合同的目的是简化保险手续，又可使货物一经装运即可取得保障。合同中规定承保货物的范围、险别、费率、责任、赔款处理等条款，凡属合同约定的运输货物，在合同有效期内自动承保。

在我国，预约保险单适用于进口的货物。凡属于预约保单规定范围内的进口货物，一经起运，我国保险公司即自动按预约保单所订立的条件承保。但被保险人在获悉每批货物装运时，应及时将装运通知书送交保险公司，并按约定办法交纳保险费，即完成了投保手续。事先订立预约保险合同，可以防止因漏保或迟保而造成的无法弥补的损失，因为货物在未投保前出险，再向保险公司投保，照例不能被接受，当发生损失时，就得不到保险赔款。

它是经常有相同类型货物需要陆续分批装运时所采用的一种保险单。严格地讲，它是一种没有总保险金额限制的预约保险总合同，是保险人对被保险人将要装运的属于约定范围内的一切货物负自动承保责任的总合同。

（五）批单（endorsement）

保险单出立后，投保人如需要补充或变更其内容时，可根据保险公司的规定，向保险公司提出申请，经同意后即另出一种凭证，注明更改或补充的内容，这种凭证即称为批单。保险单一经批改，保险公司即按批改后的内容承担责任。其批改内容如涉及保险金额增加和保险责任范围扩大，保险公司只有在证实货物未发生出险事故的情况下才同意办理。批单原则上须粘贴在保险单上，并加盖缝章，作为保险单不可分割的一部分。

五、合同中的保险条款

保险条款是进口合同的重要组成部分之一，必须订得明确合理。条款合同是要明确由谁办理保险，保险险别和保险金额的确定办法，按什么保险条款保险，并注明该条款的生效日期。

签订出口合同时，如果按 FOB 或 CFR 条件成交，保险条款可规定为"保险由买方自理"（insurance to be effected by the buyers）。如果对方委托我方代办，可以订为："由买方委托卖方按发票金额 ×××% 代为投保 ××险，保险费由买方负担。"（insurance to be effected by the sellers on behalf of the buyers for ×××% of invoice value against ××× risk, premium to be for buyers account.）

签订出口合同时，如果按 CIF 条件成交，规定按中保财产保险有限公司的保险条款办理，除将双方约定的险别、保险金额等项内容在合同中予以列明外，还应订明按 ×××× 年 × 月 × 日中国人民保险有限公司海运货物保险条款承保，例如，"由卖方按发票金额 ×××% 投保 ×× 险，按 ×××× 年 × 月 × 日中保财产保险有限公司海运货物保险条款办理。"（insurance to be effected by the seller's for ×××% of invoice value against ××× as per Ocean Marine Cargo Clauses of The People's insurance Company of China dated ×/×/×.）

签订进口合同时，由于我国进口货物多由我们自办保险，所以在进口合同中对保险条款的规定比较简单，通常作如下规定："装船后保险由买方负责"（insurance to be effected by the buyers after loading）。

第七节　保险索赔

保险索赔（insurance claim）也称提赔，指当被保险人的货物遭受承保责任范围内的风险损失时，被保险人向保险人提出的索赔要求。在国际贸易中，如由卖方办理投保，卖方在交货后即将保险单背书转让给买方或其收货代理人，当货物抵达目的港（地），发现残损时，买方或其收货代理人作为保险单的合法受让人，应就地向保险人或其代理人要求赔偿。

一、索赔手续

（一）损失通知与残损检验

当被保险人获悉或发现保险货物已遭受损失，应立即通知保险公司。保险公司在接到损失通知后即可采取相应的措施，如检验损失、提出施救意见、确定保险责任和查核发货人或承运人责任等。检验报告是被保险人向保险公司索赔的重要证件。因此，现场检验应由承运人、保险人及其他部门方面会同检验，作出检验报告。如卸货港没有保险人的检验或理赔代理，根据有关规定，需聘请公证机构进行检验并出证。

（二）向有关方面提出索赔

被保险人或其代理人在提货时如发现货物有明显的受损痕迹，或整件短少，或散舱货物已经残损，除向保险公司报损外，还应立即向承运方以及海关，港务当局等索取货损货差证明，并及时向有关责任方提出索赔。如有关责任方拒赔或赔偿不足或拖延不理赔时，可转向保险公司索赔，并将有关索赔文件转向保险公司，由保险公司向有关责任方行使追偿权利，有时还要申请延长索赔时效。

（三）采取合理的施救、整理措施

保险货物受损后，被保险人应对受损货物采取施救、整理措施，以防止损失的扩大。因抢救、阻止或减少货损的措施而支付的合理费用，可由保险公司负责，但以不超过该批货物的保险金额为限。

（四）索赔证据

保险货物的损失经过检验，并办妥向承运人等第三者的追偿手续后，可向保险公司或其代理人提出赔偿要求。提出索赔时，通常应提供下列单证：①货物残损检验报告；②向承运人或其他第三者索赔的有关文件和往来的函电；③索赔清单，主要列明索赔金额及计算依据以及有关费用的项目和用途。

二、保险索赔应注意的问题

（1）海运货物保险一般是定值保险，即当货物发生全损时，应赔偿全部保险金额。如为部分损失，则须合理确定赔偿比例。但是，对于易碎和易短量货物的索赔，一般有以下规定方法：一种是规定不论损失程度保险公司均予赔偿；另一种规定是当货物发生破损或短量时，保险公司可以免赔一定的百分数，即通常所说的免赔率。免赔率可分为相对免赔率和绝对免赔率。如果损失额不超过免赔率，则保险公司不予赔偿；超过免赔率，相对免赔率不扣除免赔率全部予以赔偿，而绝对免赔率则要扣除免赔率，只赔超过部分。中国人民财产保险股份有限公司对某些指明货物采取绝对免赔率。如果不计免赔率，保险公司要加收保险费。

（2）当被保险货物遭受严重损失，被保险人要求按推定全损赔偿时，必须将货物及其一切权利委付给保险公司。保险公司一经接受委付就只能按推定全损赔偿，并取得对处理残余货物的权利。如果被保险人不提出委付通知，则被认为被保险人要保留残余货物的权益，保险人只给予部分损失的赔偿。

【练习题】

1. 什么是实际全损和推定全损？

2. 什么是共同海损？构成共同海损应该具备哪些条件？共同海损和单独海损的异同点是什么？

3. 我国 A 公司以 CIF 汉堡出口食品 1000 箱，即期信用证付款。货物装运后，A 公司凭已装船清洁提单和已投保一切险及战争险的保险单，向银行收妥货款，货到目的港后经进口人复验发现下列情况：①该批货物共有 10 个批号，抽查 20 箱，发现其中 2 个批号涉及 200 箱食品细菌含量超过进口国标准；②收货人只实收 995 箱，短少 5 箱；③有 10 箱货物外表状况良好，但箱内货物共短少 60 千克。试分析上述情况，进口人应分别向谁索赔？

4. 某批 CIF 总金额为 USD30000 货物，投保一切险（保险费率为 0.6%）及战争险（保险费率为 0.03%），保险金额按 CIF 总金额加 10%。请问：该货主应交纳的保险费是多少？若发生了保险公司承保范围内的损失，导致货物全部灭失，保险公司的最高赔偿金额是多少？

5. 英国伦敦保险协会货物险有哪几种险别？它们的承保范围是如何划分的？

第九章　国际货款的收付

【本章学习目标】

●了解各种票据的含义、内容、使用程序和有关法律问题

●掌握汇付和托收的种类、支付使用程序及特点

●掌握信用证的含义、支付程序、各类信用证的区别、信用证特点

●了解银行保函和备用信用证

【引导案例】

我方出口公司与日方进口公司进行交易洽谈，我方要求付款方式为（D/P at sight），而日方则要求付款方式为（D/P at 45 days after sight）并指出 A 银行作为代收行，试分析日方为何有上述要求。

第一节　支付工具

国际贸易中的支付工具主要有货币和票据两种。现金结算方式在国际贸易中只限于少量，零星费用的支付，其应用范围不广泛。大多使用的是作为信用工具的票据来结算。它代替现金作为流通手段和支付手段清算国际间的债权、债务。国际贸易中使用的票据主要有汇票、本票和支票，其中以汇票为主。

一、货币

货币（currency）在国际贸易中可作为计算价格的单位，可用来作为结算债权债务的支付手段。买卖双方在进出口中选用什么货币，通常由双方协商确定。

在使用货币支付时应注意两方面的问题：一方面是要从政治角度考虑，不能接受与我国不友好国家的货币作为支付手段；另一方面从经济角度考虑，

所选用的货币要有可兑换性和稳定性。可兑换性指该货币可以到国际金融市场自由兑换。稳定性指该货币的汇率较稳定，波动不大。结合进出口业务来看，就是出口尽量采用汇率较稳定并呈上升趋势的"硬币"，在进口中尽量采用汇率不稳定并呈下降趋势的"软币"。由于外贸交易中绝大多数交易都不是即时清结的，所以汇率对支付的影响很重要。可以在合同中订保值条款或去外汇交易所从事外汇期货买卖，以减少和避免汇率风险损失。

目前，国际贸易中的结算已很少使用直接输送现金来结算国际间的债权债务关系，取而代之的是非现金结算方式，即利用信用工具或支付凭证的转移和传递，通过银行账户的冲销结清国际间的债权债务差额。

二、汇票

（一）汇票的定义

汇票（bill of exchange，draft）是国际贸易结算中非常重要的一种票据。我国《票据法》对汇票的定义是："汇票是出票人签发的，委托付款人在见票时或者在指定日期无条件支付确定的金额给收款人或者持票人的票据。"（A bill of exchange is an unconditional order in writing，addressed by one person to another，signed by the person giving it，requiring the person to whom it is addressed to pay on demand，or at a fixed or determinable future time a sum certain in money to or to the order of a specified person，or to bearer.）在国际贸易结算实务中，汇票在信用证和托收业务中都有使用，但在信用证业务中使用更为广泛（见图 9-1）。

（二）汇票必须记载的内容

汇票的格式有多种，但其主要内容是一致的。现举常用的一种格式如下，以此为例说明汇票的填制方法。

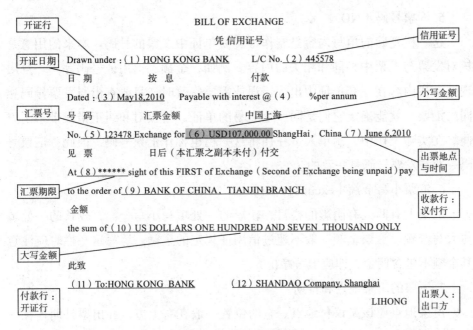

图 9-1　汇票样张

1. 出票依据（drawn under）

出票依据也称"出票条款"。一般内容包含三项，即开证行名称、信用证号码和开证日期。如果信用证有规定缮制方法，则应按照信用证规定原句填制。信用证如果有规定利息条款，也应在本栏中加以列上。在信用证支付条件下，开证行是提供银行信用的一方，开证行开出的信用证就最终伴随所要求的单证成为凭以向买方（付款人）收款的书面证据。本栏 drawn under 后面要求根据信用证要求填写开证行全称。

2. 信用证号码（L/C NO.）

这一栏要求填写正确的信用证号码。但有时来证要求不填这一栏目，出口公司在制单过程中也可以接受。

3. 开证日期（dated）

这一栏应填写的是开证日期，常见的错误是把出具汇票的日期填在这一栏，因此，在实务操作中应多加注意。

4. 年息（payable with interest @% per annum）

这一栏由结汇银行填写，用以清算企业与银行间的利息费用。

5. 汇票号码（NO.）

这一栏正确的填写内容是制作本交易单证中发票的号码。本来的用意是核对发票与汇票中相同和相关的内容。例如，金额、信用证号码等。一旦出现这一栏内容在一套单证中出现错误或需要修改时，只要查出与发票号码相同的汇票，就能确定它们是同一笔交易的单证，给核对和纠正错误带来了方便。在实际工作中，制单人员往往将这一栏也称作汇票号码，因此，汇票号码一般与发票号码是一致的。

6. 汇票小写金额（exchange for）

汇票上有两处有阴影的栏目，较短的一处填写小写金额，较长的一处填写大写金额。汇票金额一般不超过信用证规定的金额。填写这一栏时应注意其金额不包含佣金，即应填写净价。

7. 汇票的出票地点和日期

出票地点应该是议付地点。它的位置一般在右上方，和出票日期连在一起。汇票的日期指受益人把汇票交给议付行的日期。原则上出票日期最晚不能晚于提单日期 21 天以后，更不能晚于信用证的议付期限，或不能早于提单日期和发票日期。

8. 付款期限（at ... sight）

汇票付款有即期和远期之分。

（1）即期汇票（sight draft）表明在汇票的出票人按要求向银行提交单证和汇票时，银行应立即付款。即期汇票的付款期限这一栏的填写较简单，只需使用"×××"或"———"或"***"等符号或者直接将"AT SIGHT"字样填在这一栏中，但该栏不得空白不填。

（2）远期汇票（time draft）表明在将来的某个时间付款。以表明"远期"起算时的根据不同，分为各种远期汇票。一般远期的期限计算有四种：

①付款人于见票后 ×× 天付款（At×× days after sight），即付款人在持票人提示汇票时，付款人表示承兑，从承兑日起算 ×× 天即为付款日期。

②以汇票出票日起算 ×× 天付款（At×× days after date of draft）。

③按提单签发日期后 ×× 天付款（At×× days after date of B／L）。

④按固定的 × 月 × 日付款。

9. 受款人（pay to the order of）

信用证项下填写议付银行的名称。由于信用证是银行提供货款，而整个信用证的执行都处在银行监督、控制下，同时开证行也不会跟受益人直接往来，而是通过另一家银行与受益人接触。当开证行按信用证规定把货款交给受益人时，也应通过一家银行，这家银行应成为信用证履行中第一个接受货款的一方，为此，被称为受款人。所以在信用证支付的条件下，汇票中"受款人"这一栏目中填写的应是银行名称和地址，一般都是出口方所在地的议付行的名称和地址。究竟要填哪家银行作为受款人，这要看信用证中是否有具体的规定，即是公开议付还是限制议付。另外，如果信用中对议付银行的要求是"ANY BANK IN CHINA"，此栏不能照抄，应根据出口公司资金账户的实际情况填写。

10. 汇票大写金额（the sum of）

大写金额由小写金额翻译而成，要求顶格，不留任何空隙，以防有人故意在汇票金额上做手脚。大写金额也由两部分构成：一是货币名称；二是货币金额。常见的货币英文名称写法如下：美元（USD）、英镑（GBP）、瑞士法郎（CHF）、港币（HKD）、日元（JPY）、人民币（CNY）、欧元（EUR）、澳大利亚元（AUD）、加拿大元（CAD）等。以货币名称开始，以 ONLY 结尾。

11. 付款人（to）

信用证项下的汇票付款人应是开证银行。信用证项下汇票的付款人和合同的付款人不完全相同。从信用证的角度来看，汇票的付款人应是提供这笔交易的信用的一方，即开证行或其指定付款行为的付款人。但从合同的意义来看，信用证只是一种支付方式，是为买卖合同（S/C）服务的。买卖交易中最终付款人是买方，通常是信用证的开证申请人。按照国际商会《跟单信用证统一惯例》的相关规定："信用证不应凭以申请人为付款人的汇票支付。但如信用证要求以申请人为付款人的汇票，银行将视此种汇票为一项额外的单证。"据此，如信用证要求以申请人为付款人的汇票，仍应照办，但这只能作为一种额外的单证。因此，在填写汇票时，应严格按照信用证的规定填写。

12. 出票人（drawer）

虽然汇票上没有"出票人"一栏，但习惯上都把出票人的名称填在右下角，与付款人对应。出票人即出具汇票的人，在贸易结汇使用汇票的情况下，一般都由出口企业填写，主要包括出口公司的全称和经办人的名字。

汇票在没有特殊规定时，都打两张，一式两份。汇票一般都在醒目的位置上印着"1""2"字样，或"original""copy"，表示第一联和第二联。汇票的一联和二联在法律上无区别。第一联生效，则第二联自动作废（Second of exchange being unpaid），第二联生效，第一联也自动作废（First of exchange being unpaid）。

（三）汇票的使用

通常汇票的使用要经过出票、提示、承兑和付款等环节，如有转让，则还有背书环节，如遭拒付，则还有追索环节。

1. 出票（draw）

指出票人按规定制作汇票并将其交给受款人的行为。制作汇票时对"受款人"一栏的填制方法不同，会导致汇票的性质完全不同，由此产生三种形式的汇票：①限制性抬头。例如，作成"仅付某某公司"（Pay ... Co. Only），该种汇票不能转让。②指示式抬头。例如，作成"付某某公司或其指定人"（Pay ... Co.or Order），该种汇票经过背书可以转让。③持票人或来人式抬头。例如，作成"付来人"或"付持票人"（Pay Bearer），该种汇票无须背书就可以自由转让。

2. 提示（presentation）

指持票人将汇票提交付款人，要求承兑或付款的行为。

3. 承兑（acceptance）

指付款人对远期汇票表示承担到期付款责任的承诺行为。由付款人在汇票上写上"承兑"并签名，承兑人要承担在远期汇票到期时付款的责任。承兑前后，汇票上的主债务人身份发生变化，承兑前是出票人，承兑后是承兑人。

4. 付款（payment）

对即期汇票，当持票人提示后，付款人就应付款；对远期汇票，则要经过提示、承兑之后，于汇票到期日履行付款。

另外，还有汇票的背书（endorsement）环节，这是在汇票的转让中发生的行为。所谓背书，是指汇票的持有人将该汇票的收款权利转让给他人的行为。该转让人（持票人）就叫背书人（endorser），被转让人叫被背书人（endorsee）。具体分记名背书和空白背书。记名背书由背书人在汇票上签名，并加上被背书人的名称；空白背书只能签背书人，不写被背书人的名称。一张汇票可以经过多次背书转让，转让次数越多，收款风险就越大。

（四）汇票种类

常见的出口贸易结算的汇票有下列几种：

1. 跟单汇票（documentary draft）和光票（clean bill）

汇票按是否跟随货运单证及其他单证的角度划分，可以分为跟单汇票和光票两种。经常在信用证上见有这样的条款："Credit available by your drafts at sight on us to be accompanied by the following documenrs." 这个条款就是跟单汇票条款。开立这种汇票必须跟随有关货运单证及其他有关单证才能生效，所以叫作"跟单汇票"。和这个意思相反，即开立汇票不跟随货运单证，单凭汇票付款的叫作"光票"。

在出口业务中，结算所缮制的汇票多是跟单汇票，很少有光票。这是因为跟单汇票对买卖双方都有利。汇票跟随着货运单证一起，使进口商必须在付清货款或承兑后才能得到货运单证而提取货物；而出口商如果没有提供合乎信用证要求的单证，进口商可以不负责付款。光票则与上述情况相反。所以进出口贸易都采取跟单汇票，极少使用光票。只有由于费用或佣金等收取才采取光票方式，因无货运单证可提供。

2. 即期汇票（sight draft）和远期汇票（time draft）

从汇票的付款期限来分，有即期汇票和远期汇票的区分。凡是汇票上明确规定见票付款人立即执行付款等字句，这样的汇票就是即期汇票。凡是汇票上明确规定见票后××天或规定将来某一时期内付款人执行付款，这样的汇票就是远期汇票。

3. 银行汇票（bank's draft）和商业汇票（commercial draft）

从出票人角度来分，有银行汇票和商业汇票。例如，在汇款业务中汇款人请求汇出行把款项汇交收款人，这时汇出银行开立汇票交给汇款人以便寄交收款人向付款行领取款项。这种汇票其出票人由银行开具，所以叫银行汇票。在出口贸易中的预付货款的支付方式，进口商向出口商汇付货款的汇票也属于银行汇票，在汇款方法中属于顺汇法。

出口贸易结算中的托收支付方式和信用证项下的支付方式所开具汇票就属于商业汇票。商业汇票是债权者主动开具汇票向债务者指令凭票付款，这种汇票的出票人是商人或商号，所以叫作商业汇票，在汇款方法中属于逆汇法。

4. 商业承兑汇票（commercial acceptance bill）和银行承兑汇票（banker's acceptance bill）

从承兑人角度区分，可分为商业承兑汇票和银行承兑汇票。在商业汇票中，远期汇票的付款人为商人，并经付款人承兑，这种汇票叫作商业承兑汇票；如果远期汇票的付款人是银行，并由付款人——银行承兑，这种汇票就叫作银行承兑汇票。

三、本票

（一）本票的定义

本票（promissory note）是一项书面的无条件的支付承诺，由一个人作成并交给另一人，经制票人签名承诺，即期或定期或在可以确定的将来时间，支付一定数目的金钱给一个特定的人或其指定人或来人。（A promissory note is an unconditional promise in writing made by one person to another signed by the maker, engaging to pay on demand or at a fixed or determinable future time a sum certain in money to or to the order of a specified person, or to bearer）。简言之，本票是出票人对受款人承诺无条件支付一定金额的票据。

我国《票据法》对本票的定义，指的是银行本票，指出票人签发的承诺自己在见票时无条件支付确定金额给收款人或者持票人的票据。

国外票据法允许企业和个人签发本票，称为一般本票。但在国际贸易中使用的本票均为银行本票。银行本票都是即期的，而一般本票可以是即期的或远期的。狭义的外汇本票仅指银行本票，不包括商业本票、个人本票。本票的出票人必须具有支付本票金额的可靠资金来源，并保证支付。

（二）本票必须记载的事项

我国《票据法》规定本票必须记载下列事项：

（1）表明"本票"字样；

（2）无条件支付承诺；

（3）确定的金额；

（4）收款人姓名；

（5）出票日期和地点；

（6）出票人签字。

在我国，本票的出票人资格由中国人民银行审定。

（三）本票的当事人

本票的当事人有三个：出票人、付款人和收款人。但出票人和付款人为同一个人，实际就有两个当事人，即出票人和收款人。

（四）本票的种类

本票的划分方法多种多样，根据签发人的不同，可分为商业本票和银行本票；根据付款时间的不同，可分为即期本票和远期本票；根据有无收款人之记载，可分为记名本票和不记名本票；根据其金额记载方式的不同，可分为定额本票和不定额本票；根据支付方式的不同，可分为现金本票和转账本票。

（五）本票与汇票的区别

（1）本票是无条件承诺，而汇票为无条件命令。

（2）本票的基本当事人有两个，即出票人与收款人，而汇票则有出票人、付款人和收款人三个基本当事人。

（3）本票出票人即是付款人，所以远期本票不面承兑便可付款，而远期汇票则必须办理提示要求承兑和承兑手续，但见票后定期付款的本票则要求持票人向签发人提示见票，并在本票上载明见票日期，这和见票后定期的汇票相同。

（4）本票在任何情况下，出票人都是主债务人，而汇票在承兑前出票人是主债务人，在承兑后，承兑人是主债务人。

（5）本票出票只开一张，而汇票出票要一式两份或数份。

（6）《英国票据法》规定，外国本票退票时，无须做成拒绝证书；而汇票退票时，必须做成拒绝证书或退票理由书。

四、支票

（一）支票的含义

支票（cheque，check）是银行存款户对银行签发的授权银行对特定的人或其指定的人或持票人在见票时无条件支付一定的金额的书面命令。（A cheque is an unconditional order in writing drawn on abanker signed by the drawer，requiring the banker to pay on demand a sum certain in money to or to the order of a specified person，or to bearer.）

支票是以银行为付款人的即期汇票，可以看作汇票的特例。支票出票人签发的支票金额，不得超出其在付款人处的存款金额。如果存款低于支票金额，银行将拒付给持票人。这种支票称为空头支票，出票人要负法律上的责任。

开立支票存款账户和领用支票，必须有可靠的资信，并存入一定的资金。支票可分为现金支票、转账支票、普通支票。支票一经背书即可流通转让，具有通货作用，成为替代货币发挥流通手段和支付手段职能的信用流通工具。运用支票进行货币结算，可以减少现金的流通量，节约货币流通费用。

（二）支票必须记载的事项

我国《票据法》规定："支票必须记载下列事项：①表明"支票"字样；②无条件支付委托；③确定的金额；④付款人名称；⑤出票日期；⑥出票人签章。是票据法规定必填的记载事项，如欠缺某一项记载事项则该票据无效。"

（三）支票的当事人

1. 出票人

出票人是银行的存款户。出票人开出支票，存款的银行承诺保证付款。出票人可以在支票上记载自己为收款人。出票人签发的支票金额超过其在付款人处实有的存款金额的，为空头支票。禁止签发空头支票。

2. 付款人

支票的付款人是出票人的开户银行。当持票人向开户银行提示支票时，银行要审核支票上必须载明事项和出票人存款金额是否满足支付金额并在提示期内承担付款义务。

3. 收款人

支票的收款人是出票人或持票人或其指定人。支票上应记载收款人名称，支票上未记载收款人名称的，经出票人授权，可以补记。

（四）支票的种类

（1）记名支票（cheque payable to order）是在支票的"收款人"一栏，写明收款人姓名，如"限付某甲"（Pay A Only）或"指定人"（Pay A Order），取款时须由收款人签章，方可支取。

（2）不记名支票（cheque payable to bearer）又称空白支票，支票上不记载收款人姓名，只写"付来人"（pay bearer）。取款时持票人无须在支票背后签章，即可支取。此项支票仅凭交付而转让。

（3）划线支票（crossed cheque）是在支票正面划两道平行线的支票。

划线支票与一般支票不同，划线支票非由银行不得领取票款，故只能委托银行代收票款入账。使用划线支票的目的是在支票遗失或被人冒领时，还有可能通过银行代收的线索追回票款。

（4）保付支票（certified cheque）是指为了避免出票人开出空头支票，保证支票提示时付款，支票的收款人或持票人可要求银行对支票"保付"。保付是由付款银行在支票上加盖"保付"戳记，以表明在支票提示时一定付款。支票一经保付，付款责任即由银行承担。出票人、背书人都可免于追索。付款银行对支票保付后，即将票款从出票人的账户转入一个专户，以备付款，所以保付支票提示时，不会退票。

（5）银行支票（banker's cheque）是由银行签发，并由银行付款的支票，也是银行即期汇票。银行代顾客办理票汇汇款时，可以开立银行支票。

（6）旅行支票（traveller's cheque）是银行或旅行社为旅游者发行的一种固定金额的支付工具，是旅游者从出票机构用现金购买的一种支付手段。

第二节　汇付与托收

一、汇付（remittance）

（一）汇付的定义

汇付，又称汇款，是债务人或付款人通过银行将款项汇交债权人或收款人的结算方式，是最简单的国际货款结算方式。货运单证由卖方自行寄送买方。

（二）汇付方式的当事人

汇付方式涉及四个基本当事人，即汇款人、汇出行、汇入行和收款人。

1. 汇款人（remitter）

汇款人即付款人，在国际贸易中，通常是进口人。

2. 汇出行（remitting bank）

汇出行是接受汇款人的委托或申请，汇出款项的银行，通常是进口人所在地的银行。

3. 汇入行（receiving bank）

汇入行即接受汇出行的委托，解付汇款的银行，故又称解付行。通常是汇出行的代理行，出口人所在地的银行。

4. 收款人（payee）

收款人即收取款项的人。在国际贸易中，通常是出口人，买卖合同的卖方。

汇款人在委托汇出行办理汇款时，要出具汇款申请书，此项申请书是汇款人和汇出行的一种契约。汇出行一经接受申请就有义务按照汇款申请书的指示通知汇入行。汇出行与汇入行之间，事先订有代理合同，在代理合同规定的范围内，汇入行对汇出行承担解付汇款的义务。

（三）汇付的种类

汇款根据汇出行向汇入行转移资金发出指示的方式，可分为三种方式：

1. 电汇（telegraphic transfer，T/T）

电汇，是汇出行应汇款人的申请，采用电报、电传或环球银行间金融电讯网络（society for worldwide interbank financial telecommunication，SWIFT）等电讯手段给在另一国家的分行或代理行（即汇入行）解付一定金额给收款人的一种汇款方式。

电汇方式的优点在于速度快，收款人可以迅速收到货款。随着现代通信技术的发展，银行与银行之间使用电传或网络电讯手段直接通信，快速准确，是目前使用较多的一种方式，但其费用较高。

2. 信汇（mail transfer，M/T）

信汇是汇出行应汇款人的申请，用航空信函的形式，指示出口国汇入行解付一定金额的款项给收款人的汇款方式。信汇的优点是费用较低廉，但收款人收到汇款的时间较迟。

信汇与电汇类似，但其电讯手段不同，电汇、信汇业务程序如图 9-2 所示。

3. 票汇（remitlance by bank's draft，D/D）

票汇是以银行票据作为结算工具的一种汇款方式，一般是汇出行应汇款人的申请，开立以出口国汇入行作为付款人的银行即期汇票，列明收款人名称，汇款金额等，交由汇款人自行寄给或亲自交给收款人，凭票向付款行取款的一种汇付方式。

票汇与电汇、信汇的不同在于票汇的汇入行无须通知收款人取款，而由收款人持汇票登门取款；这种汇票除有限制转让和流通的规定外，经收款人背书，可以转让流通，而电、信汇的收款人则不能将收款权转让。票汇的业务程序（见图9-3）。

（四）汇付方式在国际贸易中的使用

在国际贸易中，使用汇付方式结算货款，银行只提供服务而不提供信用，因此，使用汇付方式完全取决于买卖双方中的一方对另一方的信任，并在此基础上提供信用和进行资金融通。汇付属商业信用，提供信用的一方所承担风险较大，所以汇付方式主要用于支付定金、分期付款、货款尾数以及佣金等费用。

汇付的优点在于手续简便、费用低廉。

汇付的缺点是风险大，资金负担不平衡。因为以汇付方式结算，可以是货到付款，也可以是预付货款。如果是货到付款，卖方向买方提供信用并融通资金。而预付货款则买方向卖方提供信用并融通资金。不论哪一种方式，风险和资金负担都集中在一方。在我国外贸实践中，汇付一般只用来支付订金货款尾数、佣金等项费用，不是一种主要的结算方式。在发达国家之间，由于大量的贸易是跨国公司的内部交易，而且外贸企业在国外有可靠的贸易伙伴和销售网络，因此，汇付是主要的结算方式。

在分期付款和延期付款的交易中，买方往往用汇付方式支付货款，但通常需辅以银行保函或备用信用证，所以又不是单纯的汇付方式了。

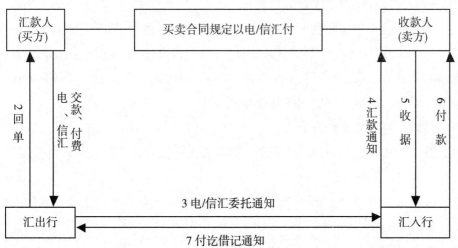

图9-2　电／信汇业务程序示意图

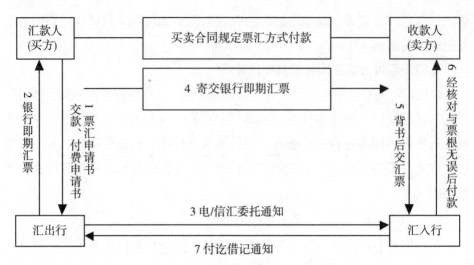

图 9-3　票汇业务程序示意图

二、托收（collection）

（一）托收的定义

托收是指债权人（出口人）出具汇票委托银行向债务人（进口人）收取货款的一结算方式。其基本做法是出口人根据买卖合同先行发运货物，然后开出汇票连同货运单证交出口地银行（托收行），委托托收行通过其在进口地的分行或代理行向进口人收取货款。

跟单托收业务现行的国际规则主要是《URC 522》。国际商会银行委员会发布，于 1996 年 1 月 1 日起正式实施。《跟单托收统一规则》由 26 款组成，其基本框架为：总则和定义；托收的形式和结构；提示的形式；义务和责任；付款；利息、手续费和费用；其他条款。

（二）托收方式的当事人

托收方式的主要当事人有四个，即委托人、托收行、代收行和付款人。

1. 委托人（principal）

委托人，是开出汇票（或不开汇票）委托银行向国外付款人收款的出票人，通常就是卖方。

2. 托收行（remitting bank）

托收行是委托人的代理人，是接受委托人的委托转托国外银行向国外付款人代为收款的银行，通常是出口地银行。

3. 代收行（cottecting bank）

代收行是托收行的代理人，是接受托收行的委托代向付款人收款的银行。一般为进口地银行，是托收银行在国外的分行或代理行。

4. 付款人（payer）

付款人即债务人，是汇票的受票人（drawee），通常是买卖合同的买方。

（三）托收的种类和业务程序

托收可根据所使用汇票的不同，分为光票托收和跟单托收两种。

1. 光票托收（clean bill for collection）

托收时如果汇票不附任何货运单据，而只附有"非货运单据"（发票、垫付清单等），叫光票托收。这种结算方式多用于贸易的从属费用、货款尾数、佣金、样品费的结算和非贸易结算等。

2. 跟单托收（documentary bill for collection）

凡是出口人将汇票连同商业票据一起交给银行委托代收的，叫作跟单托收。国际贸易中的货款托收业务大多采用跟单托收。在跟单托收的情况下，根据交单条件的不同，可分为付款交单和承兑交单两种。

（1）付款交单（documents against payment，D/P）。付款交单是卖方的交单需以买方的付款为条件，即进口人将汇票连同货运单证交给银行托收时，指示银行只有在进口人付清货款时才能交出货运单证。如果进口人拒付，就不能拿到货运单证，也无法提取单证项下的货物。付款交单按付款时间的不同，可分为即期付款交单和远期付款交单两种。

①即期付款交单（D/P at sight）：指出口人通过银行向进口人提示汇票和货运单证，见票人于见票时立即付款，付清货款后向银行领取货运单证。其业务程序如图9-4所示。

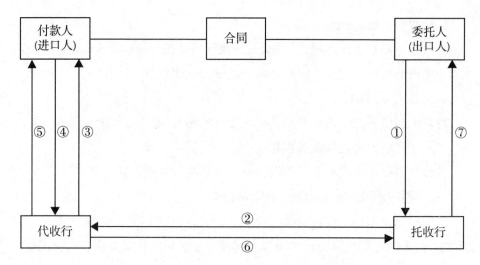

图9-4　即期付款交单业务程序示意图

说明：a.出口人按照合同规定装货并取得货运单证后，填写托收申请书，开出即期汇票，连同货运单证交托收行，委托代收货款。

b.托收行根据托收申请书缮制托收委托书连同汇票、货运单证，寄交进口地代收行。

c.代收行收到汇票及货运单证，即向进口人作付款提示。

d.进口人审单无误后付款。

e.代收行交单。

f.代收行通知托收行，款已收妥办理转账业务。

g.托收行向出口人交款。

②远期付款交单（D/P at ... days after sight）：是由出口人通过银行向进口人提示汇票和货运单证，进口人即在汇票上承兑，并于汇票到期日付款后向银行取得单证。在汇票到期付款前，汇票和货运单证由代收行掌握。其业务流程如图9-5所示。

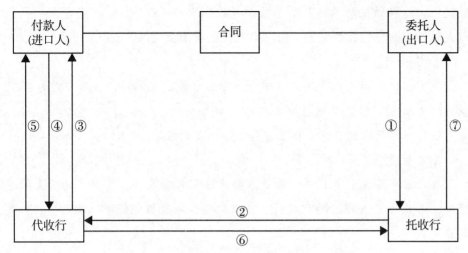

图 9-5　远期付款交单业务程序示意图

说明：a. 出口人按合同规定装货后填写托收申请书，开立远期汇票连同货运单证交托收行，委托代收货款。

b. 托收行根据委托申请书缮制托收委托书，连同汇票、货运单证寄交代收行委托代收。

c. 代收行按照托收委托书的指示向进口人提示汇票与单证，进口人经审核无误在汇票上承兑后，代收行收回汇票与单证。

d. 进口人到期付款。

e. 代收行交单。

f. 代收行办理转账，并通知托收行，款已收到。

g. 托收行向出口人交款。

在远期付款交单条件下，进口人为了抢行应市，不失时机地转销货物，可与代收行商量在汇票到期前借单提货，待汇票到期日再付清货款，这是代收行给予资信较好的进口人的一种通融方式。所谓信托收据（trust receipt，简称 T/R）是指进口人向代收行借取装运单据时提供的一种书面担保文件，用来表示愿意以代收行的受托人身份代为提货、报关、存仓、投保、出售并承认货物所有权仍属银行，货物售出后所得货款应交银行。这是代收行向进口人提供的信用便利，与出口人无关，因此，如代收行借出单据后，当汇票到期不能收到货款时，则代收行应对出口人负全部责任，这种形式具有银行信用的性质；如果由出口人主动授权代收行向进口人凭信托收据借取装运单据提货，这种做法称为付款交单凭信托收据借单（D/P T/R）。若汇票到期进口人拒付，则与代收行无关，由出口人自己承担拒付风险。

【案例一】

我方出口公司与日方进口公司进行交易洽谈，我方要求付款方式为（D/P at sight），而日方则要求付款方式为（D/P at 45 days after sight），并指定 A 银行作为代收行。试分析日方为何有上述要求。

【案例讨论】

我方要求即期付款交单，而日方要求远期付款交单，有更多的资金融通时间，而且指定 A 银行为代收行，可以凭借信托收据先行借取装运单据，先行提货。

【案例二】

我方某外贸企业与新加坡 A 商签订一份出口合同，结算条件为付款交单，见票后 60 天付款，当汇票及所付单据通过托收行寄交代收行后，A 商在汇票上履行了承兑手续，货物抵达目的港时，汇票付款期限尚未到期，由于 A 商用货心切，于是出具信托收据向代收行借得单据，并提货转售，待汇票到期时，A 商因经营不善失去偿付能力，因而拒绝付款，代收行以汇票付款人拒付为由通知托收行，并建议由我外贸企业直接向 A 商索取货款。对此，你认为我外贸企业应如何处理，为什么？

【案例讨论】

这是代收行向进口人提供的信用便利，与出口人无关，因此，如代收行借出单据后，当汇票到期不能收到货款时，则代收行应对出口人负全部责任。

（2）承兑交单（documents against acctance，D/A）。承兑交单是指出口人的交单以进口人的承兑为条件。进口人承兑汇票后，即可向银行取得全部货运单证，而对出口人来说，交出物权凭证之后，其收款的保障就完全依赖于进口人的信用。一旦进口人到期拒付，出口人便会遭受货、款两空的损失。因此，出口人对于接受这种方式必须慎重。其业务程序如图 9-6 所示。

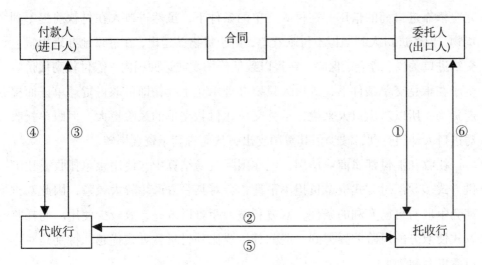

图 9-6　承兑交单业务程序示意图

说明：①出口人按合同规定装货并取得货运单证后，填写托收申请书，声明"承兑交单"，开出远期汇票连同货运单证交托收行，委托代收货款。

②托收行根据托收申请书缮制托收委托书连同汇票、货运单证寄交进口地代收银行委托代收。

③代收行按照托收委托书的指示向进口人提示汇票与单证，进口人在汇票上承兑，代收行在收回汇票的同时，将货运单证交给进口人。

④进口人到期付款。

⑤代收行办理转账，并通知托收款已收到。

⑥托收行向出口人交款。

采用这种付款方式，出口人所承担的风险很大，因为进口人在未付款之前即取得全部单据，提走货物，一旦到期拒不付款，代收行不负任何责任，出口人将遭受钱货两空的损失。因此，出口人对接受这种方式一般采用很慎重的态度。承兑交单与远期交单的程序基本一致，其唯一区别是承兑交单进口人在汇票上履行承兑手续后即可取得全部单据，而远期付款交单必须在付款后才能取得单据。但如办理付款交单托收手续时指示代收行可凭进口人出具的信托收据预借单据，则两者之间的风险基本相同。

（四）托收方式的特点

银行办理托收业务时，只是按委托人的指示办事，并无承担付款人必然付款的义务，因此，托收属于商业信用。出口商风险较大，其货款能否收到，完全依靠进口商的信用。在付款交单的条件下，虽然进口人在付款前提不到货物，但若进口人到期拒不付款赎单，由于货物已运出，在进口地办理提货、交纳进口关税、存仓、保险、转售以致低价拍卖或运回国内，需付较高代价。至于在承兑交单条件下，进口人只要办理承兑手续，即可取得货运单证而提走货物，所以对出口人来说，承兑交单比付款交单的风险更大。但跟单托收对进口人却很有利，减少了其费用支出，从而有利于资金周转。

托收和汇付都属商业信用，但在国际贸易结算中，使用跟单托收要比汇付方式多。汇付方式资金负担不平衡，会对某一方产生较大风险，因此双方都会争取对自己有利的条件，双方利益差距难以统一，故较少使用。而托收方式使双方的风险差异得到一些弥补，要比预付货款方式优越，特别是对进口商更有利。

第三节　信用证

一、信用证的定义

信用证（letter of credit，简称 L/C）是银行根据开证申请人的请求和指示，向受益人开具的有一定金额，并在一定期限内凭规定的单证承诺付款的书面文件；换句话说，即开证银行根据进口商的要求，向出口商开出的有条件的付款承诺，出口商提供信用证规定的汇票和单证，开证银行保证付款。

信用证属于银行信用，是银行信用介入国际货物买卖货款结算的产物。它的出现不仅在一定程度上解决了买卖双方之间互不信任的矛盾，而且还能使双方在使用信用证结算货款的过程中获得银行资金融通的便利，从而促进国际贸易的发展。与托收和汇款相比，更能保障买卖双方的利益，因而被广泛应用于国际贸易之中，成为当今国际贸易中的主要结算方式。简言之，信用证是一种银行开立的有条件的承诺付款的书面文件。

为了保持和提高信用证这种国际结算方式在国际贸易结算中的地位，规范信用证的结算规则，国际商会根据近 20 年来信用证使用发展情况对国标结算中广为使用的《跟单信用证统一惯例》国际商会第 500 号出版物（简称《UCP500》），进行修订，新修订的版本是国际商会第 600 号出版物（简称

《UCP600》），自 2007 年 7 月 1 日起实施。目前，《UCP600》已经成为最成功和最被广泛接受的国际银行和商业统一惯例。

二、信用证的当事人

（一）开证申请人（applicant）

开证申请人，又称开证人（opener），是指向银行申请开立信用证的人，一般为进口人，是买卖合同的买方。

（二）开证行（issuing bank，opening bank）

开证行是指接受开证人的申请，开立信用证的银行，一般是进口地的银行，开证人与开证行的权利和义务以开证申请书为依据，开证行承担保证付款的责任。

（三）受益人（beneficiary）

受益人是指信用证上所指定的有权使用该证的人，一般是出口商，即买卖合同的卖方。

（四）通知行（advising bank，notifying bank）

通知行是接受开证银行的委托，将信用证通知受益人的银行。一般为出口地的银行，是开证行的代理行。通知行负责将信用证通知受益人，以及鉴别信用证的表面真实性，并不承担其他义务。

（五）议付行（negotiating bank）

议付行是指愿意买入或贴现受益人交来的跟单汇票的银行。因此，又称购票银行、贴现银行或押汇银行，一般是出口人所在地的银行。议付行可以是信用证条款中指定的银行，也可以是非指定银行，由信用证条款决定。

（六）付款行（paying bank，drawee bank）

付款行是指开证行指定信用证项下付款或充当汇票付款人的银行。它一般是开证行，有时是代开证行付款的另一家银行。付款行通常是汇票的受票人，所以也称为受票银行。付款人和汇票的受票人一样，一经付款，对受款人就无追索权。

（七）偿付行（reimbursing bank）

偿付行是指受开证行的授权或指示，对有关代付行或议付行的索偿予以照付的银行。偿付行偿付时不审查单证，不负单证不符的责任，因此，偿付行的偿付不视作开证行终局的付款。

（八）保兑行（confirming bank）

保兑行是指应开证行的请求在信用证上加具保兑的银行。保兑行在信用证上加具保兑后，就对信用证独立承担付款责任。在实际业务中，保兑行一般由开证行请求通知行兼任，或由其他资信良好的银行充当。

三、信用证支付方式的一般结算程序

采用信用证方式结算货款，从进口人向银行申请开立信用证，一直到开证行付款后收回垫款，须经过多道环节，办理各种手续；对于不同类型的信用证，其具体做法亦有所不同。这里从信用证支付方式的一般结算程序来分析，其基本环节大体经过申请、开证、通知、议付、索偿、付款、赎单等。现以国际贸易结算中最为常用的不可撤销的跟单议付信用证为例介绍其一般操作程序（见图 9-7）。

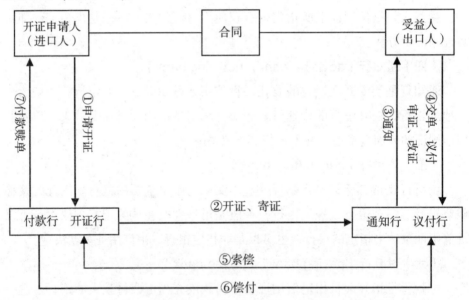

图 9-7　不可撤销跟单议付信用证业务流程示意图

（一）进口商申请开立信用证

一般情况下，进口商应在规定的时间内，按合同规定的内容向开证行申请开立信用证。开证人申请开证时，应填写开证申请书（application for letter of credit），其格式（见表 5-1）。开证申请书是开证银行开立信用证的依据。开证申请书的内容包括两个部分：正面是要求开立信用证的内容，即开证人

按合同要求开证行在信用证上列明的条款，也是开证行凭以向受益人或议付行付款的依据。反面是开证人对开证行所作的声明。其基本内容是承认在其付清货款前，银行对单证及其所代表的货物拥有所有权；承认银行可以接受"表面上合格"的单证，但对于伪造单证、货物与单证不符等，银行概不负责；开证人保证单证到达后，要如期付款赎单，否则，开证行有权没收开证人所交的押金和抵押品等。同时，开证人应向开证行交纳一定比率的押金及开证手续费（一般为1.5‰）。

（二）开证银行开立、寄送信用证

开证行接受开证申请人的开证申请书后，向受益人开立信用证，所开信用证的条款必须与开证申请书所列一致。信用证一般开立正本一份、副本若干份。开证方式有"信开"（open by airmail）和"电开"（open by telecommunication）两种。信开是指开证时开立正本一份和副本若干份，邮寄给通知行。电开是指开证行将信用证内容加注密押用电报或电传等电信工具通知受益人所在地的代理行，请其转知受益人。电开可分为简电本（brief）和全电本（full cable）。所谓简电本，是进口人为了使出口人及早备货、安排运输而将仅有信用证金额、号码、装运期、有效期等少量信用证内容的文字用电讯通知出口人业已开证。这种简电本在法律上无效，不能凭此交单付款、承兑或议付。这种简电通知往往注明"详情见航邮件"（detail airmail）或类似字样。全电本是指使用电报或电传等电讯工具将信用证的全部条款传达给通知行。

申请人申请开立信用证后，开证行委托通知行将信用证转交给受益人。

（三）通知行通知受益人

通知行收到信用证后，应即核对信用证的签字印鉴（信开）或密押（电开），在核对无误后，除留存副本或复印件外，须迅速将信用证交给受益人。如果收到的信用证是以通知行为收件人的，通知行应以自己的通知书格式照录信用证全文通知受益人。

（四）受益人审查、修改信用证并交单议付

受益人收到信用证后，应立即进行认真审查，主要审核信用证中所列的条款与买卖合同中所列的条款是否相符。如发现有不能接受的内容，应及时通知开证人，请求其修改信用证。修改信用证的传递方式与开证相同。在修改不可撤销信用证时，应注意以下事项：信用证的修改必须征得各有关当事

人的同意，方为有效，否则此项修改不能成立，信用证仍以原来的内容为准；如果修改通知涉及两个以上条款，受益人只能全部接受或全部拒绝，不能接受其中一部分，拒绝其他部分；在同一份信用证中的多处条款的修改，应做到一次向对方提出；信用证的修改通知书应通过原证的通知行转递或通知。

受益人收到信用证经审查无误，或收到修改通知书确认后，即可根据信用证规定发运货物，货物发运完毕取得信用证规定的全部单证。开立汇票和发票，连同信用证正本（如经修改的信用证，还需连同修改通知书）在信用证规定的交单期或信用证有效期内，递交给信用证规定的银行或与自己有往来的其他银行办理议付。

议付行在收到单证后应立即按照信用证的规定审核，并在收到单证次日起不超过 5 个银行工作日将审核结果通知收益人。在我国出口业务中，使用议付信用证较多。所谓"议付"（negotiation），是指议付行在审核单证后确认收益人所交单证符合信用证条款规定的情况下，按信用证条款买入收益人的汇票和单证，按照票面金额扣除从议付日到估计收到票款之日的利息，将净数按议付日人民币市场汇价折算成人民币付给信用证的受益人。

议付行办理议付后持有汇票成为正当持票人，这样银行就取得了单证的所有权。由于是议付行垫付资金，购买汇票和单证，所以又称议付行为"买单"。买单结汇又称"出口押汇"，是议付行向信用证受益人提供的资金融通，可加速资金周转，有利于扩大出口业务。

（五）索偿

索偿是指议付行根据信用证规定，凭单证向开证行或其指定行请求偿付的行为。议付行按信用证要求将单证分次寄给开证行或代付行，并将汇票和索偿证明书分别寄给开证行、付款行或偿付行，以航邮或电报、电传索偿。

（六）偿付

偿付是指开证行或被指定的代付行或偿付行向议付行付款的行为。开证行收到议付行寄来的汇票和单证后，经检查认为与信用证规定相符，应将票款偿还给议付行。如果信用证指定付款行或偿付行，则由该指定的银行向议付行偿付。

（七）开证申请人付款赎单和提货

开证行在向议付行偿付后，立即通知开证申请人付款赎单，开证申请人接通告后，应立即到开证行检验单证，如认为无误，就应将全部货款和有关费用向银行一次付清而赎回单证。银行则返还在申请开证时开证人所交的押金和抵押品。此时开证申请人与开证行之间因开立信用证而构成的债权债务关系即告结束。如果开证人验单时发现单证不符，亦可拒绝付款赎单。但如果开证申请人凭运输单证向承运人提货，发现货物与买卖合同不符，则与银行无关，只能向受益人、承运人或保险公司等有关责任方索赔（见表9–1）。

表9–1 irrevocable documentary credit application

TO: BANK OF CHINA BEIJING BRANCH	Date:
☐ Issue by airmail with brief advice by teletransmission ☐ Issue by express delivery ☐ Issue by teletransmission（which shall be the operative instrument）	Credit No. Date and place of expiry
Applicant	Beneficiary（Full name and address）
Advising Bank	Amount
Partial shipments ☐ allowed ☐ not allowed	Transhipment ☐ allowed ☐ not allowed	Credit available with
Loading on board/dispatch/taking in charge at/from not later than For transportation to: ☐ FOB ☐ CFR ☐ CIF ☐ or other terms	By ☐ sight payment ☐ acceptance ☐ negotiation ☐ deferred payment at ☐ against the documents detailed herein ☐ and beneficiary's draft（s）for _____% of invoice value at_____sight drawn on

Documents required:（marked with X）

1. （　） Signed commercial invoice in ＿＿＿ copies indicating L/C No. and Contract No.

2. （　） Full set of clean on board Bills of Lading made out to order and blank endorsed, marked "freight [　] to collect / [　] prepaid [　] showing freight amount" notifying＿＿＿＿ ＿＿＿＿.

3. （　） Airway bills/cargo receipt/copy of railway bills issued by showing "freight [　] to collect/[　] prepaid [　] indicating freight amount" and consigned to＿＿＿＿＿＿＿＿＿＿＿＿＿＿＿.

4. （　） Insurance Policy/Certificate in＿＿＿＿copies for＿＿＿＿% of the invoice value showing claims payable in＿＿＿＿＿＿＿in currency of the draft, blank endorsed, covering All Risks, War Risks and＿＿＿＿.

5. （　） Packing List/Weight Memo in＿＿＿copies indicating quantity, gross and weights of each package.

6. （　） Certificate of Quantity/Weight in＿＿＿＿ copies issued by ＿＿＿＿＿＿＿.

7. （　） Certificate of Quality in ＿＿＿ copies issued by [　] manufacturer/ [　] public recognized surveyor＿＿＿＿＿＿＿.

8. （　） Certificate of Origin in ＿＿＿ copies .

9. （　） Beneficiary's certified copy of fax / telex dispatched to the applicant within days after shipment advising L/C No., name of vessel, date of shipment, name, quantity, weight and value of goods.

10.Other documents, if any Additional instructions:

1. （　） All banking charges outside the opening bank are for beneficiary's account.

2. （　） Documents must be presented within ＿＿＿ days after date of issuance of the transport documents but within the validity of this credit.

3. （　） Third party as shipper is not acceptable, Short Form/Blank back B/L is not acceptable.

4. （　） Both quantity and credit amount ＿＿＿ % more or less are allowed.

5. （　） All documents must be sent to issuing bank by courier/speed post in one lot.

6. （　） Other terms, if any :

四、信用证条款的具体内容

1. 开证行名称（opening bank）、地址（adress）

这两项内容，如是信开证，在信用证顶部和右下角，一般已印妥。如是电开证，电文开头的发电行即是。如电文由其他银行转发，所转电文的开头应有开证行的名称和地址。如属由其他银行转开，转开文句内应述及这两项内容。

2. 信用证类型（form of credit）

这项内容有不同的表示法，有的在信用证名称前表示，如"不可撤销的"（irrevocable），"可转让的"（transferable）等；有的在信用证条款里表示，如即期信用证是以汇票的期限来确定，汇票为即期（at sight）则信用证亦为即期；汇票为远期（at ... days after / from ...），信用证也为远期；或汇票为远期，但可以即期索汇，而且贴现息由开证人负担，这种信用证为假远期；信用证内包含预支条款的为预支信用证，等等。

3. 信用证名称

一般用"Letter of Credit"表示，简称"Credit""L/C"或"LC"。有的用"DC"表示"跟单信用证"的意思，即"Documentary Credit"的缩写。

4. 信用证号码（L/C Number）

这是一项必不可少的内容，许多单证都须引用。一般信用证号放在信用证名称之后，即 Letter of Credit No ... 如是转开证，要注意区别转开行的证号与原证证号。转开行证号一般在转开文句中述及，原证证号则在原证开头部分注明。另外，要注意信用证内不同条款中所援引的信用证号要与信用证本身的证号一致，不一致者，无法确定正确与否，须联系开证行证实。

5. 开证日期（date of Issue）

这一日期必须与发电或转开等日期相区别。有的信用证内有明显的开证日期文字标示，如"Date of Issue"或"Issuing Date"等。没有这种文字标示的，如是信开证，一般开证日期与开证地址并列或靠近。电开证有的没有明确的开证日期，而以发电日为开证日。如由其他行转电或转开，则电文开头的日期应为转电日或转开日。电文内可能述及原信用证开证日。

6. 信用证货币和金额（L/C Amount）

一般信用证货币和金额前都冠以下列文字"for amount，an amount not exceeding，amount maximum，for a sum or sums of"。如是电开证，文字标示一般为"currency code，amount"。

7. 受益人（beneficiary）

一般用"beneficiary"表示，有的用"in favor of"表示。

8. 通知行或转递行（advising bank）

通知行为"advising bank"或"notifying bank"。转递行为"transmitting bank"。

9. 开证申请人（applicant）

一般为"applicant"，有的用"accountee，opener，for account of，by order of，order，at request of，you are authorized to draw on"等，这些单词和短语之后都可加开证人名称。

10. 议付行（negotiating bank）

一般也用 avail with by 表示，后面加议付银行名称。

11. 有效期及地址

一般用"expiry"表示期满，或"expiry date"表示期满日。也可以用"validity，validity date，valid till"等表示。有的在到期日后加地址"date and place of expiry"表示在某日某地到期。

12. 开证文句

一般直叙"We open（issue，establish）Letter of Credit No ..."。有的无此文句而仅以文字标示列出证号"Letter of Credit No ..."。

13. 汇票条款

一般信用证列有"beneficiary's draft at sight for full invoice value drawn on issuing bank"此条款含义如下：

（1）beneficiary's draft（受益人的汇票）表示汇票的出票人是受益人。

（2）at sight（即期），以这种方式表示汇票期限，如规定"at ... days after / from ..."则表示不同类型的远期。

（3）for full invoice value（全部发票金额），for 后面表示汇票金额。汇票金额可以是全部或百分之百（100%）发票金额，也可以是一定百分比的发票金额（ ... % of invoice value）或者是一个固定的金额等。

（4）drawn on issuing bank（开给开证行），以这种方式表示汇票付款人，即 drawn on 后面是谁，谁就是付款人。一般都以开证行为汇票付款人。

14. 单证条款

即应提供的单证（documents to be presented），主要包括：

（1）商业发票。一般发票条款内注明"Signed Commercial Invoice in ... Copies"表示签字的商业发票××份。有时发票名称仅写"Invoice"，含义不变，但无须签字。有的在此条款后加注"showing ...，indicating ...，或 mentioning ..."等词，表示发票应显示的内容。

（2）提单。一般提单条款为"full set of clean on board ocean bills of

lading made out to order（of ...）and blank endorsed，marked 'Freight Prepaid（or Collect）'notifying applicant（or other party）"意思是全套清洁已装船提单，空白（或以某人为）抬头，空白背书，注明"运费预付（或到付）"通知开证人（或其他方）。此条款包括提单份数、是否清洁、是否已装船、提单名称、抬头、背书、运费、通知方等内容。

（3）保险单或保险凭证。一般此条款为"Insurance Policy or Insurance Certificate in 2 copies for 110% of Invoice Value covering All Risks and War Risks"，意思是保险单或保险凭证一式两份，按发票金额的 110% 投保一切险和战争险。此条款包括单证名称、份数、投保金额、投保险别。一些信用证还可以根据实际需要加列其他内容，如加 negotiable，可转让的，加 payable at destination 表示在目的港赔付。加 in currency of draft 表示按汇票货币赔付等。如以 FOB 成交，保险应由买方办理，信用证加"Insurance to be covered by buyer"或类似说法。

15. 货物条款

货物条款前一般有"covering, evidencing shipment of 或 shipment of"等字样，表示装运什么货物之意。此条款一般包括货名、货量、规格、单价、价格术语、总值、包装等，如"LITTLE SWAN" BRAND WASHING MACHINE 1000 SETS USD100/SET CFR VENCOUVER ，CANADA IN CONTAINERS ACCORDING TO CONTRACT NO.8989（小天鹅牌洗衣机 1000 台，每台 100 美元 CFR 温哥华，集装箱运输，依据合同 8989）。货物条款繁简不一，内容多时可加附页说明，并加注" as per attached sheets which form an integrate part of this L/C（货物如附页，此附页构成本信用证不可分割的一部分）"。内容少时连货名都没有而只加注"as per Contract No...（货物如……号合同）"。

16. 装运条款

此条款主要包括以下内容：

（1）起运港。一般表达方式为 loading/dispatch/taking/from 后面接装货港口名称。为适应现代化运输方式的需要，有的信用证注明"Loading on board / dispatch / taking in charge from ... for transport to ..."表示装船 / 发货 / 负责监管自某地运输至某地，可根据不同的运输方式对号入座。

（2）目的港。一般表达方式为 for transportation to... 后面接目的港的名称。

（3）分批装运。一般注明"partial shipments are permitted / not permitted"表示允许或不允许分批装运。有的在允许分运后加一些限制性条件，如"partial shipments are permitted only in two lots"表示只能分两批。有的分批与装运时间相联系，如"100 MT in Jan., 200MT in Feb."；有的分批与目的港相联系，如"50 MT to London，70 MT to Paris."；有的与运输方式相联系，如"one set by air，two units by sea"，"partial shipments allowed only one lot by air and five lots by sea"；还有的与单证相联系，如"partial shipments permitted and a separate set of documents is required for each shipment"，等等。

（4）转运。一般规定"transshipment is allowed / not allowed"表示允许或不允许转运。有的规定只允许在某口岸转运，如"transshipment allowed only in Hong Kong"；有的规定只在货装集装箱的情况下允许转运，如"transshipment is allowed only goods in container"。

（5）装运期。一般表示为"Latest Date of Shipment 或 Latest Shipment Date"，有的注有文字标示"Shipment Latest"等，都表示最迟装运日。"Shipment ... not later than ..."表示装运不能晚于某日。

17. 其他条款

其他条款很多，可根据业务需要或按客户要求加列各种内容，示例如下：

（1）交单期限。如"The documents must be presented for negotiation within 15 days after the date of issuance of the transport documents but within the validity of the credit"（在信用证有效期内，必须在装运单证签单日后15天之内交单议付）。

（2）银行费用。如"All banking charges outside the issuing bank are for account of beneficiary"（除开证银行之外的费用由受益人负担）。

（3）不符点费用。如"A fee of USD 30（or equivalent）will be charged for each set of discrepant documents presented which require our obtaining approval from our customer"［提供单证不符的单证，每套将收30美元（或等值）费用，单证须经我行征得客户同意］。

（4）寄单条款。如"All documents must be airmailed to us in two consecutive lots"（全部单证必须连续分两次航寄我行）。如果要求一次寄单则表示为"in one lot"。

（5）偿付条款。如 "We shall pay you by T/T upon our receipt of complying documents"（收到单证相符的单证后我们将向你办理电汇付款）。

（6）议付行背批条款。如 "The amount of the draft under this credit should be noted by negotiating bank on the reverse hereof"（议付行应将本信用证项下的汇票金额批注在本证背面）。

18. 开证行担保条款

此条款的内容是 "We hereby engage with drawers and /or bona fide holders that draft drawn and negotiated in conformity with the terms of this credit will be duly honored on presentation"（我们在此向出票人及 / 或善意持有人保证按该信用证条款出具和议付的汇票在提示时将被兑付）。

19. 凡承认《跟单信用证统一惯例》国际商会第 500 号出版物"条款的银行，开证时都加注信用证据此开立的内容，表示开证行将以此为原则处理信用证业务，并且发生业务纠纷时也将以此为准则进行解决。此条款的内容是 "This credit is subject to the Uniform Customs and Practice for Documentary Credit（1993 Revision）International Chamber of Commerce，Paris，France Publication No. 500"（本证依据国际商会在法国巴黎制定的《跟单信用证统一惯例》第 500 号出版物开立）。

五、信用证的特点

（一）信用证是独立文件

信用证虽以贸易合同为基础，但它一经开立，就成为独立于贸易合同之外的另一种契约。贸易合同是买卖双方之间签订的契约，只对买卖双方有约束力；信用证则是开证行与受益人之间的契约，开证行和受益人以及参与信用证业务的其他银行均应受信用证的约束，但这些银行当事人与贸易合同无关，故信用证不受合同的约束。对此，《UCP 600》第 4 条 a 款明确规定："信用证与其可能依据的销售合约或其他合约是性质上不同的业务。即使信用证中包含有关于该合约的任何援引，银行也与该合约完全无关，并不受其约束。"

（二）开证行是第一性付款人

信用证支付方式是一种银行信用，由开证行以自己的信用作出付款保证，开证行提供的是信用而不是资金，其特点是在符合信用证规定的条件下，首先由开证行承担付款的责任。《UCP600》第7条明确规定，信用证是一项约定，根据此约定，开证行依照开证申请人的要求和指示，在规定的单证符合信用证条款的情况下，向受益人或其指定人付款，或支付或承兑受益人开立的汇票；也可授权另一银行进行该项付款，或支付、承兑或议付该汇票。后一种情况并不能改变开证行作为第一性付款人的责任。

（三）信用证业务处理的是单证

根据《UCP 600》第5条规定：银行处理的是单据，而不是单据可能涉及的货物、服务或履约行为。信用证业务所处理的是一种纯粹的单证业务，只要单证表面上符合信用证的规定和要求，开证行就应承担付款、承兑或议付的责任，即使收到货物后发现不符合合同要求，也只能由开证人根据买卖合同向有关方面索赔，换言之，如果买方收到的货物完全符合合同的规定，但受益人所提交的单证不符信用证的要求，银行完全有理由拒付。总之，信用证业务的特点就是"一个原则，两个只凭"。"一个原则"就是严格相符的原则。"两个只凭"就是银行只凭信用证，不问合同；只凭单证，不管货物。

六、信用证的种类

信用证的种类很多，但最基本的区别是可撤销和不可撤销两类，其他的都是在不可撤销的基础上演变而来的。

（一）可撤销信用证和不可撤销信用证

这两种信用证是以开证行所负的责任为标准划分的。

1. 不可撤销信用证（irrevocable L/C）

指信用证一经开出，在有效期内，未经受益人及有关当事人的同意，开证行不得片面修改和撤销。只要受益人提交了符合信用证条款的单证，开证行就必须履行付款义务。这种信用证对受益人收款提供了可靠的保障，在国际贸易中被广泛使用。凡是不可撤销信用证，在信用证标题上都必须注明"不可撤销"（irrevocable）字样，并载有规定，凡信用证上未写明"不可撤销"或"可撤销"字样的应视作不可撤销信用证。

2. 可撤销信用证（revocable L/C）

指开证行开出信用证后，不必征得受益人或有关当事人的同意，有权随时撤销或修改的信用证。这种信用证对受益人的收款没有保障，对出口人极为不利，因此实际业务中，受益人一般不接受这种信用证，对受益人缺乏保障，可撤销信用证在国际贸易中极少使用。

（二）跟单信用证和光票信用证

这是以信用证项下的汇票是否附有货运单据划分的。

1. 跟单信用证（docu mentary L/ C）

指开证行凭跟单汇票或仅凭单证履行付款义务的信用证。单据是指代表货物产权或证明货物已交运的单据而言。前者是指提单、保险单等，后者是指铁路运单、邮包手术等。国际贸易中所使用的信用证大部分是跟单信用证。

2. 光票信用证（clean L/ C）

指只有汇票或非货运单据的信用证。在采用信用证方式预付货款时，通常是用光票信用证。

（三）保兑信用证和不保兑信用证

这是指有没有另一家银行加以保证兑付划分的。

1. 保兑信用证（confirmed L/ C）

指开证行开出的信用证由另一家银行对开证行的付款承诺再次进行保证的信用证。对信用证加具保兑的银行，叫保兑行。信用证的"不可撤销"是指开证行对信用证的付款责任。保兑是指开证行以外的银行对信用证的付款责任。不可撤销的保兑信用证则意味着该信用证不但有开证行不可撤销的付款保证，而且又有保兑行的兑付保证。所以，这种有双重保证的信用证对出口商最为有利。

2. 不保兑信用证（unconfirmed L/ C）

是指未经其他银行加以保兑的信用证。不保兑信用证由开证行负不可撤销的保证付款责任。

（四）即期信用证和远期信用证

这是按付款时间的不同划分的。

1. 即期信用证（sight L/ C）

是指凭受益人开立的即期汇票和全套单据即期付款的信用证。即期信用证是单到付款，其特点是出口人收汇迅速、安全，所以在国际贸易中大多数出口商都愿意采用这种信用证。

2. 远期信用证（usance L/ C）

指凭受益人开立的远期汇票并提交货运单据后，在一定期限内银行保证付款的信用证。远期信用证又可分为以下几种：

①银行承兑远期信用证（banker's acceptance credit），是指以开证行或其指定银行作为远期汇票付款人的信用证。

②延期付款信用证（deferred pay m ent credit），指在信用证上规定，开证行或付款行在收到符合信用证规定的单证后若干天，或货物装船后若干天付款的信用证。

③假远期信用证（usance credit payable at sight）。"假远期信用证"的实质是远期信用证，即期付款。其特点是，信用证规定受益人开立远期汇票，由付款行负责承兑和贴现，承兑费用和贴现利息由进口人承担。这种信用证从表面看是远期信用证，但受益人却能即期十足地收回款项，因而被称为"假远期信用证"。该信用证对出口方来说类似于即期信用证，但对进口方来说，要承担贴现息和承兑费用，故又称为买方远期信用证（buyer's usance credit）。

（五）可转让信用证与不可转让信用证

这是根据受益人对信用证的权利是否转让划分的。

1. 可转让信用证（transferable credit）

是指第一受益人将信用证全部或者部分转让给第二受益人使用的信用证。信用证转让以后由第二受益人办理交货。

根据《跟单信用证统一惯例》解释，只有开证行明确规定"可转让"的信用证方可转让。可转让信用证只能转让一次，再转让给第一受益人，不属被禁止转让的范畴。

2. 不可转让信用证（non-transferable credit）

是指受益人不能将信用证的权利转让给他人的信用证。凡信用证中未注明"可转让"者则不可转让。

（六）循环信用证（revolving credit）

指信用证金额被全部或部分使用后，在规定时间内可恢复到原金额再次使用，直至规定的次数或规定的总金额用完为止的信用证。

它与一般信用证的根本区别在于，后者在全部使用后即告失效，而循环信用证可多次循环使用，直到规定的循环次数届满或规定的总金额用完为止。

进出口商之间订立的买卖合同，如果需要在较长时间内分批分期履行，采用循环信用证可节省手续费和开证押金。循环信用证的优点在于：进口方可以不必多次开证从而节省开证费用，同时也可以简化出口方的审证、改证等手续，有利于合同的履行。

循环信用证又可分为按时间循环信用证和按金额循环信用证。

①按时间循环的信用证是受益人在一定的时间内可多次支取信用证规定的金额。

②按金额循环的信用证是信用证金额议付后，仍恢复到原金额可再次使用，直至用完规定的总额为止。

在按金额循环的信用证条件下，恢复到原金额的具体做法有：

自动循环（automatic revolving）。每期用完一定金额，不需等待开证行的通知，即可自动恢复到原金额。

非自动循环（non-automatic revolving）。每期用完一定金额后，必须等待开证行通知到达，信用证才能恢复到原金额使用。

半自动循环（semi-automatic revolving）。即每次用完一定金额后若干天内，开证行未提出停止循环使用的通知，即可自动恢复至原金额。

（七）对开信用证（reciprocal credit）

是指两张信用证的开证申请人互以对方为受益人而开立的信用证。对开信用证的特点是第一张信用证的受益人（出口人）和开证申请人（进口人）就是第二张信用证的开证申请人和受益人。

两张信用证的金额相等或是大致相等，两张信用证可同时互开，也可先后开立。

对开信用证多用于易货贸易或加工贸易和补偿贸易业务。交易的双方都担心凭第一张信用证出口或进口后，另一方不履行进口或出口的义务，于是采用这种互相联系、互为条件的开证办法，用以彼此约束。

对开信用证从生效时间看，有两种做法：一是同时生效的对开信用证，即一方开出的信用证，虽已为对方所接受，但暂不生效，等另一方开来回头信用证被该证受益人接受时，通知对方银行两证同时生效；二是分别生效的对开信用证，即一方开出的信用证被受益人接受后随即生效，无须等待另一方开来回头信用证。

（八）对背信用证（back to back credit）

对背信用证是指信用证的受益人要求通知行或其他银行以原证为基础另开一张内容近似的新证给实际供货人，这另开的新证称为对背信用证，又称背对背信用证。

对背信用证与可转让信用证比较相似，但实际上两者的性质完全不同。对背信用证是以原证为基础，以原受益人为开证人，以原通知行或其他银行为开证行向另一受益人开出的新信用证。新证开立时，原证仍有效，原证开证行和原证开证人与新证无关，新证受益人与原证也不发生关系。相反，可转让信用证的转让虽然也是受益人主动要求通知行办理转让，但必须首先由开证行在证内明确其可转让，而且由原开证行对新受益人（第二受益人）负责付款。

对背信用证多用于转口贸易，但必须注意两点：第一，必须保证第一张信用证的金额大于第二张信用证的金额；第二，第二张信用证的交货期和信用证的有效期要早于第一张信用证。

（九）预支信用证（a nticipatory credit）

指开证行授权代付行（通常是通知行）向受益人预支信用证金额的全部或一部分，由开证行偿还并负担利息。一般信用证是卖方先交货，买方收单后付款，而预支信用证则是买方先付款，卖方后交单，等日后受益人交单时扣除预支的货款及利息。预支信用证适用于货源紧缺的商品。

预支信用证分为全部预支和部分预支两种：

1. 全部预支信用证（clean payment L/C）

是指仅凭受益人提交的光票预支全部货款，实际上等于预付货款，也有的要求受益人在凭光票预取货款时，须附交一份负责补交货运单据的声明书；

2. 部分预支信用证（partial payment L/C）

是指凭受益人提交的光票和以后补交装运单据的声明书预支部分货款，待货物装运后货运单据交到银行再付清余款。但预支货款要扣除利息。由于这种预支信用证的预支货款的条款常用红字或者绿字打出，所以又称红条款信用证（red clause L/C）或绿条款信用证（green clause L/C）。

七、信用证的审核与修改

审核信用证是一项很重要的工作。只要受益人接受信用证上的条款，信用证就成为一个独立于合同的"契约"。开证行付款行为的前提是出口方提供了符合信用证要求的一切单证并正确、准确、按时提交单证，而不管合同的内容、单证的真假、是否交货等情况。如果信用证条款本身存在问题，当然受益人就不可能提供符合信用证条款的单证，银行也不会付款。

为了确保收汇安全，信用证业务的收益人在收到信用证后，应立即对其进行认真的核对和审查，发现问题后应及时改证。审核信用证是银行和出口企业的共同职责，但它们在审核内容上又各有侧重。银行着重负责审核有关开证行资信、付款责任以及索汇路线等方面的条款和规定；出口企业着重审核信用证的条款是否与买卖合同的规定相一致。以下从两方面分别介绍。

（一）银行审证的重点

（1）从政策上审核。主要看来证各项内容是否符合有关国家的方针政策以及是否有歧视性内容。有则须根据不同情况向开证行交涉。

（2）对开证行的审核。主要对开证行所在国家的政治经济状况，开证行的资信、经营作风等进行审查。对于资信欠佳的银行应酌情采取适当的保全措施。

（3）对信用证性质与开证行付款责任的审核。在我国的出口业务中，我方不接受带"可撤销"字样的信用证；对于不可撤销的信用证，如附有限制性条款或保留字句，使"不可撤销"名不副实，应提醒对方修改。

（4）信用证的大小写金额是否一致。

（5）开证行的印鉴、密押是否相符。

（6）在我国的进出口业务中，银行应注意审查信用证要求的单据是否符合我国政策。

（7）审核信用证条款之间有否互相矛盾。如 CFR 价格条件，要求出具保险单；信用证号码与汇票号不一致：装运期晚于有效期等。

（8）审核信用证的有效期和地点，如在国外到期则不能接受。

上述只是银行对审核信用证的主要范围。银行审证细节要求远不止这些，出口方在收到信用证时务必更加细心地审核，才能做到万无一失。

（二）受益人对信用证的审核

信用证是以合同为基础开立的，信用证应该反映合同的内容。但是进口商开来的信用证与合同条款不一致或互相矛盾。受益人一旦接受了信用证条款，就意味着是对一个新"契约"的履行。实质上改变了原合同的属性。受益人审核信用证时，首先应对合同中所规定的品质、数量、包装、价格、支付方式、运输等各条款进行逐一确认，如果发现与合同有矛盾的项目，应向开证申请人提出修改信用证，改妥后再装运。审证的重点主要有以下几个方面：

1. 对开证行资信情况的审核

对国外开证行的资信审查，是受益人的责任，受益人可以委托信用证的通知行调查开证行的资信，但通知行对其提供的信息不负任何法律责任。因此，在实际业务中，对于资信不佳或资历较差的开证行，除非对方接受我方要求并已请求另一家资信较为可靠的银行进行保兑或确认偿付，并且保兑行或确认偿付行所承担的责任已明确，偿付路线又属正常与合理。否则，此类信用证不能接受。

2. 对信用证是否已有效、有无保留或限制的审核

前面在介绍信用证业务流程时已讲过，"简电本"不是有效文本，因此，出口企业在收到这样的信用证时要注意，只能按此进行发货准备工作，而不能急于发货，只有在收到开证行通过通知行递送的有效信用证文件并对之审核无误后方可发货，否则，不能凭此收取货款。另外，如果信用证中附加了"保留"和"限制"条款，或可能是开证申请人故意设置陷阱的条款，凡此类信用证我们不能接受，必须要求对方取消或修改这些条款。

3. 对信用证类型的审核

信用证的类型往往决定了信用证的用途、性质和流通方式，有时还直接关系到信用证能否执行。如果是保兑信用证，应检查证内有无"保兑"字样；如果是可转让信用证，应检查有无相应的条款规定；《UCP 600》明确规定：所有信用证均为"不可撤销"信用证（irrevocable credit），对此，出口方应认真进行检查。一般在信用证标题上或信用证的开端都有明确的标示：不可撤销信用证。如果是可撤销信用（revocable credit），则不能接受。

4. 对信用证的有效期及到期地点等的审核

《UCP 600》第 6 条规定："信用证必须规定提示单证的有效期限。规定的用于兑付或者议付的有效期限将被认为是提示单证的有效期限。由受益人或代表受益人提示的单证必须在到期日当日或在此之前提交。可以有效使用信用证的银行所在的地点是提示单证的地点。对任何银行均为有效的信用证项下单证提示的地点是任何银行所在的地点。不同于开证行地点的提示单证的地点是开证行地点之外提交单证的地点。"因此，没有规定有效期的信用证是无效的，而关于信用证的到期地点，我国出口企业应争取在我国到期，以便在交付货物后及时办理议付等手续。至于交单日期，如果信用证未规定，按惯例银行有权拒收迟于运输单据日期 21 天后提交的单据，但无论怎样，单

据也不得迟于信用证到期日提交。在我国实际业务中，运输单证的出单日期通常就是装运日期。受益人所提交的运输单证的装运日期不得迟于信用证的有效期，如交单地点在我国，通常要求信用证的交单日期在装运期限后15天内，以便受益人有足够的时间办理制单、交单议付等工作。

5. 对信用证金额和支付货币的审核

信用证规定的支付货币应与合同规定相同；金额一般应与合同金额相符。信用证金额是开证行承担付款责任的最高金额，因此，发票、汇票金额不能超过信用证金额，否则，将被拒付。在大宗商品交易下，往往存在溢短装条款，在增减的范围之内，商品的总金额不能超过信用证的额度。

6. 对贸易术语的审核

价格条件应与合同规定相一致。如合同规定为CFR条件，而开来信用证却为CIF条件，同时要求出口方出具保险单。对于这样的信用证，如果代为投保没有其他问题，可以考虑代办保险，但必须提出在信用证中加注条款说明其保费可在信用证项下与货款一起收取。如果信用证总金额不够，应允许超证额支付或修改增额。

7. 关于货物描述是否与合同一致

受益人在审核信用证时必须依据合同对信用证规定的货物描述的内容进行逐项审核：①商品的品名、货号、规格规定与合同规定是否一致；②数量规定与合同规定是否相符；③货物的包装条款与合同规定是否相符；④商品价格条款和贸易术语是否有误等。信用证经常由于打错字，出现商品名称、规格等字母错误，严格地说，都应该提出修改。如果不修改，单证只得将错就错地照样缮制，才能算单证一致，但在申请相应证书时，可能会遇到麻烦。因此要尽量争取修改信用证，保证与合同的一致性。

8. 对运输和保险条款的审核

信用证的运输条款必须与合同规定相符，特别是对转运和分批装运要重点审核。《UCP 600》第31条规定："允许分批装运。"第32条规定："如信用证规定在指定的时间段内分期支款或分期发运，任何一期未按信用证规定期限支取或发运时，信用证对该期及以后各期均告失效。"

对于信用证内的保险条款应注意审查：①信用证内规定的投保险别是否与合同相符。比如，合同要求投保的是"All Risks"，而信用证上却写成"WPA"，这就是一个实质的不符点。②信用证内规定的保险金额的幅度是否与合同的规定一致。比如，一般情况下，合同上的保险条款写明按发票金额 110% 投保，但信用证上如果未标明加成 "10%" 或是标成 "20%" 等，则需要申请人改证。③保险单证的出单日期是否迟于运输单证上注明的货物装船或发运或接受监督的日期。

9. 对信用证中要求交付的单据的审核

对证内要求交付的各种单证，要根据合同的原订条款及习惯做法进行审核。如果单据上加注的条款与我国有关政策相抵触或不能办到，应及时通知修改。

10. 对付款期限的审核

信用证的付款期限必须与买卖合同的规定一致。一般来说是在装运后一段时间进行议付，但如果合同或信用证中议付时间比较短，可以要求申请人改证。

11. 信用证 "软条款" 的审核

所谓信用证 "软条款"（Soft Clause），是指在不可撤销的信用证中加列的一种条款，"软条款" 可能会使开证申请人实际上控制了整笔交易，受益人处于受制于人的地位，而信用证项下开证行的付款承诺毫不确定，很不可靠，开证行可随时利用这种条款单方面解除其保证付款的责任。信用证业务中的 "软条款"，在我国有时也称为 "陷阱条款"（pitfall clause）。例如，"The certificates of inspection would be issued and signed by authorized the applicant of L/C before shipment of cargo, which the signature will be inspected by issuing bank."（货物装运前，信用证的开证申请人授权签发检验证书并盖章，开证行签字审核）这就是典型的 "软条款"，实际上是开证申请人控制了整笔交易。

另外，对于来证中的其他条款或不同国家的不同惯例的 "特殊条款"，应格外认真并仔细地进行审核。应特别注意有无歧视和不能办到的特殊要求。

在实际工作中，我们还应根据买卖合同条款，参照国际商会《UCP 600》的最新规定和解释以及在贸易中的一些政策和习惯做法，逐条详细审核信用证。

第四节　银行保函与备用信用证

随着国际贸易的发展，从事国际贸易的商人要求银行提供效率高的结算服务，以便国际贸易中货与款之间更加顺利地交换。普通商业信用证手续烦琐，单据要求复杂，费用高和结算时间长，为买卖双方带来诸多不便。而银行保函和备用信用证的手续简便，单据要求简单，结算时间短，为买卖双方带来很多方便。因此，在法律和信用制度比较健全的国家中，越来越多的进出口商采用银行保函和备用信用证结算方式。

一、银行保函

银行保函（letter of guarantee，L/G）是指银行或金融机构应申请人或委托人的要求向受益人开立的担保履行某项义务的，有条件承担经济赔偿责任的书面承诺文件。银行保函同信用证一样，也属于银行信用。

（一）银行保函的当事人

银行保函的基本当事人有三个：

（1）委托人（principal）。委托人即申请人，是与受益人订立合同的执行人和债务人。其主要责任是按照已经签订合同或协议的规定各项义务。根据他与保函受益人之间的合同，在某种条件成立时，如未按质量交货，他必须以金钱偿还债务。在使用保函时，如果他不付，那么受益人可要求保证人付款。当然，保证人付款后是一定要委托人偿还的。

（2）保证人（guarantor）。保证人也称担保人，即保证书的开立人。它是接受申请人的申请，承担委托人不履行合同而使受益人遭受损失的赔偿人。它有义务按保函规定的条件对受益人付款，并在申请人违约时，根据受益人提出的索偿文件和保函的规定向受益人作出赔偿。银行保函的保证人一般为银行，有时也可能是保险公司或信托投资公司等金融机构。

（3）受益人（beneficiary）。受益人指的是收到保证书并凭以要求银行担保的一方。当委托人不履行或不完全履行合同时，他有权根据保证书的保证条款向保证人提出偿付其损失的要求，但索偿的金额以保证金额为限。

除此以外，保函业务中有时还会涉及转递行、保兑行、偿付行等当事人。

（1）转递行（the transmitting bank）。转递行即根据开立保证书的银行的要求将保证书转递给受益人的银行。一般情况下，转递行对保证书只负责核对印鉴或密押，不负任何经济责任。但按规定可收取一定的转递手续费。

（2）保兑行（the confirming bank）。保兑行是指在保证书上加以保兑的银行。保兑行只有在保证人不能按照保证书规定履行赔付义务时，才向受益人赔付。所以受益人可得到双重担保。

（3）转开行（the confirming bank）。转开行是指接受担保银行的要求，向受益人开出保函的银行。这种保函发生赔付时，受益人只能向转开行要求赔付。

（二）银行保函的种类

按其用途不同，银行保函基本分为两大类：进出口贸易保函和借款保函。

1. 进出口贸易保函

进出口贸易保函是指银行代替进口人或出口人向对方开立的以对方为受益人的保证承担付款、签约或履约的书面文件。

（1）投标保函（tender guarantee）。投标保函指银行（保证人）应投标人（委托人）申请向招标人（受益人）作出的保证承诺，保证在投标人报价的有效期内投标人将遵守其诺言，不撤标、不改标，不更改原报价条件，并且在其一旦中标后，将按照招标文件的规定在一定时间内与招标人签订合同。否则，银行按保函所列金额向招标人赔偿款项。如投标人按期履约，则保函应按时退回保证人。

（2）履约保函（performance）。履约保函指银行应供货方或劳务承包方的请求而向买方或业主方作出的一种履约保证承诺。在一般货物进出口交易中，履约保函又可分为进口履约保函和出口履约保函。

（3）预付款保函（advance payment guarantee）。预付款保函又称还款保函或定金保函。指银行应供货方或劳务承包方申请向买方或业主方保证，如申请人未能履约或未能全部按合同规定使用预付款时，则银行负责返还保函规定金额的预付款。

预付款保函主要使用在购买成套设备、大型机械、船舶、飞机或其他货物时。按通常惯例，其合同签订并生效后，由买方先向卖方支付一定预付款，作为定金。买方要求卖方通过银行开立以买方为受益人的保函，保证卖方一旦不履行合同交付购买标的物或违反合同有关条款时，由担保银行负责偿付买方预付的款项及利息。

（4）补偿贸易保函（guarantee under compensation trade）。补偿贸易保函指在补偿贸易合同项下，银行应设备或技术的引进方申请，向设备或技术的提供方所作出的一种旨在保证引进方在引进后的一定时期内，以其所生产的产成品或以产成品外销所得款项来抵偿所引进之设备和技术的价款及利息的保证承诺。担保银行保证如果由于中国企业自身原因，使外商企业不能如期、如数地收回其机械设备或技术价款及补偿期产生的利息，则担保银行必须负责偿还。

借款保函一般规定在借款人收到所借的款项时生效，并在借款人或担保银行向贷款人偿还完本金与利息后失效。在保函中应规定随借款人每次还本付息，担保银行的责任相应递减。

2. 借款保函

借款保函（bank guarantee for loan）是指使用出口信贷时，担保银行应借款人（委托人）的请求开立给贷款人的保函。担保银行承诺，如果借款人未能按借款合同规定向贷款人还本付息时，担保银行在接到贷款人的书面通知后，负责偿还借款人应付而未付的本金和利息。

（三）银行保函的特点

（1）银行保函属于银行信用，保证人所承担的付款责任是第二性的。保证人的责任是在委托人未能履行保证书所规定的条件时才负责赔偿，如委托人已按照保证书规定履约，保证人的责任即解除。

（2）银行保函是不受合同约束的独立法律文件。当受益人在保函项下合理索赔时，担保行必须承担付款责任，而不论申请人是否同意付款，也不管合同履行的事实。即保函是独立的承诺并且基本上是单证化的交易业务。

（3）银行保函只有在违约情况发生时才会支付。银行保函只有在委托人违约时，受益人才会在银行保函下索偿，因此银行保函的支付不一定会发生。

（4）银行保函一般不可作为融资的抵押品。

二、备用信用证

备用信用证又称担保信用证（standby letter of credit），是指开证行开给受益人的一种有条件的保证付款的书面文件。其主要内容是在信用证中规定，在开证申请人未能履行投标人的职责，或未能按时偿还贷款或货款时，开证行负责为其支付。如开证申请人履行了信用证中规定的上述某项义务，则该信用证就不起作用，所以其被称作备用信用证。

备用信用证的种类很多，根据在基础交易中备用信用证的不同作用主要可分为以下几种：

（1）履约保证备用信用证（performance standby L/C）。履约保证备用信用证支持一项除支付金钱以外的义务的履行，包括对由于申请人在基础交易中违约所致损失的赔偿。

（2）投标备用信用证（tender bond standby L/C）。投标备用信用证用于担保申请人中标后执行合同义务和责任，若投标人未能履行合同，开证人必须按备用信用证的规定向收益人履行赔款义务。投标备用信用证的金额一般为投保报价的 1%~5%（具体比例视招标文件规定而定）。

（3）预付款保证备用信用证（advance payment standby L/C）。预付款保证备用信用证用于担保申请人对受益人的预付款所应承担的义务和责任。这种备用信用证通常用于国际工程承包项目中业主向承包人支付的合同总价 10%~25% 的工程预付款，以及进出口贸易中进口商向出口商支付的预付款。

（4）直接付款备用信用证（direct payment standby L/C）。直接付款备用信用证用于担保到期付款，尤指到期没有任何违约时支付本金和利息。其已经突破了备用信用证备而不用的传统担保性质，主要用于担保企业发行债券或订立债务契约时的到期支付本息义务。

三、银行保函与备用信用证的异同

银行保函与备用信用证的相同之处：

（1）定义上和法律当事人的基本相同之处。银行保函和备用信用证，虽然在定义的具体表述上有所不同，但总的说来，它们都是由银行或非银行金融机构应某项交易合同项下的当事人（申请人）的请求或指示，向交易的另一方（受益人）出立的书面文件，承诺对提交的在表面上符合其条款规定的书面索赔声明或其他单据予以付款。银行保函与备用信用证的法律当事人基本相同，一般包括申请人、担保人或开证行（二者处于相同地位）、受益人。三者之间的法律关系是，申请人与担保人或开证行之间是契约关系，二者之间的权利义务关系是以开立保函申请书或开证行与受益人之间的法律关系则是以银行保函或备用信用证条款为准。

（2）应用上的相同之处。保函和备用信用证都是国际结算和担保的重要形式，在国际经贸往来中可发挥相同的作用，达到相同的目的。在国际经贸交往中，交易当事人往往要求提供各种担保，以确保债务的履行，如招标交易中的投标担保，履约担保，设备贸易的预付款还款担保，质量或维修担保，国际技术贸易中的付款担保等，这些担保都可通过保函或备用信用证的形式实现。从备用信用证的产生看，它正是作为保函的替代方式而产生的，因此，它所达到的目的自然与保函有一致之处。实践的发展也正是如此。

银行保函与备用信用证很相似，但二者还是有区别的，主要表现在以下两个方面：

（1）备用信用证属于跟单信用证的一种，具有跟单信用证的特点，坚持表面相符和合理谨慎处理单据，凭单据付款，与主合同（买卖合同）无关；而银行保函，有从属性保函和独立性保函之分。独立性保函虽是依据基础合同开立，但一经开立，便具有独立的效力，是自足文件，担保人对受益人的索赔要求是否支付，只依据保函本身的条款。但是从属性保函，担保银行承担第二性付款责任，要接受受益人索偿时须经调查，证实申请人违约或未付款后才予以支付，所以银行保函有时受主合同的牵连。如果属于"见索即付"的保函，则与备用信用证完全一样。

（2）银行保函各当事人处理业务时，适用国际商会1978年制定的《合约保函统一规则》和《见索即付保函统一规则》（ICC458）号出版物；而备用信用证适用国际商会制定的《跟单信用证统一惯例》（UCP600）和《国际备用证统一惯例》（ISP98）。可见，它们之间适用的国际贸易惯例是不同的。

【练习题】

一、单项选择题

1.承兑是（　　）对远期汇票表示承担到期付款责任的行为。

A.付款人　　　B.收款人　　　C.出口人　　　D.开证行

2.信用证经保兑后，保兑行（　　）。

A.只有在开证行没有能力付款时，才承担保证付款的责任

B.和开证行一样，承担第一性付款责任

C.需和开证行商议决定双方各自的责任

D. 只有在买方没有能力付款时，才承担保证付款的责任

3. 信用证的第一付款人是（　　）。

A. 开证行　　　　B. 进口商　　　　C. 议付行　　　　D. 通知行

4. 国外开来的不可撤销信用证规定，汇票的付款人为开证行，货物装船完毕后，闻悉申请人已经破产，则（　　）。

A. 由于付款人破产，货款将落空

B. 可立即通知承运人行使停运权

C. 只要单证相符，受益人仍可从开证行取得货款

D. 待付款人财产清算后方可收回货款

5. 托收是出口人委托并通过银行收取货款的一种支付方式，在托收方式下，使用的汇票是（　　）属于（　　）。

A. 商业汇票，商业信用　　　　　　B. 银行汇票，银行信用

C. 商业汇票，银行信用　　　　　　D. 银行汇票，商业信用

6. 某银行签发一张汇票，以另一家银行为受票人，则这张汇票是（　　）。

A. 商业汇票　　B. 银行汇票　　C. 商业承兑汇票　　D. 银行承兑汇票

7. 某公司签发一张汇票，上面注明"At 90 days after sight"，则这是一张（　　）。

A. 即期汇票　　　B. 远期汇票　　　C. 光票　　　　D. 跟单汇票

8. 在信用证结算方式下，汇票的受款人通常的抬头方式是（　　）。

A. 限制性抬头　　B. 指示性抬头　　C. 持票人抬头　　　D. 来人抬头

9. 在汇票的使用过程中，使汇票一切债务终止的环节是（　　）。

A. 提示　　　　　B. 承兑　　　　　C. 背书　　　　D. 付款

10. 属于顺汇方法的支付方式是（　　）。

A. 汇付　　　　　B. 托收　　　　　C. 信用证　　　D. 银行保函

11. 接受汇出行的委托将款项解付给收款人的银行是（　　）。

A. 托收银行　　　B. 汇入行　　　　C. 代收行　　　D. 转递行

12. 某信用证每期用完一定金额后即可自动恢复到原金额使用，无须等待开证行的通知，这份信用证是（　　）。

A. 自动循环信用证　　　　　　　　B. 非自动循环信用证

C. 半自动循环信用证　　　　　　　D. 按时间循环信用证

13. 承兑交单方式下开立的汇票是（　　）。

A. 即期汇票　　　　B. 远期汇票　　　C. 银行汇票　　　D. 银行承兑汇票

14. 一份信用证若经另一银行保证对符合信用证要求的单据履行付款义务，这份信用证就成为（　　）。

A. 不可撤销信用证　　　　　　　　B. 不可转让信用证

C. 保兑信用证　　　　　　　　　　D. 议付信用证

15. 假远期信用证的远期汇票利息由（　　）负担。

A. 受益人　　　　B. 议付行　　　C. 开证行　　　D. 开证申请人

二、简答题

1. 汇票、本票与支票的含义与用途是什么？

2. 汇票有哪些种类？

3. 汇票与本票有何区别？

4. 试述托收方式的种类与每种方式的支付程序。

5. 简述托收对进出口人的利弊。

6. 说明信用证的含义、性质与作用。

7. 说明信用证的当事人与支付程序。

8. 信用证有哪些特点？

9. 说明不可撤销信用证、假远期信用证、循环信用证、对背信用证的含义。

10. 银行保函和备用信用证有何异同之处？

三、案例题

我国甲公司与法国乙公司签订合同出口货物到法国，采用信用证方式结算货款。乙公司通过其开证银行 BANK I 巴黎分行申请开立了非保兑的信用证（适用 UCP500），通知行为中国银行江苏省分行。信用证规定："DATE，AND PLACE OF EXPIRY；041105 FRANCE；AVAILABLE WTTH ISSULNG BANK BY PAYMENT；LATST DATE OF SHPMENT；041102；PRESENTATION PERIOD：WTTHIN 15 DAYS AFTER THE DATE OF SHIPMENT。"甲公司于 2004 年 11 月 1 日将货物装船，并于 2004 年 11 月 5 日将信用证要求的全套单证提交中国银行江苏省分行，中国银行江苏省分行立刻于当日使用 DHL 将单证寄往法国的开证行。收到单证后，开证银行 BANK I 巴黎分行以"信用证已过期"为由拒付。请问，BANK I 巴黎分行的拒付理由是否成立？为什么？

第十章　进出口商品检验

【本章学习目标】
- 掌握货物检验检疫时间和地点确定的方法
- 掌握各种检验证书的作用
- 掌握进出口合同中订立商品检验检疫条款的方法
- 掌握检验的作用

【引导案例】

进口方委托银行开出的信用证上规定：卖方须提交"商品净重检验证书"。进口商在收到货物后，发现除质量不符外，卖方仅提供重量单。买方立即委托开证行向议付行提出拒付，但货款已经押出。事后，议付行向开证行催付货款，并解释卖方所附的重量单即为净重检验证书。请问：重量单与净重检验证书一样吗？开证行能否拒付货款给议付行？

第一节　商品检验的重要性

商品检验检疫（commodity inspection）是指由具有权威的检验检疫机构依照相关的法律、法规或进出口合同的规定，对进出口商品的质量、数量、重量、包装、卫生、安全及装运条件进行检验并出具相应的检验证书的一系列活动。通常简称为商检工作。

商品检验检疫是对外贸易业务的一个重要环节。商品检验分为法定检验和非法定检验。某些商品必须由出口国或进口国政府指定的机构检验才能出口或进口，这种检验是法定检验。凡属非法定检验的商品，如买卖双方申请，也可采用由出口商品的生产单位或进口商品的商业单位出具证明的办法。凡属国家规定或合同协议规定必须经商品检验检疫机构出具商检证书的商品，必须在出口报关前向商检机构申请检验，取得商检机构颁发的合格的检验证书后，海关才准予放行。凡检验不合格的货物，一律不得出口。非法定检验的但合同或信用证规定必须由商检机构出具商检证书的商品，没有经过商检机构检验和签发相应的证书的，有关银行不予以结汇。

商品检验的重要性主要体现在以下三个方面：

（一）保证买卖双方顺利履行合同

在进出口贸易业务中，买卖双方身处不同的国家或地区，大都远隔重洋，难以当面交接货；并且商品要经过长途运输，途中可能还会多次装卸，难免会发生货物短损残缺甚至灭失等问题，尤其是在凭单证交接货物的象征性交货条件下，买卖双方对所交货物的品质、数量、重量、包装等问题更容易产生争议，而这也会涉及发货人、运输部门、装卸部门、保险公司等多方面的责任。因此，为了明确责任的归属，查明货损的原因和程度，避免纠纷或出现争议后能够妥善解决，就需要一个有资格的、公正的第三方即商品检验机构对货物进行检验或鉴定，以维护国际贸易双方的合法权益。

（二）把好进口商品质量关

在进出口贸易中，一国需要从其他国家及地区进口多种商品或生产要素，此时本国的检验机构就应当对进口商品的质量、数量、包装等进行检验检疫，把好质量关，以防止有些不法商人以旧充新、以次充好，避免和防止品质低下的商品进入国内，有效地维护消费者的权益。同时，还可以防止动植物传染病、寄生虫病和植物危险性病虫害传播，保障农林渔业生产和人民健康。

（三）把好出口商品质量关

在进出口贸易中，一国通过对出口商品的检验，能够及时发现出口商品的不足，促使生产企业采取措施改进技术水平和工艺流程，以提高产品的质量、包装等问题，增强产品在国际市场上的竞争力，提高企业知名度，也可有效避免外国进口商的索赔及退货，促进本国出口贸易的增长。

由此可见，商品检验检疫不仅能够促进进出口贸易的正常发展，而且还关系到本国的国民经济能否顺利发展、生态环境能否保持平衡、人民的身体健康和动植物生长能否得到保证，从而成为买卖双方交易洽谈贸易合同的一项不可缺少的内容。许多国家和有关国际组织也都纷纷立法予以保证。

第二节 检验的时间和地点

买卖双方订立合同后，按照合同规定的品质、数量和包装等条件交货是卖方的基本义务。但如何确定卖方交货品质、数量是否符合合同规定则涉及合同中的商品检验条款。在国际贸易中，关于商品检验的时间和地点通常有以下几种规定方法：

（一）在出口国工厂检验

在出口国工厂人员会同买方验收人员于货物在工厂发货前进行检验或验收。在这种情况下，卖方只承担产品在离厂前的责任，至于货物在运输途中的品质、数量等方面的风险概由买方负责。这种规定方法对出口国工厂最为有利，所以除少数特殊货物外，买方一般不愿采用这一规定。

（二）装船前或装船时在装运港检验

这就是通常所谓的离岸品质、离岸数量（shipped quality and quantity as final）。按此规定，货物在装运前由装运港的检验机构检验并出具品质数量检验证书（certificate of quality and quantity），该证书将作为决定该批交货品质和数量的最后依据，买方一般无权对交货的品质和数量提出异议。所谓最后依据，是指买方取得商检机构出具的各项检验证书时，就意味着所交货物的品质、重量与合同规定相符，买方对此无权提出任何异议，从而否定了买方对货物的复验机会。

（三）目的港卸货后检验

以到岸品质和数量为准（landed quality and quantity as final）。

即在货物到达目的港卸货后由目的地检验机构进行检验，以该检验机构出具的品质和数量检验证书作为交货的品质和数量的最后依据。在这样规定的情况下，如证明品质和数量不符合同规定确属卖方责任，则卖方应负赔偿之责。这种做法，卖方承担的风险较大，对卖方不利。

（四）以装运港的检验证书作为收付货款的依据，货到目的港后买方有复验权

按照这样的规定，货物必须在装运前由装运港的检验机构进行检验，其检验证书作为卖方向银行收取货款时提交的单据之一。而在货物运抵目的港卸货后，买方有复验权，如经复验发现货物不符合同规定，并证明这种不符是在卖方交货时（即货物风险由卖方转移到买方时）就已存在，买方可以凭复验证书向卖方提出异议和索赔。这种方法最为常用，这种规定方法同时承认买卖双方所提供的检验证书。

（五）在用户所在地检验

对于一些不便于在目的港卸货检验的货物，例如，密封包装货物或大型机械设备等，一般不能在目的港卸货时进行检验，需要将检验时间和地点推迟到用户所在地进行。使用这种条件时，货物的品质和重量（数量）以用户所在地检验为准。

（六）装运港检验重量、目的港检验品质

这种做法是以装运港检验机构验货后出具的重量证书作为最后依据，以目的港检验机构出具的品质证明为最后依据。这种做法又称离岸重量、到岸品质（shipping weight and landed quality）。这种做法多应用于大宗商品交易的检验中，以调和买卖双方在检验问题上存在的矛盾。

【案例一】

合同中的检验条款规定："以装运地检验报告为准。"但货到目的地后，买方发现货物与合同规定不符，经当地商品检验机构出具检验证书后，买方可否向卖方索赔？为什么？

【案例讨论】

不一定。"以装运地检验报告为准"表明：卖方对交货后货物所发生的变化不承担责任，实际上排除了买方复验权。除非买方能证明，他所收到的与合同规定不符的货物是由于卖方违约或货物的固有瑕疵造成的。

第三节　检验机构

一、检验机构

检验机构的选定，涉及由谁实施检验和提出有关证书的问题，关系到买卖双方的利益，因而在检验条款中必须予以明确。在国际贸易中，从事商检

的机构大致有以下四类：

（1）卖方或生产制造厂商。

（2）国家设立的商品检验机构。

（3）民间的独立的公证行或公证人，以及同业公会附设的检验机构。

（4）买方或使用单位。

至于在具体交易中如何确定商品检验机构，应根据各国规章制度、商品的性质、交易条件、买卖双方的交易习惯予以确定。中国国家进出口商品检验局（the china I/E commodity inspection bureau，CCIB）是我国最主要的官方检验机构。国家商检局在各省、自治区、直辖市及进出口商品口岸、集散地都设立进出口商品检验局及其分支机构。此外，我国还设立了专门从事动植物、食品卫生、药物、船舶、飞机、计量器具等检验或检疫的检验机构。

目前，国际上比较著名的商检机构有：美国粮谷检验署、美国食品药物管理局（FDA）、法国国家实验室检测中心、日本通商产业检查所等官方所设立的检验机构，以及美国保险人实验室（UL）、瑞士日内瓦通用鉴定公司、英国劳合氏公证行、日本海事鉴定协会、香港天祥公证化验行等民间或社团检验机构。

检验机构的选定是和检验时间、地点联系在一起的，在出口国检验时，一般是由出口国的检验机构进行检验；反之，则由进口国的机构负责。但是，在某些情况下，双方也可约定由买方派人到制造厂商所在地或出口地验货；或约定必要时由买卖双方派人联合检验。在前一种情况下，买方的验收人员是作为买方代表验收货物的，经过该人验收的货物，买方就无权再就品质和数量问题提出异议。在有些国家，有的商品合同还订有由双方当事人联合抽样、交由指定的第三方负责检验的条款。

二、商检机构基本任务

我国商品检验检疫部门对进出口商品检验主要实施法定检验、监督管理、办理委托检验和公正鉴定业务。

（一）法定检验

是根据国家法律法规，对规定的进出口商品实行强制检验。凡列入《检验检疫商品目录》内的进出口商品，必须经出入境检验检疫机构实施检验检疫，海关凭货物报关出口口岸出入境检验检疫局签发的《出（入）境货物通关单》验放，实行"先报检后报关"的货物出入境制度。

属于法定检验的出口商品，未经检验合格的，不准出口；属于法定检验的进口商品，未经检验的，不准销售、使用。实施法定检验的范围是指列入必须实施检验的进出口商品目录（简称"目录"）的进出口商品的检验和法律、行政法规规定实施检验的进出口商品或者检验项目。"目录"由国家商检部门制定和调整，并公布实施。

（二）实施监督管理

检验检疫局对法定检验以外的进出口商品实施监督管理。是指商检机构通过行政手段组织和指导有关部门对进出口商品按规定进行检验。商检机构接受国际贸易相关人包括生产单位、经营单位、进出口商品的收发货人和外国检验机构等委托，对进出口原材料、半成品和成品实施化验、检验、测试、鉴定等，签发各种鉴定证书。

（三）委托检验

是指企业为了对其生产、销售的产品质量监督和判定，委托具有法定检验资格的检验机构进行检验。检验机构依据标准或合同约定对产品检验，出具检验报告给委托人，检验结果一般仅对来样负责。因此，委托检验结果不能作为处理争议的依据，不能作为对外成交时商品品质的依据，也不能作为出口时换发检验证书的凭证。

委托检验不同于监督抽查和执法检查，是企业的自主自愿行为。随着社会的发展和进步，人们对于产品的要求已不仅仅限于外观和耐用性，而是将环保、健康、节能等作为选择产品的主要依据。以纺织品服装为例，人们的关注点已逐渐从款式、耐用转移到产品的舒适、环保和功能上来，对面料化学残留以及功能性的检测需求越来越强烈。企业迫于政府监管和社会关注，从自身发展的需要出发，希望通过第三方委托检验从源头把好产品原料质量关，保证其产品的安全、环保、可靠。另外，随着科技的发展，新的、具有特殊性能的功能性面料不断出现，例如，像现在市场上已经出现的防静电、吸湿快干、抗菌防臭等面料，需要专业的第三方检测机构来为产品的特性提供可靠、具有说服力的证据。随着市场经济的发展，委托检验不仅有效地利用了政府资源，提高了仪器设备利用率，也为企业加强质量控制、促进科技研发、增强产品竞争力提供了强有力的技术支持，成为当前商品贸易过程中企业规避风险经常采取的手段和做法，是产品质量检验的一种重要方式。

从这几年国家监督抽查和北京市监督抽查的情况来看，与委托检验批次节节攀升相对应的是纺织品服装监督抽查的质量状况有了较大幅度的提升。国家质检总局近年对纺织服装产品的抽样数量保持在 350~400 批次，抽样合格率已经从 2006 年的 73.2% 上升至 2008 年的 96.6%（不包含产品标签合格率综合判定情况）；北京市质量技术监督局近年对本市生产的纺织品、服装产品的抽样数量在 350 种左右，抽样合格率从 2005 年的 46% 上升至 2009 年的 89%。从国家和北京市的抽样情况来看，产品抽样合格率总体呈上升趋势，与企业委托检验的增长呈同步趋势，这说明企业自主委托检验对产品的质量控制产生了积极的影响。

（四）公证鉴定

按国际惯例，由检验检疫局对进出口商品进行各项检验、鉴定业务、称作公证鉴定，包括对外贸易关系人申请的进出口商品的重量鉴定、货载衡量鉴定、进口商品的残损鉴定、短缺鉴定、出口商品船舱检验和监视装载鉴定等，出具重量证明、产地证明、价值证明、包装证明、签封样品、发票签证等。另外，商检机构还接受国外商检机构的委托和仲裁、司法部门的要求进行公正鉴定。

三、商品检验基本程序

凡属法定检验检疫商品或合同规定需要检疫机构进行检验并出具检验证书的商品，对外贸易关系人均应及时提请检疫机构检验。我国进出口商品的检验程序主要包括以下几个环节：

（一）报检

进出口报检是指对外贸易关系人向检验检疫机构申请检验检疫，凡属于检验检疫范围内的进出口商品，都必须报检。

出境报检必须填写"出境货物报检单"。报检人必须按报检单的要求详细填写，每份"出境货物报检单"仅限填报一个合同、一份信用证的商品。对同一合同、同一信用证但标记号码不同者，应分别填写。报检一般在发运前 7 天提出。

进口商品的报检人应在一定期限内填写"入境货物报检单"，填明申请检验鉴定项目的要求，并附合同、发票、海运提单（或铁路、航空、邮包运单）、品质证书、装箱单、用货部门已验收的记录等资料，向当地检验部门申请检验。如果货物有残损、短缺还须附理货公司与轮船大副共同签署的货物残损报告单、大副批注或铁路商务记录等有关证明材料。

出入境检验检疫报检范围包括：

（1）国家法律法规规定必须由出入境检验检疫机构检验检疫的。具体包括：

①列入《出入境检验检疫机构实施检验检疫的进出境商品目录》内的货物。

②入境废物、进口旧机电产品。

③出口危险货物包装容器的性能检验和使用鉴定。

④进出境集装箱。

⑤进境、出境、过境的动植物、动植物产品及其他检疫物。

⑥装载动植物、动植物产品和其他检疫物的装载容器、包装物、铺垫材料，进境动植物性包装物、铺垫材料。

⑦来自动植物疫区的运输工具，装载进境、出境、过境的动植物、动植物产品及其他检疫物的运输工具。

⑧进境拆解的废旧船舶。

⑨出入境人员、交通工具、运输设备以及可能传播检疫传染病的行李、货物和邮包等物品。

⑩旅客携带物（包括微生物、人体组织、生物制品、血液及其制品、骸骨、骨灰、废旧物品和可能传播传染病的物品以及动植物、动植物产品和其他检疫物）和携带伴侣动物。

⑪国际邮寄物（包括动植物、动植物产品和其他检疫物、微生物、人体组织、生物制品、血液及其制品以及其他需要实施检疫的国际邮寄物）。

⑫其他法律、行政法规规定须经检验检疫机构实施检验检疫的其他应检对象。

（2）输入国家或地区规定必须凭检验检疫机构出具的证书方准入境的。

（3）有关国际条约规定须经检验检疫的。

（4）对外贸易合同约定须凭检验检疫机构签发的证书进行交接、结算的。

（5）申请签发一般原产地证明书、普惠制原产地证明书等原产地证明书的。

（二）抽样

检验检疫机构接受报检后，需及时派人到货物堆存地点进行现场检验、鉴定。抽样是检验的基础。它是从一批一经接受报验的进出口商品中，根据合同、信用证或标准的要求，按照一定的比例，从商品的不同部位抽取一定数量的能够代表全部商品质量的样品，然后按照合同、信用证或标准的规定进行检验，评价全部商品的质量。所以说，抽样是检验工作的第一步，检验结果能否代表全批商品，取决于样品的代表性，因此样品的代表性又是检验结果准确性的基础。

（三）检验

报检的出口商品，原则上由商检机构进行检验，或由国家商检部门指定的检验机构进行检验。商检机构也可视情况，根据生产单位检验或外贸部门验收的结果换证，也可派出人员与生产单位共同进行检验。检验的内容包括商品的质量、规格、数量、重量、包装以及是否符合安全、卫生要求。检验的依据是法律、行政法规规定有强制性标准或者其他必须执行的检验标准（如输入国政府法令、法规规定）或对外贸易合同约定的检验标准。

（四）签发证书

出口商品经检验合格的，由商检机构签发检验证书，或在出口货物报关单上加盖检验印章。经检验不合格的，由商检机构签发不合格通知单。根据不合格的原因，商检机构可酌情同意申请人申请复验，复验原则上仅限一次，或由申请单位重新加工整理后申请复验。复验时应随附加工整理情况报告和不合格通知单，经复验合格，商检机构签发检验证书。办理申请进出口商品免验放行程序（见图10-1）。

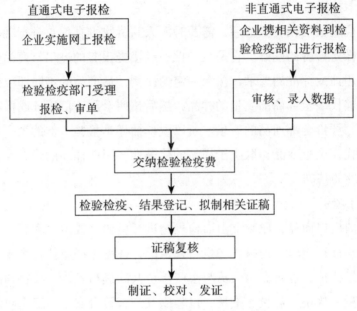

图 10-1 出口商品检验流程图

第四节 检验证书

商品检验检疫证书是指进出口商品经商品检验检疫机构检验、鉴定后出具的证明检验检疫结果的书面文件。

一、商检证书的种类

（1）品质检验证书（inspection certificate of quality）。是证明进出口商品的质量、规格的证明文件。具体证明进出口商品的质量、规格是否符合买卖合同或有关规定（见表 10-1）。

（2）重量或数量检验证书（inspection certificate of weight or quantity）。是证明进出口商品重量或数量的证件。其内容为货物经何种计重方法或计量单位得出的实际重量或数量，以证明有关商品的重量或数量是否符合买卖合同的规定。

（3）包装检验证书（inspection certificate of packing）。是用于证明进出口商品包装情况的证书。进出口商品包装检验，一般列入品质检验证书或重量（数量）检验证书中证明，但也可根据需要单独出具包装检验证书。

（4）兽医检验证书（veterinary inspection certificate）。是证明出口动物产品经过检疫合格的证件，适用于冻畜肉、冻禽、禽畜肉、罐头、冻兔、皮张、毛类、绒类、猪鬃、肠衣等出口商品。凡加上卫生检验内容的，称为兽医卫生检验证书（veterinary sanitary inspection certificate）。

（5）卫生检验证书（inspection certificate of sanitary）。亦称健康检验证书（certificate of health），是证明可供人类食用或使用的出口动物产品、食品等经过卫生检验或检疫合格的证件。适用于肠衣、罐头、冻鱼、冻虾、食品、蛋品、乳制品、蜂蜜等。

（6）消毒检验证书（inspection certificate of disinfection）。是证明出口动物产品经过消毒处理，保证卫生安全的证件。适用于猪鬃、马尾、皮张、山羊毛、人发等商品。其证明内容也可在品质检验证书中附带。

（7）产地检验证书（inspection certificate of origin）。合同规定须出具产地证明，按给惠国要求，我方出具原产地证明时，由商检机构签发原产地证书。

（8）价值检验证书（inspection certificate of value）。有些商品需要证明其价值时，证明出口商品价值或发货人提供的发票上的价值完全正确，由商检机构出具的证书。

（9）残损检验证书（inspection certificate on damaged cargo）。证明进口商品残损情况，估定残损贬值程度，判断致损原因，供索赔使用时，由商检机构出具此证书。

此外，还有验舱检验证书、衡量证书等。如果国外商人要求提供其他证书时，可建议对方采用上述其中的一种或两种证书，不另出具其他证书。如果国外商人坚持要求出具其他证书时，可与商检机构协商，经商检机构同意，方可按对方要求提供。

在国际贸易实际业务中，买卖双方应根据成交货物的种类、性质、有关国家的法律和行政法规、政府的涉外经济贸易政策和贸易习惯等来确定卖方应提供何种检验证书，并在买卖合同中予以明确规定。

【案例二】

进口方委托银行开出的信用证上规定：卖方须提交"商品净重检验证书"。进口商在收到货物后，发现除质量不符外，卖方仅提供重量单。买方立即委托开证行向议付行提出拒付，但货款已经押出。事后，议付行向开证行催付货款，并解释卖方所附的重量单即为净重检验证书。请问：（1）重量单与净重检验证书一样吗？（2）开证行能否拒付货款给议付行？

【案例讨论】

（1）商品净重检验证书是由商检机构签发的关于货物重量的公证文件，而重量单为发货人所出具的货物重量说明文件，二者是不同的。

（2）信用证中要求卖方提供商品净重检验证书，而议付行误以为重量单即商品净重检验证书，则议付行必须为此过失承担责任。按《跟单信用证统一惯例》的规定，开证行有权对议付行拒付，而议付行可向出口商追索押汇款项。

表 10-1 品质证书

中华人民共和国出入境检验检疫
ENTRY-EXIT INSPECTION AND QUARANTINE
OF THE PEOPLE'S REPUBLIC OF CHINA

编号 NO.：

品质证书
INSPECTION CERTIFICATE OF QUALITY

发货人 Consignor	
收货人 Consignee	
品名 Description of Goods	标记及号码 Marks & No.
报验数量 / 重量 Quantity/Weight Declared	
包装种类及数量 Number and Type of Packages	
运输工具 Means of Conveyance	

检验结果 INSPECTION RESULTS： 签证地点 Place of Issue　　　　　　　　　签证日期 Date of Issue 授权签字人 Authorized Officer　　　　　　　签名 Signature
我们已尽所知和最大能力实施上述检验，不能因我们签发本证书而免除卖方或其他方面根据合同和法律所承担的产品质量责任和其他责任。All inspections are carried out conscientiously to the best of our knowledge. This certificate does not in any respect absolve the seller and other related parties from his contractual and legal obligations when product quality is concerned.

二、检验检疫证书的作用

商检证书起着公证证明的作用，虽然不能保证货物完全符合规定要求，但可以作为买卖双方交接货物、结算货款、进行索赔和理赔的依据之一，也是通关、征收关税和优惠减免关税、结算运费等的有效凭证和确定有关当事人责任的依据。

（一）检验证书的法律效力

（1）检验检疫证书是报关验放的有效证件。在国际经济活动中，各国为了维护本国的政治、经济利益，针对某些进出口商品的品质、数量、包装、卫生、安全、环保等项目指标，制定了一些检验检疫限定性的标准与管理办法，同时要求当事人须交验符合规定的检验检疫证书方准货物等进出境。法律规定实施强制性检验的商品，物及物品当事人必须持检验检疫证书或检验检疫局指定的机构签发的证书，方可向海关申报放行。

（2）检验检疫证书是确定关税税别，课征关税的有效证件。国家海关在课征关税时，对重（数）量不是只凭商业发票上所列数据，而是凭出入境检验检疫机构出具的重（数）量证书上所列数据。对进口商品来讲，残损部分可以退税，而退税是以证明残损的检验证书所列数据为依据的。

（3）检验检疫证书是对外贸易双方交接结算的有效证件。在对外贸易活动中，买卖双方在合同中都订有检验检疫条款和索赔条款，该条款规定了凭双方指定的检验检疫机构出具的各种检验检疫证书，作为证明所提交的货物品质、数量、包装、安全、卫生、环保等是否符合合同规定或输入国规定的依据。很明显，出入境检验检疫机构提供的这些证书是买卖双方交接货物和银行议付货款的有效证件。

（4）检验检疫证书是托运人与承运人计算运费的有效证件。出入境检验检疫机构签发的散装商品的重量证书或以吨、尺、码等计量单位来计算运费的商品的衡量证书，是托运人与承运人计算运费的有效证件，同时，也是港口栈租计算以及装卸、理货费用确定的有效证件。

（5）检验检疫证书是办理索赔的有效证件。在国际贸易中，我国的进口商在进口商品时一般都在合同中订明：货到目的地后，经出入境检验检疫机构检验检疫，发现品质或重（数）量等与合同不相符时，凭检验检疫证书向卖方提出退货或索赔。若属于保险、运输方面的责任的，则根据责任归属向有关方面索赔。因此，出入境检验检疫机构出具的进口商品品质、重（数）量、残损等证书，是买方向国外发货人、承运人、保险公司，国内保险公司向国外保险公司，国内订货部门向外贸公司、保险人、承运人和港口装卸部门索赔的有效证件。

（6）检验检疫证书是证明履约与责任情况的有效证件。在进出口业务活动中，往往发生对商品的品质、数量、残损等争议，这不仅涉及买卖双方，有时涉及运输、保险等各方的履约程度。判明责任归属往往需要有关当事人提供与其相关的具有约束力的证明。作为与各方无利害关系的独立公正部门检验检疫机构，利用先进设备和技术手段进行检验检疫或鉴定后签发的结果证书是判定责任归属和各方履约程度的有效证件。

（7）检验检疫证书是仲裁、诉讼据证的有效证件。在国际贸易中，买卖双方发生争议后，进行仲裁或诉讼时，检验检疫证书是向仲裁庭或法院据证的有效证件。

（二）检验证书的经济效力

（1）检验检疫证书是议付货款的凭证。检验检疫证书中的品质检验证书、重量检验证书是议付货款的凭证。在对外贸易活动中，外贸合同规定按等级分等论价的商品，或对有效成分订有增减价条款商品，或以公量、干态计重的商品等，检验证书中所证明的项目和品质等级是对内对外按质计算货款的有效凭证。

（2）进口商品经检验有问题的品质、重量或数量、残损的证书，是明确索赔对象和索赔要求的证件。

（3）产地证明书是进口商根据该国关税制度取得减免关税的证件，具有经济效用。

（4）进出口散装货物的重量证书、吨位和公估证书，是托运人与承运人计算运费和处理运费的基础数据，起着直接的经济作用。

第五节　检验方法与检验标准

检验方法和检验标准与商品的品质有直接关系，对有的商品品质项目使用不同的检验方法，就会得出不同的结果，直接决定其品质是否合乎规定。在合同中订明检验标准和检验方法，对于检验是十分重要的。有些检验项目同时有几种检验方法，更应在合同中订明检验方法。有的商品同时在合同中规定抽样的数量和方法，使检验有明确的依据。一般情况下，商检机构在商品检验、鉴定工作中，是按买卖合同规定检验；按信用证方式成交的商品，以信用证规定作为检验的依据。如合同或信用证未订明检验方法和检验标准，或者规定不够明确的，进口商品首先采用生产国现行标准；如果没有生产国标准的，可采用国际通用标准；如果这两项标准都没有，则采用进口国家的检验标准。

出口商品以合同规定的标准作为检验的依据。如合同中未规定或规定不明确的，按国家标准（无国家标准的按部门标准，无部门标准的按企业标准）检验。目前尚无标准的，一般参照同类商品的标准或由国内生产部门与商检机构共同研究后确定。如国外买方要求按对方或第三方的标准实施检验时，亦须与有关部门研究后再确定。

应该指出，目前我国已有许多产品按照国际标准生产和提供出口，并以此项标准作为检验商品的依据。如国际标准化组织的"ISO9000《质量管理和质量保证》系列国际标准"，国际羊毛局的标准"IWS（international wool secretariat）"。

在规定检验条款时，我们应该在平等互利原则的基础上与对方协商订立检验条款，商检条款与买卖合同的其他条款相互衔接，防止顾此失彼，出现脱节，互相矛盾；所订立的条款应明确、具体，不能含糊其词，模棱两可，所有词语既要防止绝对化，又要防止笼统化。买卖双方应本着实事求是、利益兼顾的精神，商定商检机构，检验的时间和地点，检验方法、抽样方法、复验期限、检验费用负担等问题，以利于我国对外贸易的顺利发展。

【练习题】

一、单项选择题

1. 以下（　　）不是检验证书的作用。

A. 作为证明卖方所交货物的品质、重量、包装以及卫生条件等是否符合合同规定及索赔、理赔的依据

B. 确定检验标准和检验方法的依据

C. 作为卖方向银行议付货款的单据之一

D. 作为海关验关放行的凭证

2. 若使买方在目的港对所收货物无权提出异议，商品检验以（　　）为准。

A. 离岸品质，离岸数量　　　　B. 到岸品质，到岸数量

C. 离岸品质，到岸数量　　　　D. 到岸品质，离岸数量

二、简答题

1. 商品检验时间与地点有哪几种规定方法？

2. 进出口商品检验检疫的程序包括哪些环节？

第十一章 争议、索赔、不可抗力、仲裁

【本章学习目标】

● 掌握在业务中经常出现争议的原因和解决争议的方法

● 掌握在合同中订立异议、索赔和罚金条款

● 掌握国际经济贸易仲裁条款

● 掌握不可抗力条款

【引导案例】

有一份 CIF 合同，合同规定在 9 月 15 日以前装船，但在同年 8 月 20 日，卖方所在地发生地震，由于卖方存货的仓库距震中较远，因此货物未受到严重损失，仅因交通受到破坏而使货物不能按时运出。但事后，卖方以不可抗力为由通知买方撤销合同，买方不同意。试分析：卖方的主张对否？

第一节 争议与索赔

一、争议的含义

争议（disputes）是指交易的一方认为另一方未能全部或部分履行合同规定的责任而引起的业务纠纷。在国际贸易业务中，这种纠纷屡见不鲜，主要有以下几种情况：卖方不交货，或未按合同规定的时间、品质、数量、包装条款交货，或单证不符等；买方不开或缓开信用证，不付款或不按时付款赎单，无理拒收货物，在 FOB 条件下不按时派船接货等；合同条款的规定欠明确，买卖双方国家的法律或对国际贸易惯例的解释不一致，甚至对合同是否成立有不同的看法；在履行合同过程中遇到了买卖双方不能预见或无法控制的情况，如某种不可抗力，双方有不一致的解释等。

由上述原因引起的争议，集中起来讲就是：是否构成违约，双方对违约

的事实有分歧，对违约的责任及其后果的认识相悖。对此，双方应本着友好协商、互谅互让的精神妥善解决。

二、索赔和理赔

索赔（claim），遭受损害的一方在争议发生后，向违约的一方提出赔偿的要求。理赔（claim settlement），违约方对受害方所提出的赔偿要求的受理和处理。索赔和理赔是一个问题的两个方面，在受害方是索赔，在违约方是理赔。

索赔一般有三种情况：货物买卖索赔、运输索赔和保险索赔。

（一）货物买卖索赔

货物买卖索赔是指出口商与进口商之间由于贸易纠纷所引起的索赔，这是最常见的一种索赔。当买卖的一方认为另一方未能全部或部分履行合同所规定的责任和义务时就会产生争议而引起纠纷。国际贸易中引起争议的原因很多，一般来说，大致可归纳为如下几种：

1. 卖方违约

卖方违约包括：卖方不按合同规定的交货期交货或拒绝交货；所交货物与合同（或信用证）约定的品质、规格、数量、包装等不符；所提供的货运单据种类不齐、单证不符等。

2. 买方违约

买方违约包括：在按信用证支付方式成交的条件下不开证或不按期开证；不按合同规定付款赎单；无理拒收货物；在买方租船订舱的情况下，未按合同规定履行应尽义务，如期派船接货等。

3. 买卖双方均负有违约责任

如合同条款规定不明确，致使双方理解或解释不统一，造成一方违约，引起纠纷，则买卖双方均负有违约责任。

（二）运输索赔

运输索赔又称装运索赔，是指货物遭受的损害直接起因于运输（海运、陆运或空运）而要求承运公司给予的赔偿。造成运输索赔的原因有：货物运输时发生的破损、货物堆积不良造成的损失、货物短少（运输过程的短少）、处理不当发生的损失、货物脱离航线造成的损失、更改船期、取消入港等导致的损失，以及货物数量少于提单载明的数量或收款持有清洁提单而货物发生残损短缺时。运输索赔必须先经查验出证再向承运公司索赔。运输索赔的针对对象自然是承运公司。但因为海运提单及租船合同内部都订有广泛的免责条款，所以事实上货主对于承运公司能提出赔偿的范围是有限制的。

（三）保险索赔

保险索赔（insurance claim）指当被保险人的货物遭受承保责任范围内的风险损失时，被保险人向保险人提出的索赔要求。在国际贸易中，如由卖方办理投保，卖方在交货后即将保险单背书转让给买方或其收货代理人，当货物抵达目的港（地），发现残损时，买方或其收货代理人作为保险单的合法受让人，应就地向保险人或其代理人要求赔偿。

三、违约及其法律后果

不同法律对违约行为有不同的解释。违约（breach of contract）是指买卖双方中任何一方违反合同的行为。买卖合同时对缔约双方具有约束力的法律性文件，一方违约，就应承担违约的法律责任，而受害方（injured party）有权根据合同或有关法律规定提出损害补偿要求，这是国际贸易中普遍遵循的原则。但是对违约方的违约行为及其应承担的法律后果如何，则取决于有关法律对此所作出的解释和所确定的法律责任。

（一）英国的法律规定

英国的法律把违约分成违反要件（breach of condition）与违反担保（breach of warranty）两种。违反要件是指违反合同的主要条款，即违反与商品有关的品质、数量、交货期等要件；在合同的一方当事人违反要件的情况下，另一方当事人即受损方有权解除合同，并有权提出损害赔偿；违反担保是指违反合同的次要条款，在违反担保的情况下，受损方只能提出损害赔偿，而不能解除合同。至于在每份具体合同中，哪个属于要件，哪个属于担保，该法并无明确具体的解释，只是根据"合同所作的解释进行判断"。不过一般认为与商品有关的品质、数量和交货期等条款属于要件，与商品无直接联系的条款为担保。

（二）《公约》的规定

《公约》将违约划分为根本性违约和非根本性违约。所谓根本性违约（fundamental breach of contract），按《公约》第25条的规定，是指："一方当事人违反合同的结果，如使另一方当事人蒙受损害，以至于实际上剥夺了他根据合同有权期待得到的东西，即为根本性违反合同，除非违反合同的一方并不预知而且同样一个通情达理的人处于相同情况中也没有理由预知会发生这种结果。"不构成根本性违约的情况，均视为非根本性违约（non—fundamental breach of contract）。由此可见，《公约》规定根本性违约的基本标准是"实际上剥夺了合同对方根据合同有权期待得到的东西"。这种规定，避免了对各种违约情况作出武断的划分，实际上是对违约的性质作了基本的定义。至于怎样才构成根本性违约，只能视具体情况而定。从法律结果看，《公约》认为，构成根本性违约，受害方可解除合同，否则只能请求损害赔偿。

（三）《合同法》规定

该法第一百零七条规定："当事人一方不履行合同义务或者履行合同义务不符合约定的，应承担继续履行、采取补救措施或者赔偿损失等违约责任。"由此可以看出我国《合同法》违约责任的方式有继续履行合同、采取补救措施、赔偿损失三种。此外，违约责任的方式还有支付违约金等。

从以上介绍可以看出，国际上和我国对于违反合同和违反合同的法律后果都有不同的解释和规定，我们应该了解和掌握有关法律和国际惯例，对于我们洽商交易、签订合同和处理争议，索赔都有一定的积极作用。

在我们的外贸业务中，发生争议的事例是不少的。尤其当国际市场发生变化，对国外商人不利时，他们往往寻找各种借口拒不履约和拖延履约，甚至故意制造事端，挑起争议纠纷。在我们的工作中，由于种种原因，在履约时也经常出现不按时履约和根本不履约的情况。以上情况都可能导致索赔和理赔情况的发生，因此，如何正确处理好对外索赔和理赔工作，则是一个十分重要的问题。它既关系到维护国家的声誉和权益，又涉及比较复杂的业务技术问题，是一项政策性很强的涉外工作，所以必须严肃对待和认真处理索赔和理赔工作。

我们的对外索赔，大部分是发生在进口业务中。对外索赔时，应该注意以下几个问题：

（1）查明造成损害的事实，分清责任，备妥必要的索赔证据和单证，并在索赔期限内向对方提出。根据卸货口岸验收记录，用货部门的验收和安装使用中发现问题的现场情况，确定损害事实的存在和责任确属国外卖方，再备好必要的索赔证件，一般包括：提单、发票、保险单、装箱单、磅码单正本和副本、商检机构出具的货损检验证明或由承运人签字的短缺残损证明及索赔清单，并列明索赔根据和索赔金额，一并向卖方提出索赔。

（2）正确确定索赔项目和金额。正确而合理地确定索赔项目和金额是公平合理地处理索赔的基础。对索赔项目和金额的确定，既不能让国家蒙受不应有的损失，也不能脱离实际损失的情况，提出无理要求。如果合同预先规定有约定的损害赔偿的金额，应按约定的金额提赔；如预先未约定损害赔偿的金额，则应根据实际损失确定适当赔偿金额。例如，卖方拒绝交货，赔偿的金额一般按合同价格与违约行为发生时国际市场价格之差价计算；如果卖方交货的品质、规格与合同规定不符时，买方可以按《公约》第四十六条第（2）（3）款规定，要求卖方交付替代货物或对货物进行修理补救等。如果退货重换，则应包括所退还货物的运费、仓储费、装卸费、保险费及重新包装费等。如卖方委托我方修理时，要合理计算使用材料费和工本费。

（3）认真制定索赔方案。在查明事实、备妥单证和确定索赔项目以及金额的基础上，结合客户与我们业务往来情况，制定好索赔方案。

（4）及时向国外提出索赔。在做好索赔准备之后，要及时向国外提赔。提赔要注意合同规定的索赔期限，防止因逾期而遭致拒赔。如果在索赔期内提赔有困难，可以通知国外卖方要求延长索赔期。

（5）索赔工作完结时，对索赔函电和各种记录应认真进行系统登记，以备查阅，从中吸取经验和教训。

出口业务处理理赔时，一般应注意以下几个问题：

（1）要认真细致地审核国外买方提出的单证和出证机构的合法性。

（2）注意调查研究，弄清事实，分清责任。要向货物的生产部门、国外运输部门了解货物品质、包装、存储、运输等情况，查明货差货损的原因和责任对象。如果确属我方责任，就应实事求是地予以赔偿。对国外商人提出的不合理要求，应给予详细解释，对无理取闹的应以理拒绝并予以揭露。

（3）合理确定损失和赔付办法。赔付办法，可以采取赔付部分货物、退货、换货、补货或修理或赔付一定金额对索赔货物给予价格折扣或按残次货物百分比对全部货物降价等。

四、合同中的索赔条款

进出口合同中的索赔条款有两种规定方式：一种是异议和索赔条款

（discrepancy and claim clause），另一种则是罚金（penalty）条款。在一般的货物买卖合同中，多数只订明异议和索赔条款，只有在买卖大宗商品和机械设备一类商品的合同中，除订明异议和索赔条款外，再另定罚金条款。

（一）异议和索赔条款

异议和索赔条款的内容，除规定一方如违反合同，另一方有权索赔外，还包括如下几项内容：

1. 索赔的期限

是指受损害方有权向违约方提出索赔的期限。按照法律和国际惯例，受损害方只能在一定的索赔期限内提出索赔，否则就丧失索赔权利。因此，关于索赔期限的规定必须根据不同种类的商品作出合理安排。对于有质量保证期限的商品，合同中加定保质期。保质期可规定为 1 年或 1 年以上。

索赔期限的规定，除一些性能特殊的产品（如机器设备）外，一般不宜过长，以免使卖方承担过重的责任；也不宜规定太短，以免使买方无法行使索赔权，要根据商品的性质和检验所需的时间多少等因素而定。

规定索赔期限时，还应对索赔期限的起始时间作出具体规定，通常如下：货物到达目的港后 ×× 天起算，货物到达目的港卸离海轮后 ×× 天起算，货物到达买方营业地或用户所在地后 ×× 天起算，货物经检验后 ×× 天起算。

2. 索赔的依据及出证机构

此项内容规定了提出索赔必须具备的证据以及出具证据的机构。如果证据不全、不清、出证机构不符合要求，都可能遭到对方拒赔。

索赔依据包括法律依据和事实依据两个方面。前者是指贸易合同和有关国家的法律规定；后者则指违约的事实真相及其书面证明，以证实违约的真实性。索赔依据和索赔期限在异议和索赔条款中要明确加以规定，并与检验条款相结合。

3. 解决索赔的办法和赔偿金额

关于这个问题，除个别情况外，通常在合同中只作笼统的规定。因为违约的情况比较复杂，事先对违约的环节、性质、程度等无法预知，因而，对于违约处理办法和赔偿金额也难以预知和确定。所以，在合同中不作具体规定。

【案例一】

某公司以 CFR 对德国出口一批小五金工具，合同规定或到达目的港后 30 天内检验，买方有权凭检验结果提出索赔。我公司按期发货，德国客户也按期凭单支付了货款。可半年后，我公司收到德国客户的索赔文件，上称：上述小五金工具有 70% 锈损，并附有德国某内地一检验机构出具的检验证书。对德国客户的索赔要求，我公司应如何处理？

【案例讨论】

我公司可拒绝德国客户的索赔要求。结合本案例，德公司按期议付了货款，表示我公司产品在目的港后本身没有问题，也即说明产品的锈损发生在内地，这风险超过了装运港船上，应由买方承担。德国出具的商检证书是某内地的，并未按合同规定的目的港检验，这不符合合同规定。合同中明确规定货到目的港 30 天内检验，而德公司却在半年后才发来检验证书。所以我公司可拒绝德国客户索赔要求。

（二）罚金条款

罚金条款（penalty）是指合同中规定如由于一方未履约或未完全履约，应向对方支付一定数量的约定金额。金额的多少视延误时间长短而定，并规定最高罚款金额。这一条款的规定一般适用于卖方延长交货时间或买方延长接货等情况。它的特点：在合同中先约定赔偿金额或赔偿的幅度。例如，有的合同规定："如卖方不能按期交货，在卖方同意由付款行从议付货款中扣除罚金的条件下，买方可同意延长交货。但是因延期交货的罚金不得超过货物总金额的 5%，罚金每 7 天收取 0.5%，不足 7 天按 7 天计算。如卖方未按合同规定的装运期交货，延长 10 周时，买方有权撤销合同，并要求卖方支付上述延期交货罚金。"罚金的支付，并不能解除卖方的交货义务。如卖方根本不履行交货义务，仍要承担因此而给买方造成的损失。

在订立罚金条款时，要注意各国的法律对于罚金条款持有不同态度和不同的解释与规定。法国、德国等国家的法律对合同中的罚金条款是予以承认和保护的，但在美国、英国、澳大利亚和新西兰等英美法系国家的法律上则有不同的解释。例如，在英国的法律中，对合同中订有固定赔偿金额条款，按其情况分为两种性质：一种是作为预定损害赔偿金额（1iquidated damage），是指双方当事人在订立合同时，根据估计可能发生违约所造成的损害，事先在合同中规定赔偿的百分比；另一种是作为"罚款"，是指当事人为了保证合同的履约，对违约一方征收的罚金。对上述性质的区分根据当事人在合同中表示的意思由法官来确定。按照英国法院的主张：如属预定的损害赔偿，不管损失金额的大小，均按合同规定的固定金额判付；反之，如属"罚金"，对合同规定的固定金额不予承认，而根据受损方提出损失金额的证明另行确定。

《合同法》第一百一十四条规定："当事人可以约定一方违约时应当根据违约情况向对方支付一定数额的违约金，它可以约定因违约产生的损失赔偿额的计算方法。"在我国《合同法》中没有规定"罚金"，而规定"违约金"。违约金与罚金是不同性质的两个概念。违约金是违约责任的方式，对违约救济的措施之一。违约方通过支付一定违约金，有时可以终止合同的效力，再不承担任何义务。罚金是一种督促履行合同的措施，带有惩罚性质的方法，违约方支付罚金后不能终止合同，必须按规定继续履行合同。

我国《合同法》还规定："约定的违约金低于造成损失的，当事人可以请求人民法院或者仲裁机构予以增加；约定的违约金过分高于造成的损失的，当事人可以请求人民法院或者仲裁机构予以适当减少。"违约金的约定并不是毫无限制的自由约定，而要受到国家法律的正当干预。这种干预是通过法院或仲裁机构适当减少或者增加的方法来实施的。违约一方支付违约金并不当然免除继续履行义务，受害方要求履行合同，而违约方有继续履行能力的，必须继续履行。

除上述索赔条款外，根据需要可作其他规定。例如，针对买方不开或迟开信用证，在 FOB 出口合同中，买方不派或不按时派船等问题，规定卖方有权解除合同或延期交货，并要求给予损害赔偿。对于进口合同，除索赔条款可与商检条款合并订立之外，还可以单独订立"索赔处理"条款。例如，有的进口合同规定："如货物不符合本合同规定，应由买方负责，同时买方按本合同规定在索赔期限或质量保证期限内提出索赔，卖方在取得买方同意后，按以下方式予以补救：①同意买方退货，将退货金额以成交的计价货币偿还买方，并负担因退货而发生的一切直接损失和费用，包括利息、银行费用、运费、保险费、商检费、仓租、码头装卸费以及为保管退货而发生的一切其他必要费用。②按照货物次劣程度、损坏的范围和买方所遭受的损失，降低货价。③调换有瑕疵的货物，换货必须里外全新并符合本合同规定的规格、质量和性能，卖方并负担因此而产生的一切费用和买方遭受的一切直接损失。

对换货的质量，卖方仍应按本合同的质量要求规定，保证期为1年。"

第二节　不可抗力

一、不可抗力的含义

目前，各国法律对于什么是不可抗力，表述并不完全一致。联合国的《公约》对不可抗力（force maieure）只作了原则规定，概括起来是：非合同当事人所能控制的、没有理由预期当事人在订立合同时能考虑到的障碍；对于这种障碍及其后果是当事人无法避免、无法预防、不是合同当事人的过失引起的意外事件，才可以援引来免除其履约的义务或延期履行合同。

不可抗力事件包括两种类型：一种是由于自然原因引起的，如水灾、风灾、干旱、大雪、地震等，因人类无法控制的自然力（act of god）引起的天灾；另一种是社会原因引起的，如战争、政府封锁禁运等。总之，所谓不可抗力事件，其可能包括的范围比较广泛，其中除对自然力引起的天灾，各国的解释比较一致外，对于社会原因引起的意外事件，则经常发生解释上的分歧。这一方面是由于社会现象比较复杂，解释起来有一定的困难；另一方面，也是更重要的，则是由于不可抗力是一种免责条款，买卖双方都可以加以援引来解除其合同义务。在实践中，卖方援引的机会一般比较多。从卖方的观点考虑，扩大不可抗力的范围，还是有一定好处的；反过来却对买方不利。因此，在签订合同时，如何确定不可抗力的含义及其内容，往往成为双方讨论的问题之一。

【案例二】

我国从阿根廷进口普通豆饼20000吨，交货期为8月份，然而4月份阿根廷原定收购地点发生洪灾，收购计划落空，阿商要求按不可抗力事件处理，免除交货责任，中方应如何对待？

【案例讨论】

阿根廷方事件不构成不可抗力，因该事件并非不可克服和同步要求特定产地，阿商可从其他地方收购，尤其是离交货尚有4个月可供阿方备货，故中方不应同意阿方要求。

二、不可抗力的法律后果

不可抗力事件所引起的后果，主要有两方面：一种是解除合同，另一种延迟履行合同。在什么情况下可以解除合同，在什么情况下不能解除合同，只能延迟合同的履行，则应视事件的原因及事故的性质、规模和对履行合同的影响程度而定；也可由双方当事人在合同中加以具体规定。如果合同没有明确规定，一般的解释是：如不可抗力事故使合同履行成为不可能，则可解除合同；如不可抗力事故只是暂时阻碍了合同的履行，则只能延迟履行合同。

不可抗力既是合同中的一项条款，同时也是一项法律原则。在国际贸易中，不同的法律、法规对此都有规定。在英美法中有"合同落空"原则的规定，其意思是说合同签订以后，不是由于当事人双方自身过失，而是由于事后发生了双方意想不到的根本性的不同情况，致使订约目的受到挫折，据此而未履行的合同义务，当事人得以免除责任。在大陆法系国家的法律中有"情势变迁"或"契约失效"原则的规定，其意思也是指不属于当事人的原因而发生了预想不到的变化，致使合同不可能再履行或对原来的法律效力需作相应的变更。不过，法院对于以此原则为理由请求免除履约责任的要求是很严格的。

综上所述，在国际贸易中尽管不同法律，法律对不可抗力的确切含义在解释上并不统一，叫法也不一致，但其精神原则大体相同。主要包括以下几点：意外事故必须发生在合同签订以后；不是因为合同当事人双方自身的过失或疏忽而导致的；意外事故是当事人双方所不能控制的，无能为力的。

【案例三】

有一份 CIF 合同，合同规定在 9 月 15 日以前装船，但在同年 8 月 20 日，卖方所在地发生地震，由于卖方存货的仓库距震中较远，因此货物未受到严重损失，仅因交通受到破坏而使货物不能按时运出。但事后，卖方以不可抗力为由通知买方撤销合同，买方不同意。试分析：卖方的主张对否？

【案例讨论】

所谓不可抗力是指买卖合同签订以后，不是由于合同当事人的过失和疏忽，而是由于发生了合同当事人无法预见，无法预防，无法避免和无法控制的事件，以致不能履行或不能如期履行合同。不可抗力的后果有两种：一种是延期履行合同，即不可抗力事件导致的后果不是十分严重，有继续履行合同的可能性。另一种是解除合同，即不可抗力事件导致的后果严重，完全排除了继续履行合同的可能性。结合本案例，卖方存货仓库距震中远而未受严重损失，不至于达到不能履行合同的程度，只是暂时对合同履行造成一定影响。故卖方以不可抗力为由不能通知买方撤销合同，只能同买方协商将合同延期履行。

三、合同中的不可抗力条款

国际贸易合同中不可抗力条款的确定，主要是为了避免当事人之间因意外事故而发生分歧，产生纠纷，同时也防止一方当事人任意扩大和缩小对不可抗力事故范围的解释，或在不可抗力事故发生后在履约方面提出不合理的要求。

不可抗力条款的内容比较广泛，在国际贸易合同中大致包括以下几个方面的内容：不可抗力事故的范围，不可抗力事故的后果，出具事故证明的机构和事故发生后通知对方的时间和方式。

1. 不可抗力事故的范围

这个问题容易引起当事人的争议，所以一般情况下，应当规定得具体一些，不能笼统或含混不清。防止一旦发生不可抗力事故，产生不同的解释，出现纠纷。

2. 不可抗力事故的后果

除应规定清楚在哪些情况下可以解除合同，在哪些情况下只能终止合同外，还应规定买卖双方都可援引的不可抗力免责。

世界上有许多国家的法律对于发生意外事故时可以解除合同和不能解除合同的条件都有一定规定。例如，关于合同标的物因意外事故灭失时可否解除合同的问题，有的国家规定，如果买卖的是特定物，则在合同签订后，不是由于买卖双方的过失，该特定物在风险转移给买方之前灭失，则可解除合同。但是，如果买卖的是种类物，那么，即使遇到不能预防的意外事故，只要卖方还有可能从其他地方取得合同规定的货物，他就不得免除履约责任。

又如，在合同签订后，政府颁布了禁止出口或进口的法令，也要看该项禁令生效和持续的时间对履约的影响，来决定合同是解除抑或延期履行。如果政府的禁令并不致使合同根本无法履行，而只是缩短了履约的时间或延迟了合同的履行，卖方则不得免除交货义务。只有经过一段合理时间之后，政府禁令所引起的延迟已影响合同的基础时，才能免除卖方的交货责任。

尽管如此，在实践中往往会出现一旦发生不可抗力事件，一方就提出解除合同的问题。一个合同是否延期履行或解除，是关系到双方的经济利益的，因此，在合同中的不可抗力条款仍应就不可抗力所引起的法律后果作出明确的规定，以利于执行。例如，我国的买卖合同一般都规定，由于不可抗力事故的影响而不能履行合同时，可根据实际所受影响的时间延期履行合同的期限……如因不可抗力事故延迟履行合同达××天（如90天或120天）时，双方应就履行合同的有关问题进行协商。按照这样的规定，当发生不可抗力事故时，可先推迟合同履行的期限；只有当不可抗力事故持续下去超过合同规定期限以后，才能通过协商最后决定是否解除合同。

3. 出具不可抗力事故证明的机构

在进出口业务中，当一方援引不可抗力条款要求免除责任时，都必须向对方提交一份机构出具的证明文件，作为发生不可抗力的证据。在国外，一般是由当地的商会或合法公证机构出具。在我国，是由中国国际贸易促进委员会或其设在口岸的贸促会分会出证。进出口合同都应明确规定出证机构。

4. 发生事故后通知对方的时期和方式

按照国际惯例，当发生不可抗力事故影响合同履行时，当事人必须及时通知对方，对方亦应于接到通知后及时答复，如有异议也应及时提出。尽管如此，细心的当事人一般都要求在合同中明确规定一方发生事故后通知对方的时期和方式。如"一方遭受不可抗力事故后，应以电报通知对方，并应在15天内以航空挂号信提供事故的详情及影响合同履行程度的证明文件"。

目前，我国进出口合同中的不可抗力条款基本上有下述规定方法：

（1）只作概括规定。由于公认的不可抗力的原因（owing to the generally recognized force majeure causes），致使卖方不能交货或延迟交货，卖方不承担责任。这种规定过于笼统、含糊、漏洞较大。尤其是所谓公认的不可抗力，在国际上并没有一定的标准可循，一旦发生问题，很容易被曲解利用。而且只规定卖方免责，对买主可能遇到的不可抗力事故却未作规定，如果是进口合同，显然对我方不利。由于这种规定过分空泛，缺乏确定的含义，一旦发生争议，只能由法院对当事人的意思进行解释，有时甚至被法院置之不理，从而影响整个合同的效力。

（2）在合同中——详列不可抗力的具体范围。说明如发生合同列明的事件使当事人无法履约时，可予免责。这种规定方法虽明确、具体，但是由于把不可抗力限制在合同约定的范围之内，就意味着双方当事人在订约时已把其他意外事件排除在不可抗力范围之外。由于不可抗力事件较多，合同很难全部包括进去，一一列明，所以执行起来会有一定的困难。在发生合同没有列明的意外事件时，有时还可能发生争执。

（3）在列明双方取得一致意见的各种不可抗力事件时，加上以及双方当事人所同意的其他事故的字样，以便在发生合同没有列明的意外事故时，由双方当事人协商决定是否作为不可抗力事件看待。这种条款明确具体，又有一定的灵活性，是比较切实可行的。我国目前进出口合同的不可抗力条款大多采用这种规定办法。

有关当事人在援引不可抗力条款时，应注意以下几点：

（1）应及时通知对方并提供适当的证明条件。对方接到通知应及时答复，如长期拖延不予处理，也要负违约责任。

（2）要认真分析事故是否属于不可抗力条款约定范围，如不属于合同规定范围，一般不能按不可抗力事故处理。

（3）根据事故的性质、影响、履约的程度等具体情况，适当地处理履约中发生的各种情况。

第三节　仲裁

在国际贸易活动中，买卖双方分别处于两国（地区），贸易合同的履行在很大程度上受有关国家政治、经济和自然条件等因素的影响，情况复杂多变，买卖双方在执行合同过程中发生这样或那样的争议是难以完全避免的。因此，如何正确处理国际贸易过程中发生的各种争议，乃是关系到买卖双方切身利益的重大问题。在国际贸易中，解决交易双方所发生争议的方式很多，主要有友好协商、调节、仲裁和司法诉讼四种。下面主要就仲裁展开论述。

一、仲裁的含义和特点

仲裁（arbitration）又称公断。它是指交易双方达成书面协议，自愿将他们之间的纠纷提交给一个双方同意的第三者来裁判，这个第三者的裁决对双方均有约束力，并且裁决是终局的，当事人双方必须遵照执行。

仲裁既不同于友好协商和调解，也不同于司法诉讼。与友好协商或调解相比，仲裁的特点在于，有仲裁员参加，由仲裁员组成的仲裁庭作为裁判，对双方的争议作出裁决；仲裁的裁决是有约束力的，如败诉方不予执行，胜诉方有权要求法院强制执行。

仲裁又不同于司法诉讼，其区别在于：法院是国家机器的重要组成部分，具有法定的管辖权，当一方向法院起诉时，无须事先征得对方的同意，而由有管辖权的法院发出传票，传唤对方出庭；仲裁机构是民间组织，没有法定的管辖权；仲裁是在自愿的基础上进行的，如果双方当事人没有达成仲裁协议，任何一方都不能迫使另一方进行仲裁；仲裁机构只能根据双方当事人仲裁协议受理提交给它处理的案件。

另外，法院的法官都是由国家任命或由选举产生的，诉讼当事人都没有任意指派或选择法官的权利，而仲裁员则是由双方当事人指定的；按照有些国家的法律，仲裁员也可不必像法院的法官那样严格地适用法律，而可以按照商业惯例或所谓"公平合理"的原则对争议事项作出裁决。因此，对双方当事人来说，仲裁比司法诉讼具有较大的灵活性，有较多的选择自由，而且由于仲裁员一般多是贸易界的知名人士或有关方面的专家，对国际贸易比较熟悉，所以处理问题一般比较迅速及时。还有，仲裁一般是秘密进行的，不像法院那样进行公开审理，仲裁裁决也不必像法院裁决那样在报纸或官方刊物上公布，所以，采用仲裁方式解决争议更适合双方当事人不愿将其商业秘密公之于众的要求，而且对双方贸易关系的损害也较小。正是由于仲裁具有这些特点，因此，在国际经济贸易中，当争议双方通过友好协商不能解决问题时，一般都愿意采取仲裁的方式来解决他们之间的争端。

二、仲裁协议

（一）仲裁协议的含义

仲裁协议是双方当事人自愿将争议交付仲裁机构解决争议的书面表示，是申请仲裁的必备材料。

仲裁协议有两种形式：一种是由双方当事人在争议发生之前订立的，这种协议一般都已包含在合同内，作为合同的一项条款，即我们所说的仲裁条款（arbitration clause）；另一种是由双方当事人在争议发生之后订立的，表示同意把已经发生的争议交付仲裁的协议（submission）。这两种仲裁协议的形式虽然不同，但其法律作用与效力是相同的。

（二）仲裁协议的作用

根据多数国家有关仲裁法律的规定，仲裁协议的作用主要表现在三个方面：

（1）约束双方当事人只能以仲裁方式解决争议，不得向法院起诉。

（2）使仲裁机构取得对争议案件的管辖权。

（3）排除了法院对有关案件的管辖权，如果一方违背仲裁协议，自行向法院起诉，另一方可根据仲裁协议要求法院不予受理，并将争议案件退交仲裁庭裁断。

上述三项作用的中心是第二条，即排除法院对争议案件的管辖权。因此，双方当事人不愿将争议提交法院审理时，就应在争议发生前在合同中规定出仲裁条款，以免将来发生争议后，由于达不成仲裁协议而不得不诉诸法院。

在实践过程中，买卖双方如没有事先在合同中订立仲裁条款，待争议发生后，由于双方处于对立地位，往往无法就提交仲裁协议取得一致性意见，原告就有可能径自向有管辖权的法院提出起诉。在这种情况下，任何一方都无法强使对方接受仲裁。正是由于这个原因，在国际贸易合同中有必要订立仲裁条款。

【案例四】

我国外贸公司与某外商签订一份出口合同，合同中订有仲裁条款仲裁地点为北京，后来发生交货品质纠纷，外商不愿到北京仲裁，于是在当地法院起诉，当地法院向我外贸公司寄来传票。请问我公司应如何处理？

【案例讨论】

我方与外商的出口合同明确有以双方自愿为基础的仲裁，外商不但不愿遵守，且在当地法院起诉，根据仲裁的作用，排除法院对有关案件的管辖权，故我方可以将传票退还给外国法院，指出其对该案件是没有管辖权的，将争议案件退交北京仲裁庭裁断。

三、合同中的仲裁条款

合同中的仲裁条款一般包括仲裁地点、仲裁机构、仲裁规则和仲裁效力等内容。

（一）仲裁地点

在什么地方进行仲裁，是买卖双方磋商仲裁条款时的一个重点。这主要是因为，仲裁地点与仲裁所适用的程序法，以至合同所适用的实体法有密切关系。按照资本主义国家法律的解释，凡属程序方面的问题，除非仲裁协议另有规定，一般都适用审判地法律。至于适用的实体法，如果合同未作规定，一般要由仲裁员根据仲裁地点所在国的法律冲突规则予以确定。由此可见，由于仲裁地点不同，适用的法律则可能不同，对买卖双方权利与义务的解释也就会有所差别，正是由于这个缘故，交易双方都非常重视仲裁地点的确定，都力争在自己比较了解、比较信任的地方，尤其是在本国进行仲裁。

我国的进出口合同对于仲裁地点，一般都根据不同贸易对象和不同情况，采用以下三种不同的规定办法：

（1）多数规定在我国进行仲裁。

（2）有时也规定在被告所在国进行仲裁。

（3）规定在双方同意的第三国进行仲裁。

如果采用第三种办法，一般是选择仲裁法律允许受理双方当事人都不是本国公民的争议案件，其仲裁机构又具有一定业务能力的第三国作为仲裁地点。

（二）仲裁机构

国际贸易的仲裁，可由双方当事人在仲裁协议中规定在常设的仲裁机构进行，或是直接由双方当事人指定仲裁员自行组织临时的仲裁庭负责进行。

1.常设仲裁机构

目前，世界上许多国家以及一些国际组织都设有专门从事处理商事纠纷，进行有关仲裁的行政管理和组织工作的常设仲裁机构。我国的常设仲裁机构是中国国际贸易促进委员会所属的中国国际经济贸易仲裁委员会。它是我国唯一的对外经贸仲裁机构。我们在订立进出口合同的仲裁条款时，如双方同意在中国仲裁，都订明在中国国际经济贸易仲裁委员会进行。

我们在外贸业务中经常遇到的外国仲裁常设机构有：英国伦敦仲裁院、瑞典斯德哥尔摩商会仲裁院、瑞士苏黎士商会仲裁院、日本国际商事仲裁协会、美国仲裁协会、意大利仲裁协会等。俄罗斯和东欧各国商会中均设有对外贸易仲裁委员会。国际组织的仲裁机构有设在巴黎的国际商会仲裁院等。其中有许多仲裁机构与我国已有业务上的联系，在仲裁业务中进行过合作。

上述这些常设的仲裁机构都能为仲裁工作提供一定的方便，有利于仲裁工作的顺利进行。我们在拟定仲裁条款时，应尽可能选用适当的常设机构。只有在对方国家没有常设仲裁机构时才采用临时仲裁庭。

2. 临时仲裁机构

临时仲裁庭是专为审理指定的争议案件，由双方当事人指定的仲裁员组织起来的，案件处理完毕立即自动解散。因此，在采取临时仲裁庭解决争议时，双方当事人需要在仲裁条款中就双方指定仲裁员的办法、人数、组成仲裁庭的成员、是否需要首席仲裁员等问题作出明确规定。

（三）仲裁规则

仲裁规则主要是规定进行仲裁的手续、步骤和做法，其中包括仲裁申请、指定仲裁员、仲裁审理、仲裁裁决的效力以及仲裁费用等。仲裁规则的作用主要是当事人和仲裁员提供一套进行仲裁的行动规则，便于在仲裁过程中有所遵循。在仲裁条款中要明确规定仲裁规则。我们订立仲裁条款时，一般规定使用仲裁国的仲裁规则。

（四）仲裁效力

仲裁裁决的效力主要是指由仲裁庭作出的裁决对双方的约束力，即是否具有终局性的问题。在我国，凡由中国国际经济贸易仲裁委员会作出的裁决都是终局性的，对双方当事人都有约束力，双方都必须执行，任何一方都不得向法院上诉要求变更。一般来讲，对仲裁裁决一般也不允许再向法庭上诉。即使上诉，法院一般也只审查程序，不审查实体，只审查仲裁裁决的法律手续，而不审查裁决本身，法院只有在发现程序有问题时，才有权宣布裁决无效。由于仲裁是双方当事人在自愿基础上进行的，由双方当事人自行指定的仲裁机构和仲裁员作出的裁决，理应得到双方当事人的执行。因此，对仲裁裁决上诉在国际仲裁实践中只能是一种例外。从目前国际仲裁的趋势来看，这种上诉一般也只限于有关程序和形式方面的问题。至于裁决的实质性问题，是不得上诉的。

纵然如此，为了明确仲裁裁决的效力，避免引起复杂的上诉程序，我们在签订仲裁条款时仍应明确规定：仲裁裁决是终局性的，对双方当事人都有约束力。

（五）仲裁的费用

至于仲裁的费用一般都规定由败诉方一方负担，或规定按仲裁裁决办理。

仲裁条款是一项政策性、法律性很强的条款，订好仲裁条款不仅在发生争议时，便于解决争议，而且可以防止国外商人钻空子，使我方的正当权益受到损害。为了改进我国进出口合同的仲裁条款，中国国际经济贸易仲裁委员会在各公司的大力协助下，总结了我国各进出口公司在签订仲裁条款方面的经验，根据独立自主的原则和平等互利的政策，适当参考国际上的习惯做法，针对在中国仲裁、在被告国仲裁和在第三国仲裁三种不同情况，提出了以下三种仲裁条款的格式，供我国各进出口公司选择采用。

1. 在我国仲裁的条款

凡因执行本合同所发生的或与本合同有关的一切争议，双方应通过友好协商解决；如果协商不能解决，应提交北京中国国际贸易促进委员会中国国际经济贸易仲裁委员会，根据该会的仲裁规则进行仲裁。仲裁裁决是终局的，对双方都有约束力。（All disputes arising out of the performance of, or relating to this contract, shall be settled amicably through negotiation. In case no settlement can be reached through negotiation, the case shall then be submitted to the China International Economic and Trade Arbitration Commission of the China Council for the Promotion of International Trade, Beijing for arbitration in accordance with its Rules of Arbitration. The arbitration award is final and binding on both parties.）

2. 在被告国仲裁的条款

凡因执行合同所发生的或与本合同有关的一切争议，双方应通过友好协商来解决；如果协商不能解决，应提交仲裁。仲裁在被诉人所在国进行。如在中国，由中国国际贸易促进委员会中国国际经济贸易仲裁委员会根据该会仲裁规则进行仲裁。如在××国，由××国的仲裁机构根据该组织的仲裁程序规则进行仲裁。仲裁裁决是终局的，对双方都有约束力。（All disputes arising out of the performance of, or relating to this contract, shall be settled amicably through friendly negotiation. In case no settlement can be reached through negotiation, the case shall then be submitted for arbitration.If in China to arbitration shall be conducted by the China International Economic and Trade Arbitration Commission of the China Council for the Promotion of International Trade, Beijing for arbitration in accordance with its Rules of Arbitration, if in …, the arbitration shall be conducted by … in accordance with its Rules of arbitration. The arbitration award is final and binding on both parties.）

3. 在第三国仲裁的条款

凡因执行本合同所发生的或与本合同有关的一切争议，双方应通过友好协商来解决；如果协商不能解决，应提交××国××地××仲裁机构，根据该仲裁机构的仲裁规则进行仲裁。仲裁裁决是终局的，对双方都有约束力。（All disputes arising out of the performance of, or relating to this contract, shall be settled amicably through friendly negotiation. In case no settlement can be reached through negotiation, the case shall then be submitted to, in accordance with its Rules of arbitration. The arbitration award is final and binding on both parties.）

四、仲裁程序

仲裁程序主要是规定进行仲裁的手续和做法，其中包括仲裁申请、指定仲裁员、仲裁审理、仲裁裁决的效力以及仲裁费用等。仲裁程序的作用主要是为当事人和仲裁员提供进行仲裁的准则，以便进行仲裁时有所遵循。

（一）提出仲裁申请

这是仲裁程序开始的首要手续。各国法律对申请书的规定不一致。在我国，中国国际经济贸易仲裁委员会仲裁规定：当事人一方申请仲裁时，应向该委员会提交包括下列内容的签名申请书：

（1）申诉人和被诉人的名称、地址。

（2）申诉人所依据的仲裁协议。

（3）申诉人的要求及所依据的事实和证据。

申诉人向仲裁委员提交仲裁申请书时，应附具本人要求所依据的事实的证明文件，指定一名仲裁员，无须仲裁费。如果委托代理人办理仲裁事项或参与仲裁的，应提交书面委托书。

（二）组织仲裁庭

根据我国仲裁规则规定，申诉人和被申诉人各自在仲裁委员会仲裁员名册中指定一名仲裁员，并由仲裁委员会主席指定一名仲裁员为首仲裁员，共同组成仲裁庭审理案件；双方当事人亦可在仲裁委员名册共同指定或委托仲裁委员会主席指定一名仲裁员为独任仲裁员，成立仲裁庭，单独审理案件。

（三）审理案件

仲裁庭审理案件的形式有两种：一是不开庭审理，这种审理一般是经当事人申请，或由仲裁庭征得双方当事人同意，只依据书面文件进行审理并作出裁决；二是开庭审理，这种审理按照仲裁规则的规定，采取不公开审理的方式，如果双方当事人要求公开审理时，由仲裁庭作出决定。

（四）作出裁决

裁决是仲裁程序的最后一个环节。裁决作出后，审理案件的程序即告终结，因而这种裁决被称为最终裁决。根据我国仲裁规则，最终裁决外，仲裁庭认为有必要或接受当事人之提议，在仲裁过程中，可就案件的任何问题作出中间裁决或者部分裁决。中间裁决是指对审理清楚的争议所作的暂时性裁决，以利对案件的进一步审理；部分裁决是指仲裁庭对整个争议中的一些问题已经审理清楚，而先行作出的部分终局性裁决。这种裁决是构成最终裁决的组成部分。仲裁裁决必须于案件审理终结之日起 45 天内以书面形式作出，仲裁裁决除由于调解达成和解而作出的裁决书外，应说明裁决所依据的理由，并写明裁决是终局的和作出裁决书的日期地点以及仲裁员的署名等。

当事人对于仲裁裁决书，应依照其中所规定的时间自动履行，裁决书未规定期限的，应立即履行。一方当事人不履行的，另一方当事人可以根据中国法律的规定向中国法院申请执行，或根据有关国际公约、中国缔结或参加的其他国际条约的规定办理。

【练习题】

一、单项选择题

1.发生（　　），违约方可援引不可抗力条款要求免责。

A.战争　　　　　　　　　　B.世界市场价格上涨

C.生产制造过程的过失　　　　D.货币贬值

2.按《公约》的解释，如违约的情况尚未到根本性违反合同的规定，则受损害的一方（　　）。

A.只可宣告合同无效，不能要求赔偿损失

B.只能提出损害赔偿的要求，不能宣告合同无效

C.不但有权向违约方提出损害赔偿的要求，而且可宣告合同无效

D. 可根据违约情况选择以上答案

3. 异议与索赔条款用于品质、数量、包装等方面的违约行为，它的赔偿金额（　　）。

A. 一般预先规定　　　　　　　　B. 一般不预先规定

C. 由第三方代为规定　　　　　　D. 由受损方确定

4. 仲裁裁决的效力是（　　）。

A. 终局的，对争议双方具有约束力

B. 非终局的，对争议双方不具有约束力

C. 有时是终局的，有时是非终局的

D. 一般还需要法院最后判定

二、简答题

1. 什么是国际经济贸易仲裁？仲裁协议有何作用？

2. 什么是不可抗力？不可抗力的法律后果有几种情况？

第十二章 国际贸易方式

【本章学习目标】

●掌握每种贸易方式的特点、做法和优缺点

●在实际业务中灵活掌握和运用各种贸易方式

【引导案例】

我 A 公司与台湾 B 公司签订了独家经销协议，授权该公司 W 产品的独家经销权，但该产品并非 A 公司的自产商品，而是由国内 C 公司生产、由 A 公司销往台湾 B 公司。C 公司在向 A 公司供货的同时，也自营进出口业务，又向另一家台湾 D 公司授予了该产品的独家经销权。这样，在台湾就有了同种产品的两个独家经销商，这两家经销商得知该情况后，都向 A 公司和 C 公司提出索赔的要求。请问：这起案件应如何处理？

第一节 包销、经销和代理

一、包销

（一）包销的含义

国际贸易中的包销（exclusive sales）是指出口人与国外经销商达成协议，在一定时间内把指定商品在指定地区的独家经营权授予该经销商。经销商则承诺不经营其他来源的同类或可替代的商品。通过包销协议，双方可以建立起一种稳定的长期的买卖关系，而具体的每一笔交易，则以包销协议为基础，另行订立买卖合同。

包销方式的特点是：出口人与包销人是属于售定性质的买卖关系，货物由包销人购买，自行销售，自负盈亏，包销人承担亏损的风险，它与一般单进单出的方式的区别在于包销人在一定时期和一定地区之内享有独家专营权。包销人享受的这种权利是通过出口人与包销人签订包销协议（exclusive sales agreement）来实现的。

（二）包销协议

包销协议有两种订立方法：一种是仅规定出口人与包销人的一般权利和义务，具体的包销货物数量、金额、价格、交货等内容须订立买卖合同；另一种是包销协议即为买卖合同，亦即在买卖合同中规定给予国外商人独家专营权利。这种形式多为成交数额较大，合同期限较长的业务。不论采取何种形式，一般包括如下几项主要内容：

（1）包销协议的名称、签约日期与地点。

（2）包销协议的前文通常在前文条款中，明确包销商与委托人之间的关系是本人与本人的关系（principal to principal）即买卖关系。

（3）包销商品的范围。委托人（出口人）经营商品种类繁多，即使是同一类或同一种商品，其中也有不同的牌号与规格。因此，在包销协议中，双方当事人必须约定包销商品范围。

（4）包销地区。包销地区是指包销商行使销售的地理范围。通常有下列约定方法：

①确定一个国家或几个国家；

②确定一个国家中几个城市；

③确定一个城市等。

确定包销地区的大小，应考虑下列因素：

①包销的规模及能力；

②包销商所能控制的销售网络；

③包销商品的性质及种类；

④市场的差异程度；

⑤包销地区的地形位置等。

（5）包销期限。包销期限可以长也可以短。在我国的出口业务中，往往在签订包销协议时明确规定期限，通常为一年。其他国家市场的习惯做法是，在包销协议中不规定期限，只规定终止条款或续约条款等。

（6）专营权（exclusivity）。专营权是指包销商行使专卖和专买的权利，这是包销协议的重要内容。专营权包括专卖权和专买权。前者是委托人（出口人）将指定的商品在规定的地区和期限内给予包销商独家销售的权利。出口人负有不向该区域内的客户直接售货的义务。后者是包销商承担向出口人购买该项商品，而不得向第三者购买的义务。

（7）包销数量或金额（mimimum purchase）。包销协议中除规定上述内容外，还应规定数量或金额。此项数量与金额对协议双方均有同等的约束力。有时在协议中规定数量与金额，则包销商必须承担向出口人购买规定数量和金额的义务，出口人必须承担向包销商出口上述数量和金额的责任。

（8）作价办法。包销商品的作价有不同做法。其中一种做法是在规定的期限内一次作价。即无论协议内包销商品价格上涨、下落与否，以协议规定价格为准。另一种做法是在规定的包销期限内分批作价。由于国际商品市场的价格变化多端，因此采用分批作价较为普遍。

（9）广告、宣传、市场报道和商标保护。包销协议的当事双方是买卖关系，因此委托人（出口人）不实际涉足包销地区的销售业务，但他十分关心开拓海外市场。为宣传其产品所用的商标，委托人常要求包销商负责为他的商品刊登一定的广告。例如，有些包销协议规定："买方负责和出资在其包销地区为卖方的机器设备举办展览，招揽订单，在当地报刊上登载广告。"有些协议规定：包销商应访问有希望达成交易的客户或卖方要求包销尽量提供市场报道等。

（三）包销的优缺点

1. 优点

（1）有利于调动包销商经营的积极性；

（2）有利于利用包销商的销售渠道，达到巩固和扩大市场的目的；

（3）可减少多头经营产生的自相竞争的弊病。

2. 缺点

如果出口人不适当地运用包销方式，可能使出口商的经营活动受到不利的影响或者出现包而不销的情况。此外，包销商还可能利用其垄断地位操纵价格和控制市场。

（四）采用包销方式应注意的问题

（1）要根据市场、客户以及货物特点来确定是否采用包销方式，不能千篇一律。首先，要看市场情况，如不采用包销方式难以打开局面时，应积极考虑选择包销。但如该市场当局对进口商实行配额限制时，则不宜采用包销方式。其次，要考虑货物特点，如机械、电子、仪表、轻工日用品等货物，采用包销方式后，包销商建立专门部门为买主服务，供应备用件就可促进销售业务。而一些国际性的大宗货物则不宜采取这一方式。最后，要考虑客户情况，要选择那些对我友好，资信较好，有一定的经营能力和销售渠道的客户作为包销人。如果不具备上述条件，签订包销协议就要慎重。在确定包销人时，最好能经过一个试行阶段，例如，给某客户享有独家发盘的权利，或多与某客户成交，以观察其经营我货物的能力。

（2）确定包销的货物、规格、时间和地区范围时要慎重。对包销货物和规格的确定，一般不宜过多，即使同类不同型号的货物也要掌握一定范围，不能让一个商人全部包销，造成垄断的局面。对包销时间的规定可视客户情况而定，过短不易调动包销商的积极性，过长则易使我处于被动。因此，规定包销期限时，可以采用两种方法：一是明确规定一个期限，如一年或两年，同时规定如包销商经营有方，成绩显著，可享受继续包销的优先权，一旦完不成任务，我方有权随时撤销包销协议；二是不具体规定包销期限，但规定买卖任何一方，有随时通知对方在一定时期之后撤销包销协议的权利。这种规定比较灵活，但包销商可能有顾虑，担心随时撤销协议，影响其经营积极性。对包销地区范围的规定，一般不宜太广。如地区面太大，一旦包销商经营有困难，而我又不能直接与该地区的其他商人直接成交，反而束缚了自己。

（3）对双方的权利和义务应作出明确规定。对包销商来说，有专营我包销货物的权利。包销商的义务主要有：包销商承担在包销期内、包销地区不得经营其他来源的同样的、类似的或具有竞争性商品；维护包销货物在包销地区的权益，如假冒商标侵犯我已注册的权利；努力宣传和推销货物；定期或不定期报道市场信息，实现最低包销数量和金额。

（4）包销的成交办法有多种，在包销协议中可规定一次全部成交，也可规定分期、分批逐笔成交，或者一次成交，分期分批出运结汇。

【案例一】

我公司与马来西亚 ABC 公司签订了一份包销协议，我公司把公司经营的净水器在马来西亚的独家经营权授予了 ABC 公司，期限为两年。两年来，由于 ABC 公司销售不利，致使我公司蒙受很大损失。我公司为什么受损？从中应吸取什么教训？

【案例讨论】

我公司受损失是选用包销商不当所致。选用包销商缺乏经营能力，致使货物在包销期限内推销不出去，而我方又不能在规定的报销区域内与其他客户发生业务往来，这就极大影响我商品在该地区的销售，使我方蒙受损失。应该吸取的教训是：要慎重选择包销商，选择的包销商要信誉好，经营能力强，地理位置佳的；报销期限订得过长；应在包销协议中约定最低销售额及相关的鼓励措施；我方应该在两年的包销期限内定期监督检查，而不能等待两年后才查看业绩，损失已定。

二、经销

（一）经销的含义

经销（distribution）是指在国际贸易中经销商按照约定条件为国外供货商销售产品。双方订立协议或相互约定，由供货商向经销商定期、定量供应货物，经销商在本国市场上销售。经销商与供货商之间也是买卖关系，经销商必须自垫资金购买供货商的货物，自行销售，自负盈亏，自担风险。按经销商权限的不同，经销可分为：

（1）包销。是指经销商在规定的期限和地域内，对指定的商品享有独家专营权。

（2）定销。即经销商不享有独家专营权，供货商可在同一时间、同一地区委派几家商号来经销同类商品。

（二）经销方式的优点

对于出口商来讲，采用经销方式是稳固市场、扩大销售的有效途径之一。这主要是因为，在经销方式下，出口商通常要在价格、支付条件等方面给予经销商一定的优惠，这有利于调动经销商的积极性，利用其经销渠道为推销出口商品服务。在有些情况下，还可要求经销商提供售后服务和进行市场调研。当然，不同的经销方式对于出口推销所发挥的作用是不完全一样的。

如果采用独家经销方式，由于经销商在经销区域内对指定的商品享有专营权，这在一定程度上可避免或减少因自相竞争而造成的损失。如果经销人不享有专营权，在同一地区内可以指定两个或两个以上经销商。市场潜力大、出口方货源又较多的产品，如果采用包销方式，则不能适应扩大销售的需要，因此采取一般经销方式比较适合。

一般来说，经销商也愿意按协议的规定为所经销的商品登广告、做宣传、或者承担其他义务，使商品的经营额不断扩大，使双方在合作中共同受益。

（三）经销协议

经销协议的内容一般包括：商品、最低购买数量或金额、价格、地区范围、有效期限、广告宣传、售后服务、市场报告以及一般交易条件。除专营权不列入外，其他条款的内容及应注意的问题与包销协议大致相同。

【案例二】

我A公司与台湾B公司签订了独家经销协议，授权该公司W产品的独家经销权，但该产品并非A公司的自产商品，而是由国内C公司生产、由A公司销往台湾B公司。C公司在向A公司供货的同时也自营进出口业务，又向另一家台湾D公司授予了该产品的"独家"经销权。这样，在台湾就有了同种产品的两个"独家"经销商。这两家经销商得知该情况后，都向A公司和C公司提出索赔的要求。请问：这起案件应如何处理？

【案例讨论】

C公司既然向台湾D公司授予了该产品的独家经销权，就有义务保证其产品不会经过其他渠道进入该地区内。因此，C公司要么授予台湾D公司一般经销权，要么保证A公司不向该地区出口产品。

三、代理

（一）代理的含义及特点

代理（agency）是指委托人（principal）为一方，接受委托的代理人为另一方达成协议，规定代理人（agent）在约定的时间和地区内，以委托人的名义与资金从事业务活动，并由委托人直接负责由此而产生的后果。委托人与代理人之间是委托代理关系而不是买卖关系，故销售代理商不垫资金、不担风险和不负盈亏，他只获取佣金。

同其他交易方式相比，代理方式具有如下特点：

（1）代理人只能在委托人的授权范围内，代理委托人从事商业活动。

（2）代理人一般不以自己的名义与第三者签订合同。

（3）代理人通常是运用委托人的资金从事业务活动。

（4）代理人不管交易当中的盈亏，只取佣金。

（5）代理人只居间介绍生意、招揽订单，不承担履行合同的责任。

（二）代理的种类

国际货物买卖中的代理按委托人授权大小可分为：

1. 总代理（general agency）

是委托人在指定地区的全权代表，有权代表委托人从事一般商务活动和某些非商务性的事务。

2. 独家代理（sole agency or exclusive agency）

是在指定地区和期限内单独代表委托人行事，从事代理协议中规定的有关业务的代理人。委托人在该地区内不得委托其他代理人。在出口业务中采用独家代理的方式，委托人须给予代理人在特定地区和一定期限内代销指定商品的独家专营权。

3. 一般代理（agency）

又称佣金代理（commission agency），是指在同一地区和期限内委托人可同时委派几个代理人代表委托人行为，代理人不享有独家专营权。佣金代理完成授权范围内的事务后按协议规定的办法向委托人计收佣金。

（三）代理协议

代理协议是明确协议双方委托人与代理人之间权利与义务的法律文件，其主要内容包括：

1. 代理的商品和区域

应在代理协议中明确、具体地规定代理商品的名称、品种、花色、规格以及代理权行使的地区范围等。

2. 代理人的权利与义务

这是代理协议的核心部分，一般应包括下述内容：

（1）明确代理人的权利范围以及是否享有专营权。

（2）规定代理人在一定时期内应推销商品的最低销售额（按 FOB 价或 CIF 价计）。

（3）代理人应在代理权行使的范围内，保护委托人的合法权益。

（4）代理人应承担市场调研和广告宣传的义务。

3. 委托人的权利与义务

委托人的权利主要体现在对客户的订单有权接受，也有权拒绝。委托人有义务维护代理人的合法权益，保证按协议规定的条件向代理人支付佣金。

4.佣金的支付

（1）代理人有权索取佣金的时间。

（2）佣金率。

（3）计算佣金的基础。

（4）支付佣金的方法。

除上述基本内容外，还可以在协议中规定不可抗力条款、仲裁条款以及协议的期限和终止办法等条款。这些条款的规定办法与包销协议的做法大致相同。

第二节　寄售、展卖、拍卖、招标与投标

一、寄售

（一）寄售的含义及其特点

寄售（consignment）是一种有别于代理销售的贸易方式。它是指委托的（货主）先将货物运往寄售地，委托另外一个代销人（受委托人），按照寄售协议规定的条件，由代销人代替货主进行，货物出售后，由代销人向货主结算货款的一种贸易做法。

寄售有以下几个特点：

（1）寄售人先将货物运至目的地市场（寄售地），然后经代销人在寄售地向当地买主销售。因此，它是典型的凭实物进行买卖的现货交易。

（2）寄售人与代销人之间是委托代售关系，而非买卖关系。代销人只根据寄售人的指示处置货物。货物的所有权在寄售地出售之前仍属寄售人。

（3）寄售货物在售出之前，包括运输途中和到达寄售地后的一切费用和风险，均由寄售人承担。

寄售货物装运出口后，在到达寄售地前也可使用出售路货的办法，先行一销，即当货物尚在运输途中，如有条件即成交出售，出售不成则仍运至原定目的地。

（二）寄售方式的优缺点

1.寄售的优点

（1）寄售货物出售前，寄售人持有货物的所有权，有利于随行就市。

（2）寄售方式是凭实物买卖。货物与买主直接见面，利于促进成交。

（3）代销人不负担风险与费用，一般由寄售人垫资，代销人不占用资金，可以调动其经营的积极性。

2.寄售的缺点

（1）出口方承担的风险较大，费用较大。出口商会承担一定的风险和费用。其一，货未售出之前发运，售后才能收回货款，资金负担较重。其二，货物需在寄售地区安排存仓、提货，代销人不承担费用和风险。其三，万一代销人不守协议，比如不能妥善代管货物或是出售后不及时汇回货款，都将给出口商带来损失。其四，如果货物滞销，需要运回或转运其他口岸，出口商将遭受损失。

（2）寄售货物的货款回收较缓慢。

（三）寄售协议

寄售协议是寄售人和代销人之间为了执行寄售业务而签订的书面协议。寄售的商品品种不同，协议有效期间的长短不一及协议双方的情况和具体要求各异，因此，寄售协议中列明的各项寄售条件也不同，但是寄售协议的主要内容中一般都明确规定双方的权利、义务和有关寄售的条件和具体做法。

寄售协议一般包含以下内容：

1.协议双方之关系条款

寄售人和代销人之间是一种委托代理关系。货物在出售前所有权仍属寄售人。代销人应按协议规定，以代理人身份出售商品、收取货款、处理争议等，其中的风险和费用由寄售人承担。

2.寄售商品的价格条款

寄售商品价格有三种规定方式：

（1）规定最低售价；

（2）由代销人按市场行情自行定价；

（3）由代销人向寄售人报价，征得寄售人同意后确定价格，这种做法较为普遍。

3. 佣金条款

规定佣金的比率，有时还可增加佣金比率增减额的计算方法。通常佣金由代销人在货款中自行扣除。

4. 协议双方当事人的义务条款

代销人的义务包括保管货物、代办进口报关、存仓、保险等手续并及时向寄售人通报商情。代销人应按协议规定的方式和时间将货款交付寄售人。有的寄售协议中还规定代销人应向寄售人出其银行保函或备用银行证，保证承担寄售协议规定的义务。寄售人按协议规定时间出运货物，并偿付代销人所垫付的代办费用。

（四）采用寄售方式应注意的问题

（1）选好寄售地点。通常应选择商品输出入与外汇转移较方便和赋税、费用较低的地区作为寄售地点。

（2）审慎选择代销商。应选择资信良好、经营推销能力较强的客户作为代销商。

（3）恰当选择寄售商品。通常应以寄售地有销路而又难凭样成交的商品或新小商品作为寄售商品。

（4）适当掌握寄售商品的数量。应按销售情况和市场容量的大小来确定寄售商品的多寡。

（5）注意安全收汇。为保证安全收汇，应规定由代销商品提供担保。

（6）订好寄售协议。在寄售协议中，应对价格、货款、佣金及费用负担等事项作出明确合理的规定。

【案例三】

某公司新研制一种产品，为打开该产品的销路，公司决定将产品运往俄罗斯寄售。在代售方出售商品后，我方收到对方的结算清单，其中包括商品在寄售前所花费有关费用的收据。问：寄售方式下，商品在寄售前所花费有关费用应由谁承担？为什么？

【案例讨论】

在寄售方式下，商品寄售前的有关费用应由寄售人（即我方）承担。寄售方式的特点是：寄售是凭实物进行买卖的现货交易；寄售是一种先出运后成交的贸易方式；寄售人与委托人之间属委托代售关系；货物出售前的所有风险、费用由寄售人承担。因此，寄售费应由我方承担。

二、展卖

（一）展卖的含义及其特点

展卖（fairs and sales），是利用展览会和博览会及其他交易会形式，对商品实行展销结合的一种贸易方式。基本特点是将出口商品的展览和销售有机地结合起来，边展边销，以销为主。

展卖的优越性主要表现在下列几个方面：

（1）有利于宣传出口产品，扩大影响，招揽潜在买主，促进交易；

（2）有利于建立和发展客户关系，扩大销售地区和范围；

（3）有利于开展市场调研，听到消费者的意见，改进商品质量，增强出口竞争力。

（4）在进行商品购销的同时，展示各参展商的经济成就的全貌和交流经济信息。

（二）展卖的基本形式

1. 国际博览会

国际博览会又称国际集市，是指在一定地点举办的由一国或多国联合组办、邀请各国商人参加交易的贸易形式。它不仅为买卖双方提供了交易方便，而且越来越多地作为产品介绍、广告宣传以及介绍新工艺、进行技术交流的重要方式。

国际博览会可分为两种形式：

（1）综合性国际博览会，又称"水平型博览会"。即各种商品均可参展并洽谈交易的博览会。这种博览会的规模较大，产品齐全，且会期较长。

（2）专业性国际博览会，又称"垂直型博览会"。是指仅限于某类专业性产品参加展览和交易的博览会，规模较小，会期较短。

2. 中国出口商品交易会

（1）广州商品交易会。中国出口商品交易会（chinese export commodities fair），又称"广州商品交易会"（guangzhou trade fair），是我国各进出口公司在广州定期联合举办的、邀请国外客户参加的一种集展览与交易相结合的商品展销会，习惯上简称"广交会"。我国于1957年举办了首届广交会，以后每年春秋两季各举办一次。

（2）其他各地的交易会。

3. 在国外举办展卖会

（1）自行举办展卖会。采取在国外自行举办展卖会时，相关的广告宣传费、展品的运费、保险费、展出场地的租用费以及其他杂项费用，均应由主办方自行负担。展卖结束后，剩余的展品，也由主办方自行处理。

（2）支持外商举办或与外商联合举办展卖会。支持外商在国外举办我国出口商品展卖会或与外商联合举办我国出口商品展卖会，是我国出口商品在国外展卖所采取的两种主要方式。

其中前一种方式是我方将货物通过签约的方式卖断给外商，由外商在国外举办或参加展览会；后一种方式是由我方同外商合作，我方提供展品，在展卖时展品所有权仍属我方，展品的运输、保险、劳务以及其他费用一般由外商承担，展台租赁、设计、施工以及展出期间的宣传广告费用也由外商承担，展卖的商品出售后，提供合作的外商可以从出售所得货款中得到一定的手续费作为报酬。

在合办展卖会情况下，由于展品所有权不属于外商，往往会产生展卖结束后剩余展品如何处理的问题，对此，提供展卖的我方通常采用以下几种处理方法：

将这部分未能销出的展品折价卖断给合作的外商，同时在付款条件方面给予一定的方便；将这部分货物改为寄售，交由外商代销；由双方另找合适地点，继续展卖；提供展品的一方将确定无法销售的产品运回国内另行处理。一般来说，展品卖断的展卖方式比较适合于该展卖品有比较密切的客户关系或代理关系的市场。合办展卖会的方式比较多地应用于开辟新地区、新市场，尤其适用于一些地理上与展卖品生产国距离遥远、无直达航线、货物在途时间长的地区。

三、拍卖

（一）拍卖的含义及特点

拍卖（auction）是在一定时间和固定场所，依照一定的法律程序，按一定的章程和规则，公开叫价，把事先经买方看过的实物卖给出价最高的买方的一种贸易方式。

拍卖是一种实物交易，具有以下特点：

（1）拍卖是根据拍卖行公布的时间和地点进行的。

（2）成交时间短，交易数量和金额较大。

（3）拍卖是一种实物现货交易，买卖双方货与款立即交割。

（4）拍卖行业不是由买卖双方洽谈进行的，而是由经营拍卖业务的专门组织按照一定的规章和程序进行的。

（5）拍卖的货物需有买方事先看货。

（6）拍卖商品一般是非标准规格化的商品。

（7）买卖双方需要向拍卖行交纳履约保证金。

（二）拍卖业务程序

1. 准备阶段

货主把货物运到拍卖地点→委托拍卖行进行挑选和分批→拍卖行编印目录并招揽买主。参加拍卖的买主可以在规定的时间内到仓库查看货物→了解商品品质→拟定自己的出价标准，做好拍卖前的准备工作。拍卖行一般还提供各种书面资料，进行宣传以扩大影响。

2. 正式拍卖

正式拍卖是在规定的时间和地点，按照拍卖目录规定的次序逐笔喊价成交。拍卖过程中，买主在正式拍卖的每一次叫价都相当于一项发盘，当另一竞买者报出更高价格时，该发盘即失效。拍卖主持人以击槌的方式代表卖主表示接受后，交易即告达成。

3. 成交交货

拍卖成交后，买主即在成交确认书上签字，拍卖行分别向委托人和买主收取一定比例的佣金，佣金一般不超过成交价的 5%。买主通常以现汇支付货款，并在规定的期限内按仓库交货条件到指定仓库提货。由于拍卖前买主可事先看货，所以事后的索赔现象较少。但如果货物确有瑕疵，或拍卖人、委托人不能保证其真伪的，必须事先声明，否则，拍卖人要负担保责任。

（三）拍卖的出价方法

1. 英格兰式

也称"增价拍卖"或"低估价拍卖"。是指在拍卖过程中，拍卖人宣布拍卖标的的起叫价及最低增幅，竞买人以起叫价为起点，由低至高竞相应价，最后以最高竞价者以三次报价无人应价后，响槌成交。但成交价不得低于保留价。

2. 荷兰式

也称"降价拍卖"或"高估价拍卖"。是指在拍卖过程中，拍卖人宣布拍卖标的的起拍价及降幅，并依次叫价，第一位应价人响槌成交。但成交价不得低于保留价。

英格兰式与荷兰式相结合的拍卖方式。是指在拍卖过程中，拍卖人宣布起拍价后及最低增幅，由竞买人竞相应价，拍卖人依次升高叫价，以最高应价者竞得。若无人应价，则转为拍卖人依次降低叫价及降幅，并依次叫价，以第一位应价者竞得。但成交价不得低于保留价。

3. 密封递价式

又称招标式拍卖。由买主在规定的时间内将密封的报价单（也称标书）递交拍卖人，由拍卖人选择买主。这种拍卖方式和上述1、2两种方式相比有以下特点：一是除价格条件外，还可能有其他交易条件需要考虑；二是可以采取公开开标方式，也可以采取不公开开标方式。拍卖大型设施或数量较大的库存物资或政府罚没物资时，可采用这种方式。

四、招标与投标

（一）招标与投标的含义及特点

招投标（invitation to tender or call for tender and sumission of tender or tender）是招标投标的简称。招标和投标是一种商品交易行为，是交易过程的两个方面。招标投标是一种国际惯例，是商品经济高度发展的产物，是应用技术、经济的方法和市场经济的竞争机制的作用，有组织开展的一种择优成交的方式。这种方式是在货物、工程和服务的采购行为中，招标人通过事先公布的采购和要求，吸引众多的投标人按照同等条件进行平等竞争，按照规定程序并组织技术、经济和法律等方面进行综合评审，从中择优选定项目的中标人的行为过程。其实质是以较低的价格获得最优的货物、工程和服务。

招标与投标贸易方式有以下特点：

（1）这种贸易方式成交金额大，一般是即期付款，但招标人要扣留交货押金，待招标人按规定交货后再付清货款。

（2）招标人与投标人是买卖关系，由投标人一次递价，没有交易磋商过程。

（3）招标是由一家招标人向多家投标人发出邀请，所以投标人之间的幕后竞争十分激烈。

（二）招标的种类

（1）公开招标（opening bidding）。也称无限竞争性招标，是一种由招标人按照法定程序，在公开出版物上发布招标公告，所有符合条件的供应商或承包商都可以平等参加投标竞争，从中择优选择中标者的招标方式。

（2）邀请招标（selected bidding）。也称有限竞争性招标或选择性招标，即由招标单位选择邀请招标流程一定数目的企业，向其发出投标邀请书，邀请他们参加招标竞争。一般选择 3~10 个参加者较为适宜，当然要视具体的招标项目的规模大小而定。

（三）招标与投标业务的基本程序

招标投标最显著的特点就是招标投标活动具有严格规范的程序。按照《招标投标法》的规定，一个完整的招标投标程序，必须包括招标、投标、开标、评标、中标和签订合同六大环节。

1. 招标

招标是指招标人按照国家有关规定履行项目审批手续、落实资金来源后，依法发布招标公告或投标邀请书，编制并发售招标文件等具体环节。根据项目特点和实际需要，有些招标项目还要委托招标代理机构，组织现场踏勘、进行招标文件的澄清与修改等。由于这些是招标投标活动的起始程序，招标项目条件、投标人资格条件、评标标准和方法、合同主要条款等各项实质性条件和要求都是在招标环节得以确定，因此，对于整个招标投标过程是否合法、科学，能否实现招标目的，产生基础性影响。

2. 投标

投标是指投标人根据招标文件要求，编制并提交投标文件，响应招标活动。投标人参与竞争并进行一次性投标报价是在投标环节完成的，在投标截止时间结束后，再不能接受新的投标，投标人也不得再更改投标报价及其他实质性内容。因此，投标情况确定了竞争格局，是决定投标人能否中标、招标人能否取得预期招标效果的关键。

3. 开标

开标是招标人按照招标文件确定的时间和地点，邀请所有投标人到场，当众开启投标人提交的投标文件，宣布投标人名称、投标报价及投标文件中其他重要内容。开标最基本的要求和特点是公开，保障所有投标人的知情权，这也是维护各方合法权益的基本条件。

4. 评标

招标人依法组建评标委员会，依据招标文件规定和要求，对投标文件进行审查、评审和比较，确定中标候选人。评标是审查确定中标人的必经程序。对于依法必须招标的项目招标人必须根据评标委员会提出的书面评标报告和推荐的中标候选人确定中标人，因此，评标是否合法、规范、公平、公正，对于招标结果具有决定性作用。

5. 中标

中标，也称定标，即招标人从评标委员会推荐的中标候选人中确定中标人，并向中标人发出中标通知书，同时将中标结果通知所有未中标的投标人。中标既是竞争结果的确定环节，也是发生异议、投诉、举报的环节，有关行政监督部门应当依法进行处理。

6. 签订书面合同

中标通知书发出后，招标人和中标人应当按照招标文件和中标人的投标文件在规定时间内订立书面合同，中标人按合同约定履行义务，完成中标项目。

【案例四】

巴基斯坦某公司公开招标购买电缆20公里，我方S公司收到招标文件后，为了争取中标，即委托招标当地的一家代理商代为投标。开标后S公司中标，除支付代理商佣金外，立即在国内寻找生产电缆的厂家，以便履行交货任务。几经寻找没有一家工厂能提供中标产品，因为中标产品的型号和规格在国内早已过时，要生产这种过时的产品需要重新安装生产线，涉及的费用较大，且仅生产20公里，势必造成极大的亏损。但是如果S公司撤销合同，要向招标方支付赔款。试分析，我方S公司应从这笔招标业务中吸取什么教训？

【案例讨论】

该案例中的S公司在事先没有了解国内是否有厂家能够提供招标产品的情况下，仅凭招标书的资料就主观地决定委托国外代理人代为投标，势必造成非常被动的局面。今后参加国际投标业务前，必须对招标资料和供货可能进行详细的调查研究，然后再决定是否参加投标。

第三节　商品的期货交易

一、期货交易的含义及特点

期货交易（futures trading）又称期货合同交易，是一种在特定类型的固定市场，即期货市场（futures market）或称商品交易所（commodity exchange），按照严格的程序和规则，通过公开喊价的方式，买进或卖出某种商品期货合同的交易。

期货交易有如下基本特点：

1.以标准期货合同作为交易标的

期货在商品交易所内进行，不涉及货物的实际交割，只须在期货合同到期前平仓。标准合同由商品交易所制定。

2.特殊的清算制度

期货合同由清算所进行统一交割、对冲和结算。清算所是期货合同的卖方也是买方，交易双方分别与清算所建立法律关系。

3.严格的保证金制度

清算所要求每个会员必须开立一个保证金账户，按交易金额的一定百分比交纳初始保证金。以后每天交易结束后，清算所都按当日结算价格核算盈亏，如果亏损超过规定的百分比，清算所即要求追加保证金。

二、期货交易与现货交易的联系和区别

1.联系

（1）期货交易是现货交易不断发展而来的。商品交易形式是随着商品交易规模、交易范围、交易时间不断扩大的产物，期货交易是商品交易的最高形式。

（2）现货交易是期货交易的基础。只有随着现货交易的不断发展，才会产生期货交易。同时，如果期货市场不够发达，商品交易标准没有形成，交易量不够大，即使人为地创建期货市场，开展期货交易也不会成功，还有可能出现市场操纵。

2. 区别

（1）交易对象。现货交易的对象是实物商品，包括外汇、股票、债券等金融产品，而期货交易的对象是期货合约。

（2）交易目的。现货交易的目的是获取商品或货币，从而实现所有权的转移。而期货交易是以转移风险或投机获利为目的。

（3）交易程序。现货交易中卖方要有商品才可以出卖，买方须支付现金才可以购买，而期货交易中没有商品也可以先卖，不需要商品也可以买进，出售期货合约即意味着签订在将来某市交割标的物的一项协议。

（4）保障制度。现货交易以《经济合同法》等法律为保障，合同不能兑现时要通过诉讼或仲裁的方式解决；而期货交易还有《期货交易管理条例》等法规、规章，很少出现争端。期货交易违约风险小。

（5）交割方式。现货交易是进行实物商品的交易活动，交易过程与商品所有权的转移同步进行。而期货交易是以各种商品或金融产品为标的物的买卖，只有最后持有合约的人才有履行实物交割的义务。期货交易绝大部分不需要商品。

（6）交易场地。现货交易场地完全由交易双方自行决定，有较强灵活性。而期货交易必须在期货交易场所内进行，通过公开竞价形成价格，不存在现货交易中买卖双方的私人关系。

三、期货交易的功能

期货的功能随着交易人及金融市场的发展而有所不同，大致有如下三大功能：

1. 发现价格

由于期货交易是公开进行的对远期交割商品的一种合约交易，在这个市场中集中了大量的市场供求信息，不同的人、从不同的地点，对各种信息的不同理解，通过公开竞价形式产生对远期价格的不同看法。期货交易过程实际上就是综合反映供求双方对未来某个时间供求关系变化和价格走势的预期。这种价格信息具有连续性、公开性和预期性的特点，有利于增加市场透明度，提高资源配置效率。

2. 回避风险

期货交易的产生，为现货市场提供了一个回避价格风险的场所和手段，其主要原理是利用期现货两个市场进行套期保值交易。在实际的生产经营过程中,为避免商品价格的千变万化导致成本上升或利润下降,可利用期货交易进行套期保值,即在期货市场上买进或卖出与现货市场上数量相等但交易方向相反的期货合约,使期现货市场交易的损益相互抵补。锁定企业的生产成本或商品销售价格,保住既定利润,回避价格风险。

3.投机

期货市场由避险者和投机者组成,避险者不愿意承担价格变动的风险,投机者却是有能力而且愿意承担风险者。若无投机者参与,避险交易行为不能顺利进行,也就无法产生具有经济功能的期货市场。

四、期货交易的业务形式

期货交易的基本功能决定了期货交易的业务形式包括:以转移价格风险为目的的套期保值业务和以营利为目的的投机交易业务。

(一)套期保值

在现货市场上买进或卖出一定数量现货商品同时,在期货市场上卖出或买进与现货品种相同、数量相当、但方向相反的期货商品(期货合约),以一个市场的盈利来弥补另一个市场的亏损,达到规避价格风险的目的交易方式。

期货交易之所以能够保值,是因为某一特定商品的期现货价格同时受共同的经济因素的影响和制约,两者的价格变动方向一般是一致的,由于有交割机制的存在,在临近期货合约交割期,期现货价格具有趋同性。

套期保值基本有两种:

1.卖期保值

卖期保值是为了防止现货价格在交割时下跌的风险而先在期货市场卖出与现货数量相当的合约所进行的交易方式。持有空头头寸,来为交易者将要在现货市场上卖出的现货保值。

根据保值目标,先在期货市场上卖出相关的合适的期货合约,然后在现货市场上卖出该现货,同时又在期货市场上买进与原先卖出的相同的期货合约,在期货市场上对冲并结束套期保值交易。

具体地说,就是交易者为了日后在现货市场售出实际商品时所得到的价格,能维持在当前对其来说是合适的水平上,就应当采取卖出套期保值方式来保护其日后售出实物的收益。

2. 买期保值

买期保值是在期货市场购入期货，用期货市场多头保证现货市场的空头，以规避价格上涨的风险。持有多头头寸，来为交易者将要在现货市场上买进的现货商品保值。

根据保值目标，先在期货市场上买进相关的合适的期货，然后在现货市场上买进该现货，同时又在期货市场上卖出与原先买进的相同的期货合约，从而完成套期保值业务。

具体地说，就是交易者不打算购进价格合适的实物商品，而为了保证在未来某一时间必须购进该实物商品时其价格仍能维持在一定水平，那么就可以应用买入套期保值了。

（二）投机交易

投机交易与套期保值在性质和作用上是完全不同的。投机交易是以期货市场为对象，利用交易所期货价格的频繁波动来进行买空卖空的活动，纯粹属于投机的性质。投机者在商品行情看涨时买进期货合同，等价格上涨到一定程度后，抛售出去，这种做法俗称"做多头"或称"买空"；在商品行情看跌时售出期货合同，等价格下跌时买进抵充，这种做法俗称"做空头"或称"卖空"。

【案例五】

某食品进出品公司 8 月以 225 美元 / 公吨的价格收购 200 公吨小麦，并存入仓库随时准备出售。为防止库存小麦在代售期间价格下跌而蒙受损失，该食品进出口公司欲利用套期保值交易来防止价格变动的风险。请问：该公司应做卖期保值还是买期保值，为什么？

【案例讨论】

该公司应该做卖期保值交易。套期保值的基本做法是：期货交易者在购进（出售）现货的同时，在期货市场上出售（购进）同等数量的期货。卖期保值是指保值者根据现货交易情况，先在期货市场上卖出期货合同，然后再以多头进行平仓的做法。本案中，该食品公司于 8 月以 225 美元 / 公吨的价格收购 220 公吨小麦，并存入仓库随时准备出售，根据套期保值的基本做法，该公司做卖期保值交易才可以避免价格变动的风险。

第四节　对销贸易

一、对销贸易的含义

对销贸易（counter trade）也称对等贸易、反向贸易或互抵贸易，一般认为这是一种以货物或劳务（包括工业产权和专有技术等无形财产）作为偿付贷款手段的贸易方式。它把进口和出口结合起来，组成相互联系的整体交易，交易双方都有进有出，并求得各自的收支基本平衡。

对销贸易方式的优点是：

（1）进行对销贸易有助于应对一个国家的外汇短缺。

（2）对销贸易可以促进出口。在贸易保护主义盛行的当代，通过对销贸易，有助于打破西方国家的贸易壁垒，为本国产品，尤其是发展中国家的工业制成品打开市场。

（3）对销贸易可用来减少出口收入方面的不确定性。

（4）使用对销贸易可以避开国际价格协议，如石油输出国组织（OPEC）的价格协议。

（5）对销贸易可以帮助有严重债务的国家继续进口商品，而实际上向债权人掩盖出口收入。

二、对销贸易的种类及做法

国际对销贸易的种类很多，主要有易货贸易、回购贸易、互购贸易、转手贸易、抵消贸易和补偿贸易等。

（一）易货贸易

易货是把进口与出口结合起来组成相互联系的整体交易，有狭义和广义两种方式。

狭义易货，指易货双方交换的货物价值相等，交货时间相同，双方无须动用货币支付。如果双方货值存在一些差额，可以用货币支付。

狭义的易货要求双方同时交货，常在相邻国家的边境贸易中出现。对于不相邻国家间的易货贸易，由于运输时间的限制，无法同时交货，一般采取对开信用证的方式来保证合同的履行。这种易货虽然采取了信用证的方式，但出口方不能取得信用证中标明的货款，只能用对方提供的货物来补偿。

广义的易货比狭义的易货灵活，它既可以用某一种出口货物交换另一种进口货物，货款逐步平衡，也可以双方签订易货协议或总合同，规定在一定时期内，用几种出口货物交换几种进口货物，货款分别结算，最后综合平衡。广义易货一般采取记账结汇和双边结算的方式进行。

易货贸易在使用中的程序大体有以下几个步骤：

（1）贸易双方就洽谈的易货意向签订易货协议。

（2）根据所达成的协议，向地方主管部门申报审批。

（3）凭主管部门批文，由当地外汇管理部门在有关银行开立专项易货账户，以供出口结汇和进口开证支付结算。

（4）双方进一步签订有关出口和进口的合同。

（5）办理出口商品出运结汇和进口商品进口付汇手续，通知国内用户提货并结算货款。

（6）收汇后归还贷款清算，关闭易货账户，交易结束。

使用易货贸易进行交易的优点在于：

（1）交易双方不使用或很少使用外汇，促进外汇支付能力差的国家或企业的贸易往来。

（2）进口和出口同时进行，双方贸易额大体平衡，购入急需物资的同时，可以带出部分滞销物资。

（3）不使用货币，可以避免汇率变动带来的风险。

（4）当本国对另一国商品有需求时，采用易货贸易可以在进口和出口双向获得利润。

易货贸易的不足主要体现在：易货贸易要求双方的货值基本相等；由于需求的多样性和交易渠道的有限性，导致易货贸易需要长期谈判；由于通过记账方式进行易货，当发生不平衡时，容易挫伤顺差一方的积极性；易货贸易容易受到两国产业结构的制约。

（二）回购贸易

回购是指按照回购协议，先进口的一方购进技术或设备，同时由先出口的一方向先进口的一方承诺购买一定数量或金额的、由该技术或设备直接制造出来的产品。回购贸易是现汇交易，不要求等值交换。

回购贸易通常是由出口方向进口方提供机械设备或技术，进口方则用这些技术或设备生产出来的产品偿付机械设备或技术贷款的一种贸易方式，又称为"直接补偿贸易"。其优点为：出口方可以利用直接补偿贸易来推销闲置设备，解决库存积压；进口方可以在不支付或少支付外汇的情况下得到设备，扩大生产能力，扩大向对方市场的出口。

回购主要有三种做法：

（1）供方向客户签订回购协议，规定供方应向客户出口一定数量的设备或技术，客户以现汇支付货款，以后在规定时期内，由客户向供方出口一定金额的回头商品，供方也以现汇支付。

（2）供方向客户签订回购协议，要求客户部分付现汇，部分货款在投产后用回头产品补偿。

（3）双方签订两个合同：一是供方向客户的出口合同；二是客户与供方的分包合同，规定客户向供方的合同分包者出口部分回头产品，分包者也用现款支付。

随着回购贸易的发展，回购产品的范围发生了很大变化，由原来的直接产品偿付发展到以其他间接产品或部分直接产品部分间接产品结合偿还。在实际业务中，它与补偿贸易的做法就有了许多相近之处。二者的主要区别有：出口方回购的产品仅限于出口机器设备所生产的产品，其回购产品的价值可能是出口机械设备的全部价值，也可能是部分价值，甚至可能超过其出口全部价值。

（三）互购贸易

互购贸易指出口的一方向进口的一方承担购买相当于它出口货值一定比例的商品。互购贸易涉及两个合同：①交易双方签订合同，约定由进口国用现汇购买对方的货物，并由先出口国在此合同中承诺，在一定时期内买回头货。②双方再签订一个合同，约定由先出口国用所得货款的一部分或全部从先进口国购买商定的回头货。

互购贸易的特点是：两笔交易都用现汇，一般是通过即期信用证或即期付款交单，先出口的一方不会出现垫付资金的问题。

在互惠贸易的使用过程中，一般先由发达国家提供设备，这对进口国家来说，不但无法得到资金方面的好处，还要先垫付资金，并且可能承担汇率变动的风险。但这种交易方式可以带动本国货物的出口。

（四）转手贸易

转手贸易是记账贸易的产物，目的是将记账贸易项下的不可兑换货币转换成硬通货，有简单的转手贸易和复杂的转手贸易两种做法。

简单的转手贸易是拥有顺差的一方将用记账贸易的办法买下的货物运到国际市场上出售，取得可自由兑换货币。复杂的转手贸易是在记账贸易下拥有顺差的一方用该顺差以高于市场价格的价格从第三方购进所需的设备或商品，然后由该第三方用该顺差项在相应的逆差国家购买货物，运往国际市场销售，以收回硬通货。

转手贸易的特点是：以多边贸易的方式综合经营多种不同国别的商品；以间接贸易的手段获取灵活多样的价格、渠道、商品组合等，提高流通效率；根据国际市场的供求变化，使转手贸易形成规模优势。

转手贸易环节多、涉及面广、成本高昂，是以雄厚的资金、充足的网点、杰出的中间人以及市场信息的搜集、分析为基础的，需要信贷、物流等功能的配合，所以在对销贸易中所占比重很小。

（五）抵销交易

抵销交易指一方在进口设备时，以先期向另一方或出口方提供的某种商品或劳务、资金等抵销一定比例进口价款的做法。目前多见于军火或大型设备的交易。

抵销交易可以分为直接抵销和间接抵销。在直接抵销的情况下，先出口的一方同意从进口方购买在出售给进口方的产品中所使用的零部件或与该产品有关的产品。在间接抵销的情况下，先出口方同意从进口方购买与其出口产品不相关的产品。

（六）补偿贸易

国际贸易中以产品偿付进口设备、技术等费用的贸易方式。它既是一种贸易方式，也是一种利用外资的形式。其基本特点是：买方以赊购形式向卖方购进机器设备、技术知识等，兴建工厂企业，投产后以所生产的全部产品、部分产品或双方商定的其他商品，在一定期限内逐步偿还贷款本息。

1. 补偿贸易的种类

按照偿付标的不同，补偿贸易大体上可分为三类：

（1）直接产品补偿。即双方在协议中约定，由设备供应方向设备进口方承诺购买一定数量或金额的由该设备直接生产出来的产品。这种做法的局限性在于，它要求生产出来的直接产品及其质量必须是对方所需要的，或者在国际市场上是可销的，否则不易为对方所接受。

（2）其他产品补偿。当所交易的设备本身并不生产物质产品，或设备所生产的直接产品非对方所需或在国际市场上不好销时，可由双方根据需要和可能进行协商，用回购其他产品来代替。

（3）劳务补偿。这种做法常见于同来料加工或来件装配相结合的中小型补偿贸易中。具体做法是：双方根据协议，往往由对方代为购进所需的技术、设备，货款由对方垫付。我方按对方要求加工生产后，从应收的工缴费中分期扣还所欠款项。

上述三种做法还可结合使用，即进行综合补偿。有时，根据实际情况的需要，还可以部分用直接产品或其他产品或劳务补偿，部分用现汇支付等。

2. 补偿贸易的作用

（1）补偿贸易对设备技术进口方的作用。企业通过补偿贸易引进设备技术，可解决其缺少资金进行设备更新和技术改造的难题，从而使产品得以升级换代增强市场竞争能力（包括国际市场和国内市场。设备技术进口方将产品返销，在抵偿设备技术价款的同时，也利用了设备出口方在国外的销售渠道，使产品进入国外市场、以进口设备技术来带动产品的出口，称之为"以进带出"的方法，是当代中小型补偿贸易的一大特点。

以补偿贸易方式引进的设备技术往往并不十分先进，甚至是二手设备。但如果产品能够远销且市场前景良好，设备价格合理，则对发展中国家增加产品出口、扩大国内就业机会、提高地区经济发展水平仍是有利的。

（2）补偿贸易对技术出口方的作用。出口方在提供信贷的基础上，扩大设备和技术的出口。出口方出于转移产业的需要，通过补偿贸易方式将产业转移至发展中国家，既获得了转让设备和技术的价款，又从返销商品的销售中获取利润，可谓是一举两得。

3. 补偿贸易的经济效益

补偿贸易既是一种筹资形式，同时也是一种投资行为，因此补偿贸易的效益分析应从筹资和投资两个方面来进行，具体地说，应从补偿贸易的偿还期、外资收益率和人民币资金换汇率和补偿贸易利润率指标进行估算。

（1）补偿贸易的偿还期。又叫支付能力偿还期，简称可偿还期，是指从事补偿贸易的进口公司，每年的外汇收入，在扣除成本和其他费用以后，用以偿付进口技术设备贷款需要的时间期限。其计算公式为：

$$补偿贸易的外资偿还期 = \frac{引进外资项目总成本}{年外汇收入 - 年外汇成本}$$

可偿还期是衡量进口公司偿付能力的重要指标，同时也是衡量补偿贸易项目经济效益的一个重要指标。一般地，偿还期愈短，表示公司偿付能力越强，公司支付能力越强，项目的经济效益越高；否则偿还期越长，公司的支付能力越弱，如果偿还期超过进口设备的服务年限，说明补偿贸易项目经济效益差。因此，进口公司在利用补偿贸易之前，应在项目的可行性研究中估算可偿还期，并以此来判断项目是否可取，对公司是否合算。如果计算出的偿还期过长，则应放弃或对项目重新进行审查。

（2）补偿贸易的补偿收益率。这是指进口公司使用进口的技术设备在服务期内的外汇净收入，在偿付设备贷款和利息后，归公司所得部分在净收入中所占的比重。其计算公式为：

$$外资收益率 = \frac{年外汇纯利 \times 服务期 - 外资总成本}{(1 - 可偿还期 / 服务期)} \times 100\%$$

按国际标准，当补偿贸易的外资收益率在 60% 以上时，被认为是合算的。

（3）人民币资金换汇率。这是指在补偿贸易项目中每使用一个单位的人民币所能获得的外汇数量。其计算公式为：

$$人民币资金换汇率 = \frac{年外汇纯利 \times 服务期}{人民币资金投入量} \times 100\%$$

（4）补偿贸易利润率。表示补偿贸易的总投资所获得的利润的多少。其计算方法是：将补偿贸易的一切收入支出均按外汇牌价折算成本国货币来计算统一的利润率。其计算公式为：

$$补偿贸易利润率 = \frac{总收入 - 总成本}{总成本} \times 100\%$$

4. 补偿贸易使用的局限性及应注意的问题

（1）补偿贸易的局限性。补偿贸易在使用中的局限性表现在以下几方面：

①抵偿产品不易被设备出口方所接受。对于直接补偿，由于卖方多是工业发达国家，工业品过剩，向其推销制成品，不易达成协议。对于间接补偿，往往因为设备出口方不经营回购产品的销售业务而导致销售困难。

②难以保证进口是最先进的技术设备。一些设备出口方既是制造者又是

使用者，为了保持竞争地位，往往将使用过时的设备通过补偿贸易进行转让，因此，相当数量的通过补偿贸易引进的设备都不是最先进的。

③抵偿产品容易对正常的市场销售造成冲击。设备出口方急于将抵偿品脱手，往往在国际市场上低价抛售，这势必会给正常的市场销售带来冲击，影响当地原来经营这种产品企业的积极性。因此，应尽量避免将销路正常的和比较热销的产品作为回头抵偿品。

④资金周转受限。在补偿贸易中，由于设备的所有权已转让给进口方，出口方无权继续以此作抵押向银行取得贷款，只能利用自有资金经营，势必影响企业资金的周转。

⑤易受不稳定因素的影响。整个补偿贸易协议履行进程时间长、资金周转慢。国际市场行情的变化、金融市场的波动以及生产条件的变化等，都会影响抵偿品的销售和贷款的偿还。

（2）补偿贸易使用中应注意的问题。补偿贸易内容复杂，难度较大，涉及面广，采用这种方式时应注意下列事项：

①根据生产建设的需要和产品出口的可能，正确选择补偿贸易项目，做好可行性研究。

②洽谈时要特别注意通过补偿贸易进口的设备质量的可靠性，性能的先进性及价格的合理性。

③正确确定返销或回购产品的品种、数量和质量，防止不切实际的规定及对正常贸易的冲击。

④认真签订补偿贸易协议，合理确定偿还期限，选择适当的订价货币，以避免汇率变动的风险。

【案例六】

我某纺织品公司准备以补偿贸易方式从日本进口纺织机，其具体做法是：先出口纺织品积存外汇，在外汇达到一定金额后，即用以购买5台纺织机。但该公司把这种做法报请主管部门给予补偿贸易的优惠待遇时却遭到拒绝。请对此进行分析。

【案例讨论】

由于补偿贸易是进口技术设备的一方，用该技术设备投产后的产品或相关产品，抵付供应方所提供的设备和技术的价款的一种做法，其中进口技术设备方同时又是出口产品方，出口技术设备方同时又是进口产品方。由此可见，此案例却不存在这种关系，因而这不属于补偿贸易方式，也就不能享受相关优惠了。

第五节　加工装配贸易

一、加工装配贸易的含义及特点

加工装配业务，是一种委托加工的贸易方式。由国外委托方提供全部或部分原材料、辅料、零部件、元器件、配套件和包装物料，必要时提供设备，由承接方企业按委托方的要求进行加工装配。成品交委托方在国外销售，承接方收取工缴费。对于委托方提供的设备价款，可结合补偿贸易的做法，以劳务所得的工缴费抵偿。

加工装配贸易的特点：

（1）如果来料、来件、来图、来样不作价由加工方购买，其所有权归属于国外厂商，加工装配方只有使用权；如果来料、来件、来图、来样由加工方购买，其所有权归属加工方，但国外厂商提供的机器设备除外。加工方必须保证成品与原材料、辅助材料和包装材料之间的比例关系。

（2）如果对来料、来件、来图等不作价，国外厂商应对上述内容和提供的机器设备承担风险。如国外厂商委托加工方代为投保，必须明确保险范围和期限，并将保险费计入加工成本或另外支付。

（3）加工装配贸易能够使贸易与生产紧密结合，互相联系。国外厂商既是提供原材料、零部件的厂商，又是接受或购买制成品的客户。国外厂商按合同规定及时提供原材料或配件，加工装配方按合同规定时间提供制成品，从而使贸易与生产有机联系。

（4）手续方便，形式比较灵活，协议双方可根据需要和可能，相互配合，发挥各自的优势。

二、加工装配贸易的形式

（一）来料加工

来料加工贸易（processing）是指外商提供全部原材料、辅料、零部件、元器件、配套件和包装物料，必要时提供设备，由承接方加工单位按外商的要求进行加工装配，成品交对方销售。

来料加工贸易和进料加工的共同之处在于原材料和元器件来自国外，加工后成品也销往国外市场。但两者也有本质上的区别：

（1）进料加工贸易中，进口料件和出口成品是两笔独立的交易，进料加工的企业需自筹资金从国外购入料件，然后自行向国外市场销售，而装配加工贸易则进、出为一笔交易的两个方面，料件和成品的所有权均同委托方所有，承接方无须支付进口费用，也不承担销售风险。

（2）进料加工贸易中，企业所获得的是出口成品的利润，利润的大小取决于出口成品的市场行情，而加工装配贸易中，承接方收取的是工缴费，工缴费的多少以劳动力的费用即工资水平作为核算基础。两者相比，进料加工贸易的收益大于加工装配贸易，但风险也较大。

（3）进料加工贸易，企业有自主权，根据自身的技术、设备和生产能力，选择市场上所适销商品进料加工。而加工装配贸易，则由委托方控制生产的品种、数量和销售地区。

来料加工的形式和做法主要有以下几种：

（1）全部来料来件的加工装配。国外委托方提供全部原辅材料和元器件，由承接方企业加工后，将成品交国外委托方，制件和成品均不计价，承接方按合同收取工缴费。

（2）部分来料来件的加工装配。国外委托方要求加工装配的成品中有部分料件需由承接方提供，承接方除收取工缴费外，还应收取所提供的料件的价款。

（3）对口合同，各作各价。国外委托方和承接方签署两份对口合同。一份是委托方提供的原辅材料和元器件的销售合同，一份是承接方出口成品的合同。对于全部来料来件，两份合同的差价即为工缴费；对于部分来料来件，两份合同的差价既包括工缴费，也包括国内承接方所提供的料件的价款。以对口合同方式进行的加工装配贸易必须在合同中表明，承接方无须支付外汇。

（二）来件装配

来件装配是指由外商提供产品的主要器件、零配件、辅助件，由中方企业按外商的要求组装成成品后，交给外商销售，中方承接方只收工缴费（加工费和装配费）的交易。

来件装配形式很多，主要有以下几种：

（1）国外厂商提供全散件（complete knock—down，简称 C.K.D.）或半散件（semi knock—down，简称 S.K.D.），由我方装配成成品。来件和成品分别计价，采用对开信用证或付款交单方式支付。

（2）国外厂商除提供零部件和元器件外，还为我方代购部分装配设备或测试仪器仪表等，其垫付的价款从工缴费中扣除。

（3）国外商人投资兴建工厂，建设和提供设备的价款，分期从我方所得工缴费中扣减。

（4）我国出口产品中因有个别零部件技术不过关，采取由订货的外国企业提供某种部件装入我国出口产品当中，其部件价款则从我国产品出口货款中扣减。

（5）国外厂商只提供部分部件、元件，由我方提供国产的部分元件、部件，实行合作生产，共同组装成成品。国外厂商除偿付工缴费外，还要支付我方的元部件价款。

（三）来样加工

来样加工是由外商提供样品、图纸，间或派出技术人员，由中方工厂按照对方质量、样式、款式、花色、规格、数量等要求，用中方工厂自己的原材料生产，产品由外商销售，中方工厂按合同规定的外汇价格收取货款。由于这种交易不含有任何委托加工装配的性质，产品出口后收取的是成品的全部价款而不是工缴费，因此它属于正常的出口贸易。

来样加工业务主要是一些劳动密集型的一般加工工艺，我方技术人员看图或看样即可操作加工制造产品。西方发达国家劳动力昂贵，工缴费成本高，将加工生产业务转移发展中国家，这是西方发达国家的厂商寻求生产和货源渠道的一种手段，也是国际分工的一个组成部分。

三、加工装配贸易的作用

加工装配贸易，对于委托方来说，是利用承接方的劳务，降低产品成本；对于承接方来说，则是以商品为载体的一种劳务输出。

我国自 20 世纪 70 年代末至 80 年代初，把对外加工装配贸易作为利用外资的一种形式，在政策上加以保护和支持，因而发展迅速，加工装配贸易额在我国进出口总额中已占有相当大的比重。应该说，这一贸易方式在增加就业机会、繁荣地方经济和推动出口贸易方面起了很大的作用。

目前，承接对外加工装配贸易的企业有两种类型；一种是承接方为我国企业或合资企业，和委托方之间是单纯的委托加工关系，通过承接加工业务，企业得以利用国外资金，发挥生产潜力，扩大出口，增加收入，并能获得国际市场信息，加快产品升级换代，改善管理水平和改进工艺技术。另一种是国外委托方在国内直接投资设厂，然后以委托加工装配的方式充分利用我国的政策优惠和低廉的劳动力，获利丰厚，在一定程度上与我国原来的出口贸易争夺市场。尽管目前这种"前店后厂"的方式对发展我国经济利大于弊，但从长远来看，把这一利用外资方式用政策导向技术密集型和成本密集型产业，并加强税务管理，是十分必要的。

【练习题】

1. 什么是包销？包销方式有何利弊？

2. 什么是商业代理？商业代理分几种？它们之间有何不同？

3. 什么是寄售业务？有何特点？

4. 什么是拍卖业务？国际拍卖有几种方式？国际拍卖一般分为几个阶段？

5. 什么是招标与投标？

6. 商品交易所期货交易的含义是什么？

7. 什么是套期保值？

8. 什么是对销贸易？这种贸易方式有哪些做法？

9. 补偿贸易的含义和特点是什么？

10. 加工装配贸易的含义和特点是什么？

参考文献

［1］崔日明．国际贸易实务 [M]．（2 版）．北京：机械工业出版社，2010.

［2］黎孝先、王健．国际贸易实务 [M]．（5 版）．北京：对外经贸大学出版
社，2011.

［3］罗卫国．国际贸易实务 [M]．（2 版）．北京：北京理工大学出版社，
2007.

［4］矫立军．国际贸易理论与实务 [M]．成都：西南财经大学出版社，2009.

［5］高运胜．国际贸易实务 [M]．上海：华东师范大学出版社，2011.

［6］刘德标、于又燕．国际商务案例选编 [M]．北京：中国对外经济贸易出版
社，2003.

［7］孙萍．国际贸易实务教程 [M]．北京：北京大学出版社，2011.

［8］彭福永．国际贸易实务 [M]．上海：上海财经大学出版社，2010.

［9］兰菁．国际贸易理论与实务 [M]．北京：清华大学出版社，2005.

［10］张立玉、何康民．国际贸易进出口实务 [M]．武汉：武汉大学出版社，
2004.

［11］国际商会中国国家委员会编．2010 年国际贸易术语解释通则 [M]．北
京：中信出版社，2010.

［12］熊良福、夏国政．国际贸易实务新编 [M]．（4 版）．武汉：武汉大学出
版社，2004.

［13］徐景霖．国际贸易实务 [M]．（9 版）．大连：东北财经大学出版社，
2012.

［14］施米托夫．出口贸易 [M]．北京对外贸易学院国际贸易问题研究所，
译，北京：中国财政经济出版社，1978.

［15］布朗奇．出口实务与管理 [M]．金马工作室，译．北京：清华大学出版
社，2004.